새로운 문의 5형식

Onions의 5형식을 Hornby의 87개 문형으로 확대

윤 만 근

새로운 문의 5형식

© 윤만근, 2012

1판 1쇄 인쇄__2012년 10월 25일
1판 1쇄 발행__2012년 11월 15일

지은이__윤만근
펴낸이__홍정표
펴낸곳__글로벌콘텐츠
　　　　등 록__제25100-2008-24호

공급처__(주)글로벌콘텐츠출판그룹
　　　　대 표__홍정표
　　　　이 사__양정섭
　　　　기획·마케팅__배소정 배정일
　　　　편 집__노경민
　　　　디자인__김미미
　　　　경영지원__안선영
　　　　주 소__서울특별시 강동구 길동 349-6 정일빌딩 401호
　　　　전 화__02-488-3280
　　　　팩 스__02-488-3281
　　　　홈페이지__www.gcbook.co.kr
　　　　이메일__edit@gcbook.co.kr

값 15,000원
ISBN 978-89-93908-47-3 93740

새로운 문의 5형식

Onions의 5형식을 Hornby의 87개 문형으로 확대

목   차

머 리 말

이 책은 현재 한국에서 발간된 대부분의 영어 문법책에서 100% 잘못 가르치고 있는 4 가지 문제를 지적하고, 그 해결책을 제시하고자 한다.

①. 첫째의 문제가 바로, "부사보어"를 문의 2형식과 5형식에 제시해야 한다고 주장하는 것이다. 원어민들의 영문법책 (Hornby 1975: 16, 58-60)에서는, 보어를 "명사, 형용사, 부사"까지 포함시키고 있으나, 우리들의 영어 문법책에서는 보어를 명사, 형용사로 제한하고 있다. 이점을 시정해야한다고 주장한다. 다음 예를 보자.

    a. I <u>put</u> the book <u>down</u>.
    b. Please <u>put</u> them <u>in the refrigerator</u>.
    c. Your friends are <u>here</u>.
    d. My house is <u>near the station</u>.

위 a, b, c, d에서 down, in the refrigerator, here, near the station 등은 분명히 부사보어이고, 원어민 영문법학자들의 책에서도 "부사보어"라고 밝히고 있기 때문이다.

②. 둘 째, "He is to come here tomorrow.(예정)"와 같은 표현에서 우리의 영어 문법책에서는 "be + to-부정사구"에서 to-부정사구를 "명사"로 보기도 하고, "형용사"로 보기도 한다. 그러나 두 가지 유형으로 보는 것은 분명히 잘못된 것이다. 오직 명사적 역할을 할 뿐이다. 그럼에도 불구하고, 이 ②번에 제시된 문장유형의 예문을 형용사로 설명하는 문법책이 100%이다. 이 "be + to-부정사 구조"는 "명사보어"이지, 형용사의 성격은 전혀 없다. Michael Swan (2005: 265)도 "be + to-부정사구"는 "명사보어"라고 밝히고 있다.

③ 셋째, 현재 우리가 사용하고 있는 문의 5형식에는, 각 형식마다, 몇 개의 동사유형이 있는지 제시되지 못하고 있다. 그러나 Hornby (1975)에 의하면 79개의 동사유형과 하나의 축약형을 포함해서 80개 유형이 있다고 제시하고 있다. 이 마지막 축약형은 be 동사와 일반 조동사가 부정어 not와 축약되는 구조를 하나의 유형으로 인정했다. 이 축약형은 뒤에서 제시되는 Onions 2-32를 보라.

④. 넷째, "동사 유형이 아닌", "7개의 형용사 유형"을 인정해서, 동사유형과 함께 가르쳐야 한다고 주장한다. 왜냐하면 우리의 영문법 책에서는 "형용사 유형"을 다룬 책이 전혀 없기 때문이다. 그러나 Hornby (1975: 139-148)는 7

개의 형용사 유형을 제시했는데, 이것을 인용한다.

다음 a, b와 같은 문장은 우리들이 거의 매일 사용하는 평범한 문장들이다. 그러나 이들은 동사유형에 포함되지 않는, 형용사 유형의 문장들이다. 그리고 c의 예문은 특별한 형용사 유형의 문장이다. 왜냐하면 c 문장의 주어 John은 주어의 위치에 놓여있지만, 동사 please의 목적어이기 때문이다. 이와 같이 특별한 문장을 우리나라에서는, 전통 문법적으로, 해설한 영문법 책이 지금까지 출판되지 않았다. 왜냐하면 이 문장을 설명하기가 대단히 어렵기 때문이다. <u>그러나 이 책에서 그 설명의 방법을 처음으로 제안한다.</u>

이 문장 때문에 Noam Chomsky (1954)의 변형생성문법이 나타났고, 변형생성문법에서는 Chomsky의 분석이 제시되어 있다. 그르므로 우리는Chomsky의 분석결과를 이용해서, 이 문장을 전통문법적인 방법으로, 그 내용을 설명하고자 하는 것이, 이 책의 중요한 하나의 목적이다.

    a. I am <u>glad to meet you</u>.
    b. I am <u>happy to see you again</u>.
    c. <u>John</u> is easy to please.

위와 같은 "형용사 유형"은 이 책의 본론 (18)에서 그 요점을 제시하고, 구체적인 내용은 제2부 형용사 유형 (181쪽)에서 제시된다. 그르므로 위 ③에서 언급한 "동사유형 80개"와 형용사 유형 "7개"를 합하여, 모두 87개 유형이 "기본 유형"으로 설정되어야 한다고 주장한다.

영어 문법에서, 위와 같이 잘못된 내용을 배운 학생이나, 형용사 유형을 공부하지 못한 학생들은 이 책을 읽어볼 필요가 있다고 보며, 필자는 영어 문법상 잘못된 문제를 지적하고, 이를 바로잡는 것도, 우리 영어교육 발전에 조금이나마 기여할 것이라고 생각된다.

서론: 새로운 문의 5형식을 보라

우리나라의 영어교육은, 너무 지나치게 C. T. Onions (1971)의 문의 5형식에 의존하고 있는 점을 비판하고, A. S. Hornby (1975)의 문의 25형식 80개 유형의 장점을 제시하고자 한다. Hornby는 1954년에 문의 25형식을 제시한 후, 이를 수정하고 보완해서 1975년의 Guide to Patterns and Usage in English를 출판했다. 여기에서 거의 완벽한 영어문형을 제시하고, 1974년에는 25형식 80개 문형을 이용한 Oxford Advanced Learner's Dictionary of Current English (Oxford University Press)도 출판했다.

Hornby의 25형식 80개 동사 유형은, 영어를 모국어로 하지 않는 외국인의 영어교육에 필요한 문형을 오랜 기간을 통해 연구한 끝에, 제시한 완벽한 유형이다. 반면 현재 우리가 알고 있는 Onions의 문의 5형식은 그런 완벽성이 없는 막연한 5형식이다. 따라서 우리가 알고 있는 5형식에서는, 각 문형마다, 몇 개의 유형이 있다고 제시하지 못하고 있다.

따라서, 상식적으로 Hornby의 25 개의 기본문형과 그것의 80 개의 동사유형을 제시한, Hornby의 완벽성을 두고 보면, 정해진 문의 동사유형이 없는 Onions의 5형식은 비교의 상대가 되지 못한다. 그리고 또 Onions의 논문은 오래된 논문이고, 우리는 그의 논문을 직접 읽어 볼 수 없는 문법 이론이다. 그럼에도 불구하고, 우리나라에서는 문의 5형식이라는 편협한 구조를 통해서, 영어교육을 하다 보니, 우리들 자신을 우물 안의 개구리로 만들어서, 바깥 세계를 모르게 만들고 있다.

그 결과 나타난 문제점이 바로 머리말에서 지적한 4 가지 문제점이다. 이 책에서는 그 4가지 문제점의 해법을 제시한다. 첫째, 영어에서 "보어"를 "명사와 형용사"로만 한정시킨 것은 대단히 잘못된 것이다. 영어에서는 보어가 명사, 형용사, "부사" 등 세 가지로 사용되고 있는데, 우리나라에서 수능 영어를 선도하는 EBS (2011. 기특한 고등영문법 즐겨 찾기: p 4. 집필자: 박기문, 전길수) 조차도 보어는 "형용사와 명사"라고 한정시키고 있다. 그런데, 부사는 오직 He plays tennis <u>well / badly</u>. He <u>seldom / often</u> plays tennis.와 같이 선택적으로만 사용되는 품사라고 가르쳐서는 안된다. 왜냐하면, 부사가 반드시 필요한 경우가 있다. <u>그런 부사가 "부사보어"이다.</u>

예컨대, 가장 평범한 be 동사나, 일반 자동사 및 put 동사 등은 "부사"를 보어로 선택하는 동사들이다. 또 불변화사 (particles: on, off, away 등)도 "부사보어"이다. "부사보어"는 문의 2형식에 5개의 유형이 있고, 문의 5형식에는 6개의 유형이 있는데, 현재 우리나라에서 출판되고 있는 영문법 책에서는 이들을 전혀 제시하지 못하고 있기 때문에, 이 점을 문제로 지적하고자 한다. 바깥 세계를 보지 않고, 우리가 알고 있는 문장유형으로만 문의 5형식을 만들어서 가르치는 것은 잘못된 것임을 지적한다. 다음 예를 보자:

(1) 주격 보어 (문의 2형식)

    a. He is handsome. (형용사보어)
    b. She became an English teacher. (명사보어)
    c. My house is <u>near the station</u>.
        Your friends are <u>here</u>. (부사보어: Hornby (1975: 16))

(2) 목적격 보어 (문의 5형식)

    a. We elected him chairman. (명사보어)
    b. He made her happy. (형용사보어)
    c. I put the milk <u>in the refrigerator</u>. (부사보어) (Hornby (1975: 58)
    d. I put the book <u>down</u>. (부사보어) Hornby (1975: 57)
        I put the book <u>on the table.</u> (부사보어)

둘째로, 거의 100% 우리나라 영문법 책에서 "be + to-infinitive"구조를 형용사(구)로 제시하기도 하고, 또 명사(구)로 제시하기도 한다. 어떻게 동일한 구조를 두 가지 다른 유형으로 분석하고 있는가?

EBS가 발간한 "고등 영문법 즐겨 찾기" (2011년 1월 20일 발간. p 45-48: 부정사의 용법)에서 (제11, 12강 집필자. 박기문, 오건석)도 동일하게 "be + to-infinitive 구조"를 두 가지로 설명하고 있고, 이찬승의 Grammar Zone (2010. 능률교육 출판사: p. 123)에서도 동일하게 설명하고 있다. 그러므로 국내에서는 100% 정확한 문법이론을 제시하지 못하고 있는 것이 분명하다. 그저 두 가지 용법으로 알아 두라는 것이다. 형용사적 용법으로 예를 든 것은, 편의상 "성문기본 영어" (송성문, 2009: 14)의 예인, 다음 (3)을 보기로 하자. 다음 (3) a, b, c, d, e에서 오른쪽 괄호 속의 "예정," "의무," "가능," "운명," "의지" 등은 문장 전체의 의미로, 그와 같이 밝혀두었는데, 이들이 "<u>추상명사</u>"이기 때문에, "be + to-부정사구"에서, to-부정사를 "형용사"로 보아서는 안된다. 왜냐하면, "이 to-부정사구는 <u>명사(구)</u>이기 때문이다."

이제 "be + to-부정사(구)"가 "명사보어"임을 증명하고자 한다. 다음 송성문의 (3) a, b, c, d, e의 예문에서 괄호 안의 해석은 "필자의 것이고," "괄호 밖의 것은 송성문의 해석이다." 괄호 안의 해석과 같이 "....하는 것이다."로 먼저 해석해서, "be + to-infinitive 구조가" "명사보문 구조"임을 알게 한 후에는, 우리말에 어울리는 괄호 밖의 해석을 사용하는 것은 좋다고 본다. 다음 예에서 화살표 우측의 예문을 보자. 이 예문들은 모두 "be + to-부정사구"가 명사구임을 밝혀주고 있다. 즉, "주격 명사보어"로 나타날 수 있으므로, 도저히 형용사로는 볼 수는 없다. 나머지 예문도 동일하게 설명된다.

이 "be + to-부정사구"를 명사구임을 밝히기 위한, 점검용 문장은 주어진 문장과 의미가 반드시 동일할 필요는 없지만, "be + to-부정사 구조"는 그대로 유지해야 하고, 또 본동사는 반드시 be 동사이어야 한다. 왜냐하면 기본구조가 "<u>be + to-부정사 구조</u>"이기 때문이다. 아래 (3)a에서 "are <u>to meet</u>"가 형용사(구)라면, "to meet"를 명사구로 사용해서, 화살표 우측에 <u>To meet him here</u> is expected of us.로 변형시킬 수 없다. 다음 예문
을 주의 깊게 살펴보자.

(3) a. We <u>are to meet</u> him here. (예정)
     (우리는 그를 여기서 "<u>만나는 것이다.</u>") "만나게 될 것이다/만날 예정이다."
     ==> <u>To meet him here</u> is expected of us.

   b. You <u>are to start</u> at once. (의무. 명령)
     (너는 곧 (즉시) <u>출발해야 하는 것이다.</u>) "너는 곧 (즉시) 출발해야 한다."

     ==> <u>To start at once</u> is necessary for you to catch the bus.

   c. Nothing <u>was to be seen</u>. (가능)
     (<u>보여진 것은 아무 것도 없었다.</u>) "아무 것도 보이지 않았다"

     ==> <u>To be seen</u> or <u>not to be seen</u> (by you) won't <u>be</u> a
        matter to me at all, because I didn't want to see
        anything that had happened outdoors.
        (당신에게) 보여 졌느냐 또는 보여지 지 않았느냐 하는 것은, 나에
        게는 전혀 상관이 없는 일이다, 왜냐하면 나는 바깥에 무엇이 일
        어났는가 보기를 원하지 않았기 때문이다).

     ==> (For something) <u>to be seen</u> or <u>not to be seen</u> (by you)
        won't <u>be</u> a matter to me at all, because I didn't want to
        see anything that had happened outdoors.
        (무엇이 (당신에게) 보여 졌느냐 또는 보여지 지 않았느냐 하는
        것은 나에게는 전혀 상관이 없는 일이다, 왜냐하면 나는 바깥에 무
        엇이 일어났는지 보기를 원하지 않았기 때문이다).

   d. The poet was <u>to die</u> young. (운명)
     (그 시인은 젊어서 <u>죽게 되었던 것이었다.</u>) "그 시인은 젊어서 죽
                                  을 운명이었다."
     ==> To die young was the fate of the poet.

   e. You must work hard if you <u>are to succeed</u>. (의지)
     (네가 <u>성공하려고 하는 것이라면</u>, 너는 열심히 공부해야 한다.)
     "네가 성공하려고 한다면 열심히 공부해야 한다."

     ==> If to succeed is your real intention, your must work hard.
        (성공하는 것이 너의 진정한 의도이라면, 너는 열심히 일해야 한다.)

그리고 성문 출판사의 송성문에 의하면, 다음 (4)a는 부정사의 명사적
용법으로 분석하고, 반면 동일한 구조를 가진 (4)b는 형용사적 용법으로 보았
다. 그런데 문제는 동일한 구조로 된 것 중에서, 왜 어떤 것은 형용사로 보며,
또 어떤 것은 명사로 보느냐에 대한 설명이 전혀 없다. 우리나라에서 발간된
다른 영문법 책에서도 왜 "be + to-infinitive 구조"가 "형용사(구)"인가 하는

것을 설명한 책은 전혀 없다.

(4) a. His job is to sell cars. (명사적 용법)
    b. He is to sell his car. (형용사적 용법)

그런데 송성문의 (4)b도 "be + to-infinitive 구조"인데 "to sell his car"를 "형용사"라 했지만, 이것을 다음 (5) b에서, 문장의 주어명사로 변형시킬 수 있다. 주어명사로 변형시킬 수 있기 때문에, 그것은 분명히 형용사가 아니라, 명사(구)이다. 도저히 형용사로는 볼 수 없다. "이와 같은 변형은 우리나라에 와 있는 어떤 원어민에게 물어보아도 다 인정되고 있다는 것을 여기에서 강조해 둔다." 이 변형문은 청주대학교 원어민 교수부장 Warren R. Smith 교수가 직접 확인해준 문장들이다.

(5) a. To sell cars is his job.
    b. To sell his car is expected of us.

다음은 "능률교육 연구소" (저자: 장옥희, 김종빈, 김수민, 이종은)에서 발행한 Fan Club 1316 Level 2 (2010: 20)와 Level 3 (2010: 8)에서도, 동일하게 "be + to-infinitive 구조"를 형용사적 용법에 포함시키고 있지만, 왜 이 구조가 형용사인가를 설명하지 못하고 있다. 단지 형용사로 보라는 것뿐이다. 다음 (6)의 예를 보자.

(6) < be + to-v> 용법

a. 예정 He is to go to London tomorrow.
b. 의무 You are to be back home by 7.
c. 가능 No one was to be seen on the street.
d. 운명 I was to fall in love with you.
e. 의도 If you are to have good friends, you must be good.

위 (6)a, b, c, d, e에서도, 문장의 전체적인 의미로, 예정, 의무, 결과, 운명, 의도 등의 용어를 사용하고 있다. 그러나 중요한 것은, 이 문장에서 "be + to-infinitive 구조"는 형용사(구)가 아닌, 명사(구)이다. 앞 (4), (5)에서처럼, 이 구조들도 "명사(구)임"을 증명하고자 한다. 다음 (7)a, b, c, d, e에서 화살표 오른쪽의 to-부정사(구)는 명사로서, 각 문장의 주어역할을 하고 있다. 만일, 이 to-부정사구가 형용사(구)라면, 이와 같은 변형은 불가능한 것이다.

(7) a. He is to go to London tomorrow. (noun complement)
        ==> To go to London tomorrow is already planned by him.

    b. You are to be back home by 7. (noun complement)
        ==> To be back home by 7 is your obligation or duty.

    c. No one was to be seen. (noun complement)
        (보여진 사람은 아무도 없었다)
        ==> To be seen or not to be seen in the company by our

staff memebers is not so important: He is the real owner of the company.
(우리들의 직원에 의해서 회사에서 보여지느냐 보여지지 않느냐 하는 것은 중요하지 않다: 그가 이 회사의 진정한 주인이다)

==> (For him) to be seen or not to be seen in the company by our staff members is not so important: He is the real owner of the company. (그가 우리 회사의 직원들에 의해서 보여지느냐, 보여지지 않느냐, 하는 것은 그렇게 중요하지 않다. 그가 이 회사의 진정한 주인이다.)

d. I was to fall in love with you.
==> To fall in love with you was my fate.
(당신과 사랑에 빠진 것은 나의 운명이었다.)

e. If you are to have good friends, you must be a good person.
(네가 좋은 친구를 갖고자 하는 것이라면, 너는 좋은 사람이어야 한다)

==> If to have good friends is your intention, you must be a good person. (좋은 친구를 갖는 것이 너의 의도라면....)

==> Suppose that to have good friends is your intention, then you must always be good to them.
(좋은 친구를 갖는 것이 너의 의도라면........)

　　그런데, 이 문장들 중에서 어떤 것은 회화체로는 적절하지 못한 것은 인정한다. 예컨대, 위 (7)c나, (7)e에서, 화살표 (==>) 오른쪽의 표현들은 회화체에서는 잘 쓰이지 않지만, 문어체에서는 정확하고 완벽하다. 그리고 이번에는 "It--(for/of) + 명사--to-부정사의 구조"로 나타내어서, 다시 한 번 이 to-부정사구가 명사임을 증명하고자 한다. "It--(for/of) + 명사--to-부정사의 구조"는 우리 모두가 알고 있는 것 같이, "for/of + 명사"는 의미상의 주어이고, It는 가주어이고, to-부정사가 이 문장의 진주어가 되는 것은 이미 알려진 사실이다. 만일 to-부정사가 형용사이라면, 도저히 이 구조는 영어로 성립되지 않는 것은 너무나 당연한 것이다. 이제 위 (8)a, b, c, d, e를 명사구의 문형으로 변형시켜보자.

(8) a. He is to go to London tomorrow. (noun complement)
　　==> It is expected of him to go to London tomorrow.

b. You are to be back home by 7. (noun complement)
　　==> It's your obligation for you to be back by 7.

c. No one was to be seen.
　　==> It is not so important for him to be seen, or not to be seen in the company by our staff members.
d. I was to fall in love with you.

> ==> It was my fate for me to have been fallen in love
> with you.

e. If you are to have good friends, you must be a good person.

> ==> If it is your intention for you to have good friends,
> you must be a good person.

이제 동일한 이론으로 설명하는 Practical English Usage의 저자 Michael Swan (2005: 265)의 예를 보기로 하자.

(9) An infinitive phrase can be used after *be* as a noun subject complement. (to-부정사는 be 동사 다음에 와서 명사 주격보어로 사용될 수 있다.)

> a. Your task is to get across the river without being seen.
> (너의 임무는 (남에게) 보이지 않게 강을 건너는 것이다.)

> b. My ambition was to retire at thirty
> (나의 야심은 30세에 은퇴하는 것이었다.)

이와 같은 문장에서 to-부정사가 명사의 기능을 갖고 있기 때문에, 다음 (10)과 같이, "가주어 it"와 "진주어 to-부정사 구조"로 재구성될 수 있다고 했다.

(10) a. It is your task to get across the river without being seen.
 b. It was my ambition to retire at thirty.

그런데, Hornby (1975: 20)도 아래 (11)에서 "be + to-부정사(구)"가 뒤에 따라오면, 그 문장이 능동구조이든, 수동구조이든, 모두 "술부의 명사적 부분, 즉, 명사보어"라고 정의하고 있다. 다음 (11)을 보자.

(11) (Honrby (1975: 20)

> The verb "be" may be followed by an infinitive or an infinitive phrase (active or passive) "as the nominal part of the predicate."
> (동사 be는 "술부의 명사적 부분"으로서, to-부정사(구)를 (능동이든 수동구문이든) 뒤 따라올 수 있게 된다)

앞의 설명과 예문에서, 이 유형의 "to-infinitive 구조"는 모두 명사(구), "명사보어"라는 것은 이미 다 알고 있는 문제이다. 이제 각 예문의 오른쪽, 또는 왼쪽에 "예정," "의무," "가능," "운명," "의지" 등과 같은 표현을 사용할 수도 있지만, 이 표현들은 그 문장의 전체적인 의미가 그와 같다는 것이지, 이와 같은 용어 때문에 "to-infinitive 구조"를 형용사로 보아서는 안 된다. Hornby (1975: 37)는 위에서처럼 "예정," "의무," "가능," "운명," "의지" 뿐만 아니라, 이 외에 여러 가지 다른 표현도 사용했다. Hornby

는 다음 (12)에서 문장이 가질 수 있는 여러 가지 전체적인 의미를 제시하고 있다.

　　이 의미들은 표면에 나타나지 않은, 화자나, 문장이 갖는 심리적인 내적인 의미를 표시한 것이다. 그러므로 이 의미들은 "be + to-infinitive 구조"가, 그 문장 내에서 문법적으로 어떤 유형의 보어인가, 또는 어떤 역할을 하는 것인가 하는 문제와는 전혀 관련이 없다. 다음 (12)의 해설을 보자:

(12)　(Hornby 1975: 37)

　　The finites of *be* are used with a to-infinitive to indicate an arrangement either by agreement or as the result of a request or an order. The interrogative may be equivalent to a question about someone's wishes.

(To-부정사와 함께 사용되는 be의 정형동사 (am, are, is, was, were) 들은 어떤 "합의," "약속"이나 또는 요구의 "결과"나, 명령에 의한 "결과"를 나타내는데 사용된다. 의문문은 어떤 사람의 "소원," "의향"에 대한 질문과 동일하게 된다.)

　　아래 (13)의 예문 해석에서, "be + to-infinitive 구조"가 명사구임을 밝히기 위해서 ".....것"으로 해석해야 하나, 이 구조가 명사(구)임을 이미 앞의 논의에서 알고 있는 이상, 우리말의 흐름에 맞게 자연스럽게 해석하기로 한다.

(13)　Table 35　　　　　　　　　　　　　　　　(Hornby 1975: 37)

subject + be	to-infinitive (phrase)	
1. John and I are John과 나는 6시에 역에서 만나기로 되어 있는 것입니다.	to meet at the station at six o'clock.	
2. We're 우리는 5월에 결혼하게 되어 있는 것 입이다.	to be married in May.	1, 2. 3은 합의(약속/계획)
3. We were 우리는 작년에 결혼하기로 되어 있었던 것입니다. (그러나 결혼하지 못했습니다).	to have been married last year.	
4. At what time am I 몇 시에 와야만 하는 것입니까?	to come?	상대방의 (소원, 의향)
5. When am I 언제 내가 당신에게 전화를 걸어야 합니까?	to ring you up?	
6. Am I 내가 영원히 여기 서 있어야만 하는가?	to stand here for ever?	(조급함, 짜증)
7. You're always 너는 항사 나를 너의 친구로 생각하고 있다.	to think of me as your friend.	(확신).
8. I am	to inform you that	

	that 이하 사실을 나는 너에게 알려 주게 되어 있다.	결과 (명령에 의한)
9. Nobody is	to know. 아무도 알지 못하게 되어 있다.	결과 (약속에 의한)
10. How am I	to pay my debts? 어떻게 나의 빚을 갚을까요?	상대방의 (소원, 의향)
11. The waiter was	not to be seen. 사환은 보여질 수 없었다.	결과
12. As I was	about to say.... 내가 막 ...을 말하려고 하던 참에	의도
13. This I was	only to learn later.... 이것은 내가 후에 알게 되었다.	결과
14. The new building is	to be six storeys (=영국영어/ 미국영어=stories) high. 새 건물은 6층으로 짓게 되어 있다.	예정 (약속, 계획)
15. He was	never to see his wife and children again. 그는 그의 부인과 아이들을 다시는 보지 못할 운명이었다.	운명

이제 앞의 분석으로 "be + to-infinitive 구조"는 "명사 보문구조"라는 것이 분명히 밝혀졌다. 더 이상 구조적으로 분석하고, 설명할 필요가 없다고 본다. 그러나 마지막으로, 수동형의 구조를 통해서 다시 한 번 논쟁의 초점을 살펴보기로 한다. 즉, 앞 (11)에서 Hornby는 "be + to-infinitive 구조"가 "능동문이든," "수동문이든," 상관없이 명사보어가 된다고 했지만, 좀 더 구체적으로 살펴보자.

아래 (14)a,b와 (15)a,b에 제시된 것은, Hornby (1975: 20-21)의 예이다. 영국영어에서는 명사 "세"와 동사 "세놓다"를 let로 표현하고, 미국영어에서는 rent가 명사, 동사로 사용된다. 또 사역동사 let로도 사용된다.

(14) a. The house is to let.　(세놓는 것).　　Hornby (1975: 20)
　　　b. The house is to be let. (세놓아지는 것). Hornby (1975: 21)

(14)a의 능동문 구조는, (14)b의 수동의 구조와는 의미가 다르지만, 모두 명사(구)의 역할을 하는 것만은 분명하다. 즉, "세놓는 것," 또는 "세놓아지는 것" 두 가지 의미로 해석될 수 있지만, 모두 명사(구)로 인정된다. 다음 (15)a,b도 동일하게 설명된다.

(15) a. Who is to blame?　　(비난을 받는 것).　　Hornby (1975: 20)
　　　b. Who is to be blamed? (비난을 받게 되는 것). Hornby (1975: 21)

(15)a의 능동문 구조인 "is to blame"과 (15)b의 수동문 구조인 "is to be blamed"는 별개의 구조로 나타나지만, 이 구조가 명사(구)의 기능을 갖는다고 Hornby는 앞 (11)에서 밝히고 있다.

따라서, 이들을 "형용사"로 인정해서, "be + to-infinitive"구조를 형용사로 보려고 하는 의도도 전혀 인정되지 않는다. 따라서 과거분사를 형용사로 보아서 "is to be let"나 "is to be blamed"의 전체구조를 형용사로 볼 수 없게 된다. 그러나 seem, appear, happen 등의 자동사 다음에, He seems to be disappointed.같은 문장에서 disappointed는 형용사로 인정된다.

① 앞에서 논의된 내용에 이어서, 위 (14), (15)에서 논의된 것은, 수동형 구조에서, 일반적으로 "동사의 과거분사"는, 형용사로 인정되지만, "be + to-infinitive" 구조에서만은 능동문 구조에서와 동일하게 명사(구)가 된다는 것이 그 요점이다. 이 문법적 이론은 Hornby (1975)에서 논리적으로 제시되었다. 그럼에도 불구하고 우리나라에서는 아직까지도 "be + to-infinitive" 구조를 형용사로 보고 학생들에게 잘못 가르치고 있다는 것은, 수치스러운 일이다. 이 잘못된 예를 즉시 모든 영문법 책에서 모두 수정해야 한다고 주장한다.

우리나라에서 발간된 모든 영문법 책에서 100% "be + to-infinitive 구조가" 여전히 전과 같이, "형용사"의 역할을 한다고 주장하는 분이 계시거나, 반대로 저의 주장이 잘못되었다고 주장하는 영문법 학자님들이 계신다면, 저에게 연락을 주십시오. 또 위에서 필자가 주장한 내용에 대해서 이의가 있거나, 질문을 하실 분이 계시면, 이 책의 뒤에 제시된 필자의 휴대전화로 연락을 주시면 감사하겠습니다.

② 그리고 두 번째 문제였든 부사보어도 당연히 2형식 문형과 5형식 문형에 포함되어야 한다고 주장한다. 2형식 문형에서는 5개 유형이 있고, 5형식 문형에서는 6개 유형이 있는데, 현재 우리의 문의 5형식에는 "부사보어"라는 용어조차 없다. 우리는 너무 바깥세상을 모르고 우리들만의 문의 5형식을 만들어 가르치고 있는 것이 분명하다.

③ 세 번째 문제는, 현재의 문의 5형식에, Hornby (1975)의 25형식, 80개 유형을 정확하게 대체시켜 넣는 것이다. 이것은 이 책의 표지에, 책의 제목으로 제시되어 있다. 이 문제가 가장 큰 문제이지만, 어려움이 없이, 완벽하게 해결되어 진다. 이것은 본론 (17)에서, Hornby의 유형을 어떻게 Onions의 5형식에 옮겨 넣게 되는가를 설명하고 있는데, 잠시 후에 그 내용을 보게 될 것이다.

④ 네 번째 문제는, 문의 5형식 같은 동사 유형으로 만 영어문장을 완전히 설명할 수 없다. 필요한 것은 바로 "형용사 유형"이다. 앞에서 언급한 것 같이, 영어에서는 적어도 7개의 형용사 유형을 포함시켜야 완벽한 영어교육 문형이 된다고 본다. 따라서 동사 유형 외에, 형용사 유형을 첨가하고자 하는 것이다. 이 형용사 유형은 뒤에서 제시되는 본론의 (18)에 먼저 그 유형을 간단히 설명하고, 구체적인 내용은 동사 유형에 이어서, 바로 유형번호 ⑧①번부터 ⑧⑦번까지 제시된다.

본론: Onions의 새로운 문의 5형식

　　우리나라에서 사용되는 영문법 이론은 C. T. Onions의 문의 5형식이 절대적이다. 그런데, Onions 논문의 원본을 갖고 있는 사람은 거의 한 사람도 없어 보인다. 왜냐하면, 영문법 책을 쓰는 학자들 중에서, 한번도 Onions 원문의 한 구절이라도 인용하는 사람이 보이지 않기 때문이다.

　　필자도 Onions 논문의 원본을 읽어본 적이 없다. 단지 문의 5형식을 제안한 사람의 이름이 C. T. Onions라는 것 이외는 아는 것이 전혀 없다. 우리나라에서 발간된 영문법 책을 통해서 5형식의 이론을 알고 있는 것이 전부이다. 따라서 필자가 알고 있는 5형식 이론이 Onions의 원문의 이론과 비슷한지 확인 할 방법조차 없다. 한국의 모든 영어문법 학자들도 필자와 비슷한 처지에 있을 것으로 믿어진다. 그러나 막연하지만 아래와 같이, 5형식의 요점만 아주 간단하게 요약해 보고자 한다.

지금까지 사용되고 있는 문의 5 형식

(16)
　　　　주어 + 자동사 + 부사 (수의적으로 선택)
　1.　We eat and drink <u>every day</u>.
　　　We sleep <u>at night</u> and wake up <u>in the morning</u>.

　　　　주어 + 자동사 + 보어 (형용사 / 명사)
　2.　He is busy.
　　　She became an English teacher.
　　　You looked tired.

　　　　주어 + 타동사 + 목적어
　3.　I know him well.
　　　We all enjoyed the movie.

　　　　주어 + 타동사 + 간접목적어 + 직접목적어
　4.　She　　gave　　　me　　　　　a present.
　　　We　　bought　　her　　　　　a beautiful dress.
　　　They　asked　　　him　　　　　a tough question.

　　　　주어 + 타동사 + 목적어 + 목저보어 (형용사 / 명사)
　5.　We　　elected　　him　　　　　president.
　　　He　　made　　　her　　　　　happy.

　　그런데, 위 문의 4형식에서, 수여동사 give, buy, ask 등이 나타나면, 수여동사의 이론에 의해서, "주어 + 간접목적어 + 직접목적어"의 어순이 "주어 + 수여동사 + 직접목적어 + 전치사 (to / for / of) +간접목적어"의 순서로 변형된다. 그러면 이 구조에서, "전치사구 (to / for / of) + 간접목적어"는 부사구로 변해서, 문의 3형식으로 변화한다. Onions의 문형이론이 필자에게는 깊이 잘 알려져 있지 않기 때문에, 위에서 제시한 기본문형 내에 어떤 다른 문형이 존재하고, 또 각 문형에, 변형된 문형이 몇 개가 있다고 말할 수도 없다. 따라서 문의 5형식은 이정도로 간단히 언급하기로 한다.

위 (16)에서 제시한 요약된 Onions의 기본 문의 구조와는 비교할 수는 없지만, Hornby (1975)는 25 개의 기본 문형과, 각 문형을 세분화시키고, 또 변형된 유형을 합하여, 모두 80 개의 동사유형을 제시했다. 그래서 한국에 깊이 뿌리를 내린 이 Onions의 5형식을 Hornby의 문형으로 보완해서, 수정된 Onions의 5형식을 제안하고자 하는 것이 이 책을 쓰는 목적이다.

Onions와 Hornby의 동사유형을 비교해보면, 1형식과 2형식의 순서만 바뀌어 있다. Onions는 1형식을 "완전자동사"로 설정했지만, Hornby는 2형식에서 "완전자동사"를 다루고 있다. 그래서 Hornby의 2형식을 Onions의 1형식과 그 순서만 바꾸면 동일한 동사 유형이 된다. 나머지 3, 4, 5형식은 그 순서가 동일하다. 그리고 Hornby는 1, 2 형식은 물론, 3, 4, 5형식에서도 동사 유형의 수를 정확히 나타내고 있다.

Onions의 1형식을 그대로 유지하고, Hornby의 2형식을 Onions의 1형식 유형에 옮기기만 하면 된다. 이와 같은 방법으로 Hornby의 유형을 그대로 Onions의 문의 5형식에 정확하게 옮겨 넣을 수 있다. 그러면, Hornby의 25개 문형 (Hornby 1975: 13)을 먼저 아래 (17)에 제시하고, 이 유형을 Onions의 5형식에 분류해 넣어보기로 한다.

다음 (17)에서 **Hornby의 (VP 2A)만 Onions의 (VP 1A)로 바꾸면 된다.** 그래서 (VP 2)가 먼저오고, 그다음에 (VP 1)이 온다. 그러면 아래 (17)에서 Onions (VP 1-4)라는 표현이 나타나는데, 이것은 1형식 문형에 4개의 문의 유형이 있다는 말이다. 그리고 2형식 문형에는 32개의 유형이 있고, 3형식에는 10개의 유형이, 4형식에는 9개의 유형이, 5형식에는 25개의 유형이 있다는 표시이다. 그런데 아래에 제시된 Hornby의 25개 문형 중에서, 모두 변형이 적용되어, 여러 개의 유형으로 나타나, 전체 80개 유형이 된다. 아래 Hornby의 기본 25개 문형은 변형으로 나타나는 문형의 수를 포함시키지 않은 문형의 수이다. 이 기본 문형의 수는 실제문형의 수와는 다르다는 것을 먼저 밝혀둔다. 실제의 동사 유형은 "제1부 동사 유형 (19쪽)에서" ①부터 ⑧⓪까지 구체적으로 제시된다.

(17)   Onions의 제1형식 문형 (VP 1-4)

(VP 1)   S + vi (VP 1-4)

                   Onions의 제2형식 문형 (VP 2-32)

(VP 2A) S + BE + complement (11) / adverbial junct (1) ◀──── 부사보어 2개
(VP 2A) S + vi (VP 1-4)
(VP 2B) S + vi + (for) + adverbial adjunct ◀──── 부사보어 1개
(VP 2C) S + vi + adverbial adjunct ◀──── 부사보어 1개
(VP 2D) S + vi + adjective/noun/pronoun
(VP 2E) S + vi + present participle (phrase) ◀──── 부사보어 1개

(VP 3A) S + vi + preposition + noun/pronoun/gerund
(VP 3B) S + vi + (preposition + it) + clause
(VP 4A) S + vi + to-infinitive (phrase) |
(VP 4B) S + vi + to-infinitive (phrase) | (VP 4 A, B, C) ◄——— 부사수식어
(VP 4C) S + vi + to-infinitive (phrase) |
(VP 4D) S + vi SEEM/APPEAR, etc + (to be) + adjective/noun
(VP 4E) S + vi SEEM/APPEAR/HAPPEN/CHANCE + to-infinitive phrase
(VP 4F) S + vi BE + to-infinitive (phrase) ◄——————— 명사보어
(VP 5)   S + anomalous finite + infinitive (phrase)

Onions의 제3형식 문형 (VP 3-10)

(VP 6A) S + vt + noun/pronoun
(VP 6B) S + vt + noun/pronoun
(VP 6C) S + vt + gerund (phrase)
(VP 6D) S + vt + gerund (phrase)
(VP 6E) S + NEED/WANT, etc + gerund (phrase) (passive meaning)
(VP 7A) S + vt + (not) + to-infinitive (phrase)
(VP 7B) S + HAVE/OUGHT, etc + (not) + to-infinitive (phrase)
(VP 8)   S + vt + interrogative pronoun/adverb + to-infinitive (phrase)
(VP 9)   S + vt + that-clause
(VP 10) S + vt + dependent clause/question

Onions의 제4형식 문형 (VP 4-9)

(VP 11)   S + vt + noun/pronoun + that-clause
(VP 12A) S + vt + noun/pronoun (IO) + noun/pronoun (phrase) (DO)
(VP 12B) S + vt + noun/pronoun (IO) + noun/pronoun (phrase) (DO)
(VP 12C) S + vt + noun/pronoun + noun/pronoun (phrase)
(VP 13A) S + vt + noun/pronoun (DO) + to + noun/pronoun (phrase)
(VP 13B) S + vt + noun/pronoun (DO) + for + noun/pronoun (phrase)
(VP 14)   S + vt + noun/pronoun (DO) + preposition + noun/pronoun (phrase)

Onions의 제5형식 문형 (VP 5-25)

(VP 15A) S + vt + noun/pronoun (DO) + adverb (phrase) ◄——— 부사보어 1개
(VP 15B) S + vt + noun/pronoun (DO) + adverbial particle ◄——— 부사보어 2개
          S + vt + adverbial particle + noun/pronoun (DO) ◄——— 부사보어 1개
(VP 16A) S + vt + noun/pronoun (DO) + to-infinitive (phrase) ◄—부사보어 1개
(VP 16B) S + vt + noun/pronoun (DO) +
               as/like/for + noun (phrase)/clause ◄——— 부사보어 1개
(VP 17A) S + vt + noun/pronoun + (not) + to-infinitive (phrase)
(VP 17B) S + vt + noun/pronoun + (not) + to-infinitive (phrase)
(VP 18A) S + vt + noun/pronoun + infinitive (phrase)
(VP 18B) S + vt + noun/pronoun + infinitive (phrase)
(VP 19C) S + vt + noun/pronoun/possessive + -ing form of the verb
(VP 20)   S + vt + noun/pronoun + interrogative + to-infinitive (phrase)
(VP 21)   S + vt + noun/pronoun + dependent clause/question
(VP 22)   S + vt + noun/pronoun/gerund (DO) + adjective

(VP 23A) S + vt + noun/pronoun (DO) + noun (phrase) (object complement)
(VP 23B) S + vt + noun/pronoun (DO) + noun (phrase) (subject complement)
(VP 24A) S + vt + noun/pronoun (DO) + past participle (phrase)
(VP 24B) S + HAVE + noun/pronoun (DO) + past participle (phrase)
(VP 24C) S + HAVE/GET + noun/pronoun (DO) + past participle (phraase)
(VP 25)   S + vt + noun/pronoun (DO) + (to be) + adjective/noun

그런데 Hornby가 위와 같이 "25 형식"을 사용했지만. 그 내용은 Onions 의 문의 5형식과 동일하다.

그리고 이미 앞에서 언급한 것 같이, 동사 유형만으로만 문형이 완전하다 고 할 수는 없다. 왜냐하면 아래 (18)에서 7개의 형용사 유형을 포함시켜야만, 비로소 기본 표현의 방법이 완전하게 갖추어 지기 때문이다. 아래 AP 1A, B, C, D, E에서 to-부정사(구)는 앞의 형용사를 수식하는 "부사수식어"가 된다.

(18) 새로운 7개의 형용사 유형 (Adjective Patterns)

1. AP 1A. John is easy to deceive.   (부사 수식어)
2. AP 1B. Jim is eager to please everyone.   (부사 수식어)
3. AP 1C. You are silly to make such a mistake. (부사 수식어)
4. AP 1D. The weather is likely to be fine.   (부사 수식어)
5. AP 1E. Jim was (the) first to arrive.   (부사 수식어)

(위 AP 1E에서 the first가 형용사가 되는 이유는 (AP 1E)의 해설을 보라.)

6. AP 2. 고정된 관용구 및 각종 전치사와 함께 사용

    a. 고정된 관용구의 형용사의 예:
        Are you afraid of the dog?
        He was aware of having done wrong.

    b. 여러 가지 전치사와 함께 사용되는 형용사의 예:
        She was angry with him for having broken his promise.
        What's he worried about?

7. AP 3. 절 (clause)을 유도하는 형용사의 예:
    a. She was not aware (of) how much her husband earned.
        She was not aware that her husband earned $ dollars a week.

    b. afraid와 sorry 뒤에서는 that-절의 that이 생략된다.
        They were anxious that you should return.
        I'm afraid I shall have to leave now.
        I'm sorry you can't come.

    c. that-절 이외의 나타나는 종속절의 예:

        I'm not quite sure how to do it.

I'm not sure <u>why</u> he wants it.
We were worried about <u>where</u> you had to go.

(19) 위에서 제시된 동사 유형과 형용사 유형을 그대로 받아들인다면, 이제
문의 5형식의 각 유형마다 몇 개의 동사유형이 있다고 말할 수 있다.
앞 (17)에 제시된 Onions의 동사 유형 표를 보면, 문의 5형식의 각 유형마다
몇 개의 동사유형이 있다는 것을 분명히 밝힐 수 있다. 따라서 Hornby의 동사
유형을 Onions의 5형식 문형에 정확하게 대체시켜 넣게 된다.

이제 Hornby의 전체 80개 문형을 Onions의 5형식 문형에 맞추어 분류
해 넣은 것이 분명하다. 그러나 현재까지 사용하고 있던 Onions의 5형식은 그
내용이 Hornby (1975)에 비교하면, 문형마다 정해진 유형이 없었다. "부사보
어"처럼 잘못된 것도 있고, 앞에서 논의된 "be + to-부정사(구)"도 잘못 해석
되고 있었다. 따라서 필자는 Onions의 현재 5형식 내용을 유형 마다, 구체적으
로 올바른 유형을 제시하는 것이 중요하다고 생각되어, 이 책을 발간하는 것이
다. 그리고 Hornby나 Onions는 모두 영국 영문법 학자들이다. 현재 우리에게
알려진 미국식 영어와 영국식 영어가 어휘나 문법적인 면에서 다른 점이 많다.
그래서 영국영어는 "BrE"로 미국영어는 "AmE"로 명시하기로 한다.

(20) Hornby는 앞에서 제시한 중요한 동사 유형에 주로 사용되는 동사들을
아래와 같이 제시하고 있다.

(VP 6C) S + vt + gerund (phrase)
(VP 6C)에 주로 사용되는 동사들:

admit	advise	advocate	avoid
begin	begrudge	consider	contemplate
continuous	defend	defer	deny
describe	discontinue	dislike	enjoy
entail	excuse	face	fancy
finish	forbid	forget	grudge
hate	can't help	imagine	intend
involve	justify	like	love
mean	mind	miss	necessitate
postpone	prefer	prevent	propose
recall	recollect	recommend	regret
remember	report	resist	start
suggest	try	understand	

다음과 같은 동사구도 이 유형에 사용된다.

give up (smoking)   leave off (raining)
go on (working)   set about (doing something)

(VP 6D)　S ＋ vt ＋ gerund (phrase)
(VP 6D)에 주로 사용되는 동사들:

(can't) bear	commence	continue	dread
endure	hate	intend	like
love	prefer	regret	start

(VP 7A)　S ＋ vt ＋ (not) ＋ to-infinitive (phrase)
(VP 7B)　S ＋ HAVE/OUGHT, etc ＋ (not) ＋ to-infinitive (phrase)

(VP 7)에 주로 사용되는 동사들:

ache (=long)	afford	arrange	attempt
(can/could) bear	begin	bother	cease
choose	claim	continue	contrive
dare	decide	decline	deserve
determine	dread	endeavor	expect
fail	forbear	forget	hate
learn	like	long	love
manage	mean (=intend)	need	omit
plan	prefer	presume (=venture)	pretend
profess	promise	propose	purport
reckon	refuse	resolve	seek
start	swear (=promise, make an oath)		threaten
trouble	undertake	want	wish

(VP 8)　S ＋ vt ＋ interrogative pronoun/adverb ＋ to-infinitive (phrase)
(VP 8)에 사용되는 동사들:

ask	consider	debate	decide
discover	explain	forget	guess
inquire	know	learn	observe
perceive	remember	see	settle
tell (=ascertain, decide about)		think (=form an opinion about)	
understand	wonder	find out	

(VP 9)　S ＋ vt ＋ that-clause
(VP 9)에 주로 사용되는 동사들:

acknowledge	add	admit	allege
allow (=concede)	argue	believe	command
confess	decide	declare	demand
demonstrate	deny	desire	doubt
expect	explain	fancy (=think)	fear
feel	hear	hope	imagine
intend	know	mean	mind (=take care)
move (=propose as resolution)		notice	object
perceive	prefer	promise	propose
prove	realize	recommend	regret

require	report	resolve	say
see (=perceive, understand)		show	specify
state	suggest	suppose	think
understand	urge	wish	

(VP 10) S + vt + dependent clause/question
(VP 10)에 사용되는 주된 동사들:

ask	debate	decide	deliberate
determine	discover	discuss	doubt
imagine	know	reveal	say
show	suggest	tell (=ascertain)	understand
wonder			

(VP 13A) S + vt + noun/pronoun (DO) + to + noun/pronoun (phrase)
(VP 13A)에 주로 사용되는 동사들:

allot	allow	award		bring
cause (eg. pain to one's friends)	deal (eg. playing cards)			deny
do (as in do good so somebody)	fetch			give
grant	hand	lend		offer
owe	pass	proffer	promise	read
recommend	refuse	render	restore	sell
send	show	teach	tell	throw
write				

(VP 13B) S + vt + noun/pronoun (DO) + for + noun/pronoun (phrase)
(VP 13B)에 주로 사용되는 동사들:

boil	bring	build	buy	call
cash	choose	cook	do	fetch
gather	get	grow	leave	make
order (=place an order for)	paint		play	prepare
reach	save	spare	write	

(VP 16B) S + vt + noun/pronoun (DO) + as/like/for + noun (phrase)/clause
(VP 16B)에 주로 사용되는 동사들:

accept	acknowledge	class	characterize	consider
describe	know	recognize	regard	take (=accept)
treat	use			

for와 함께 사용하는 동사: mistake, take (=think, assume)

(VP 17A) S + vt + noun/pronoun + (not) + to-infinitive (phrase)
(VP 17A)에 주로 사용되는 동사들:

advise	allow	ask	beg	beseech
bribe	cause	challenge	command	compel
dare(=challenge)	direct	drive(=compel)	empower	enable

encourage	entice	entitle	entrea	expect
forbid	force	help	impel	implore
incite	induce	instruct	intend	invite
know	lead	mean (=intend)	oblige	permit
persuade	predispose	press (=urge)	request	require
tell	teach	tempt	urge	warn
get (causative verb)				

(VP 18A) S + vt + noun/pronoun + bare infinitive (phrase)
(VP 18A)에 주로 사용되는 동사

feel	hear	notice	observe	see
watch	listen to	look at		

(VP 18B) S + vt + noun/pronoun + bare infinitive (phrase)
(VP 18B)에 사용되는 동사들:

bid	help	know	let	make

(VP 19A) S + vt + noun/pronoun + present participle (phrase)
(VP 19A)에 주로 사용되는 동사들:

feel	glimpse	hear	notice	observe
perceive	see	smell	watch	listen to
look at				

(VP 19B) S + vt + noun/pronoun + present participle (phrase)
(VP 19B)에 주로 사용되는 동사들:

bring	catch	depict	discover	draw
find	get	imagine	keep	leave
paint	send	set	show	start

take 데리고 가다: (I took the children swimming [= for a swim])

(VP 22) S + vt + noun/pronoun/gerund (DO) + adjective
(VP 22)에 주로 사용되는 동사들:

bake (=eg. bake it hard)		beat	burn (eg. burn it black)
colour (eg. colour it red)		cut	drive (eg. drive someone mad)
dye		eat (eg. eat oneself sick)	
fill		find	get
hammer		hold (=consider)	
keep		lay (eg. lay the country waste)	
leave	lick	like	make	paint
render	see	set	sleep	turn
wash	wipe	wish		

이 책에서 사용되는 각 번호표에 대한 해설

이미 앞 본론 (16), (17)에서 언급한바 있지만, 다시 한번, 이 책을 쓰면서, 사용한 몇 가지 번호에 대한 설명을 하고자 한다.

C. T. Onions는 원래 문의 5형식을 주장한 학자로 우리는 잘 알고 있다. 그러나 불행하게도, 그의 논문의 내용은 우리에게는 전혀 알려지지 않고 있다. 그래서 필자는 A. S. Hornby (1975)의 문의 25형식 80문형을 Onions의 5형식에 맞추어 완벽하게 개편할 수 있음을 확인할 수 있었다. 다시 말하면 Hornby의 25형식 80문형을 Onions의 5형식에 압축해서 넣을 수 있다는 것이다. 이점에 있어서는 Onions가 5형식을 주장한 것이, 타당하고, 유용하다고 판단한다. 왜냐하면 Hornby가 25형식 80개 문형을 제안했으나, 그 문형의 수만 많았지 실제로는 5형식으로 축소하는 것이 더 타당하다고 결론을 내린다. 그리고 Hornby의 (VP 25) 기본문형은 변형을 포함시키지 않은 동사 유형이기 때문에, 80 개의 문형과는 그 수가 일치하지 않음을 미리 지적해 둔다. 그리고 Onions는 완전자동사를 문의 1형식으로 설정했으나, Hornby는 보어가 나타나는 2형식을 1형식으로 설정했다. 따라서 Hornby의 완전자동사를 Onions의 1형식으로 채택하기 때문에 (VP 2A)가 먼저 나타나고, 그 다음 (VP 1)이 나타난다는 것도 미리 밝혀둔다.

그런데 이제 80문형은 원래 Hornby의 것이었으나, 이것을 Onions의 문형으로 정확하게 바꾸어 넣을 수 있다. 그래서 1형식을 Onions (VP 1-4)라고 한 것은, 완전자동사 1형식은 변형을 통해서 4 개의 유형이 있다는 말이며, 보어나 부사수식어를 선택하는 2형식에서는 (VP 2-32)로 32개의 유형이, 3형식에서는 (VP 3-10)으로 10개의 유형이, 4형식에는 (VP 4-9)로 9개의 유형이, 5형식에는 (VP 5-25)로 25개의 유형이 있다는 것이다. 이 유형을 모두 합치면 80 개 유형이 된다.

그리고 Hornby는 각 문형의 시작에서부터 끝까지 번호를 부여했다. 이 번호는 문형의 유형이 바꾸어질 때 마다, 또 논제의 초점이 바꾸어질 때 마다, 다른 번호를 부여했다. 따라서 Hornby의 유형을 Onions의 유형으로 바꿀 때에도, 그 출처를 밝히기 위해, 그 번호를 부여했다는 것을 밝혀둔다. 예컨대, (Onions의 1형식 문형 VP 1-4)가 1: 에서부터 80: 을 넘어서 92: 까지 그 번호가 계속된다. 그리고 동사유형이 끝나고, 형용사 유형은 ⑧⑴ 에서부터 ⑻⑺ 까지 계속된다.

그래서 동사유형 80개와 형용사 유형 7개를 모두 합하면 87개의 유형이 되는데, 이 87개의 유형이 있어야 완벽한 영어교육을 할 수 있다고 판단되어 이 책을 발간하는 것임을 밝혀둔다.

제1부: Onions의 새로운 문의 5형식
동사유형: (1)에서부터 (80)까지

Onions의 1형식 문형 (VP 1-4)

1: Onions의 문의 "1형식은 (VP 1-4)"와 같이 표시한다. 이것은 1형식에, 4개의 동사유형이 있다는 의미이며, 아래의 Onions 1-1은 그 첫 번의 유형임을 표시하는 것이다.

그러면 이제 Onions의 1번 유형에 어떤 문장이 있을 수 있는지, 그 유형을 먼저 살펴보고자 한다. 문의 1형식의 기본 구조는 "주어 + 완전자동사" 만으로 형성되는 구조이다. 예컨대, "Fishes swim."과 같이 주어와 정형동사 만으로 문장이 완성된다. 그러나 보통 "He was breathing heavily." 와 같이 진행형으로 변형될 수도 있고, 또 heavily와 같은 부사수식어가 수의적으로, 선택적으로 추가될 수도 있다. 그러면 문의 구조는 "주어 + 완전자동사 + (부사수식어)"로 되는데, 이 기본구조에 몇 가지 변형된 유형이 나타난다. 먼저 첫째 문형 1-1을 보자. 주어가 의문대명사이면, 의문문도 나타난다. 이 문형에서는 "보어나" "부사보어"가 존재하지 않는다. 그러나 부사수식어(adverbs)는 괄호 내의 예와 같이 선택적으로 사용될 수 있다.

Onions 1-1   (VP 2A)

예문표 1   Hornby (1975: 22)

Subject	+	vi	(adverb)
1. We all		breathe, drink and eat	(everyday).
2. The sun		was shining (most)	(midday/at noon).
3. The moon		rose	(silently).
4. It		was raining	(heavily).
5. That		will do.	
6. Who		cares?	
7. A period of political unrest		followed.	
8. Everything		fits.	
9. The car		won't start.	
10. Whether we start now or later		doesn't matter.	

위 1번에서는, everyday, 2번에서는 most가 부사로 오고, 또 그 다음 시간부사로, midday / at noon, 3번에서는 silently, 4번에서는 heavily 등이 사용될 수도 있다. 그런데, 주어가 "막연하고," "길 때에는" 변형이 적용되어 유도부사 there가 앞에 나타나고, 그 다음에 동사가 오고, 마지막에 주어가 온다. 이와 같은 문장으로 문의 1형식이 변형되는 것이다.

1-1　　예문표 1의 해석

1. 우리는 (매일) 숨쉬고, 먹고, 마신다.
2. 해가 (가장 / 한 낮에 / 정오에) 빛나고 있다.
3. 달이 (조용히) 떠올랐다.
4. 비가 (심하게) 오고 있었다.
5. 그것이면 좋습니다.
6. 누가 상관하니?
7. 정치적인 불안의 시기가 따라 왔다.
8. 모든 일이 잘 들어맞는다.
9. 차(승용차)가 시동이 걸리지 않는다.
10. 우리는 지금 떠나든 또는 후에 떠나든 상관없다.

해설:
1. drink, eat는 자동사 (vi)도 되고 타동사 (vt)도 된다. 위 1에서는 자동사로 사용했지만, 다음과 같이 타동사로 사용되는 것이 보통이다.

   We ate hamburgers and drank juice at lunch,

5 번의 do는 여기서
　　a. 자동사로 "쓸 만하다" "족하다" "충분하다"라는 의미를 갖는다.
　　　보통 will, won't와 함께 쓰인다.

　　b. 의문문, 부정문에서는 의미가 없는 "조동사로"로도 쓰이고,
　　c. 타동사로는 "....을 하다"의 의미를 갖는다.

6. care: 걱정, 근심, 관심. (명사)
　　의문문에서, 관심을 갖다. 염려하다. (동사)

7. fit는 자동사, 타동사로도 쓰이는데,
　　여기서는 알맞다. 맞다. (자동사)

8. period (시기), political (정치적인), unrest (불안한),
　　follow (뒤따라오다).

10. whether (...인지 어떤지), matter (물질, 문제)　　　　(명사)
　　matter: 의문문, 부정문에서 "중요하다, 문제가 되다"　　(자동사)

Onions 1-2   문형 1-1의 변형 1

2: 주어가 모호하거나, 또는 길 때에는 유도부사 there가 앞에 나타나서, (there + 정형동사 + 주어)의 어순으로 나타난다. 의미는 동일하다.

예문표 2   Hornby (1975: 22)

There + vi +	Subject
1. There followed	a long period of peace and prosperity.
2. At a later stage there arose	new problems that seemed insoluble.
3. There comes	a time when we feel we must make a protest.
4. Later there developed	a demand for new and improved methods.
5. There entered	a strange little man.

수정: 위 2번의 At a later stage there arose new problems <u>with</u> seemed insoluble.에서 위 예문 2와 같이 with는 that로 수정되어 야 정문이 된다. (Hornby의 원문이 잘못된 것이다).

  5번의 A strange little man entered.가 정상적이나, 위 5와 같이 유도부 사 there를 사용한 것은 특별한 문체적인 style이다.

1-2   예문표 2의 해석

1. 평화와 번영의 긴 시대가 왔다.
2. 그 다음 단계에서 해결할 수 없을 것 같은 새로운 문제가 생겼다.
3. 항의해야 한다고 우리들이 느끼는 때가 온다.
4. 후에 새롭고 개선된 방법에 대한 요구가 나타났다.
5. 이상한 작은 남자가 들어왔다.

영어 단어와 숙어
at a later stage: 후의 단계에서   improve: 개선하다
arise, arose, arisen: 일어나다   method: 방법
insoluble: 해결할 수 없는
protest: 항의 / make a protest: 항의하다
later: 후에
develop: 발전하다 /발생하다   enter: 들어오다
demand: 요구   strange: 이상한

3

Onions 1-3   문형 1-1의 변형 2

3; 주어가 절(clause)이거나, to-부정사(수)일 경우에는, 가주어 *it*가 앞에 나타나고, 진주어로 to-부정사(구)나, 절(clause)이 뒤에 나타난다. 서술문, 의문문, 부정문도 동시에 나타날 수 있다.

예문표 3   Hornby (1975: 23)

It + vi +	subject (clause or to-infinitive phrase)
1. Does it matter	when we start?
2. It does not matter	whether we start it now or later.
3. It only remains	to wish you both happiness.
4. It only remains	for me to thank all of you.
5. It wouldn't have done	to turn down his request.

1-3   예문표 3의 해석

1. 우리가 언제 떠나야 한다는 것이 문제가 되는가?
2. 우리들이 지금 또는 후에 떠나든 문제가 되지 않는다.
3. 두 분에게 행복을 비는 것만이 남아있을 있을 뿐이다.==>
   남은 문제는 두 분에게 행복을 비는 것뿐이다.
4. 내가 이 재회의 모임을 그토록 행복한 행사가 되도록 하는데 도와준 모든 사람들에게 감사를 드리는 일만 남아있다.
5. 그의 요구를 거절하는 것은 잘하는 일이 아니었을 것이다.

문법문제

1. 1번은 It.....when의 구조이다. 즉, "when 이하가," 진주어이고, It는 가주어이다.

2. 2번은 It.....whether의 구조이다. 즉, whether 이하가 진주어이고, It는 가주어이다.

3/5번은 It.....to의 구조이다.

4. 4번은 It.....for.....to의 구조이다. "for me"가 의미상의 주어이고, to thank 이하가 진주어이고, It는 가주어이다.

Onions 1-4   문형 1-1의 변형 3

4: That-절이 자동사, seem, appear, happen, chance, follow 다음에 나타날 경우에는 가주어 it를 반드시 사용한다. 즉, * "That he has been ill appears."라 하지 않고, 대신 가주어 it가 앞에 나타나고, 진주어로 that-절이 뒤에 나타난다. 예컨대, It appears that he has been sick / ill. 이라 하기 때문이다.

예문표 4   Hornby (1975: 23)

It + vi	subject (that - clause)
1. It would seem	(that) the rumours have some truth in them.
2. It seemed	(that) the day would never end.
3. It seems	(that) the socialists will be elected.
4. It appears	(that) the plane did not land at Rome.
5. It seems (to be)	(that) you're not really interested.
6. It (so) happened	that I was not in London at that time.
7. It (so) chanced	that we weren't in when she called.
8. It doesn't follow	that he's to blame.

1-4   예문표 4의 해석

1. 그 소문은 (그 속에) 어떤 사실이나 / 진실을 가지고 있는 것 같다.
2. 그 날이 결코 끝나지 않을 것 같았다.
3. 사회당원들이 선출된 것 같다.
4. 그 비행기는 로마에 착륙하지 않은 것 같다.
5. 너는 정말로 흥미가 없는 것 같이 보인다.
6. 그 때 나는 우연히 London에 있지 않았던 것 같다.
7. 그녀가 방문했을 때, 우리는 우연히 집에 없었다.
8. 그가 나쁘다고는 할 수 없다.

해설: 위 3, 5, 6, 7은 다음 (VP 4D)와 같이 변형될 수도 있다.

3. The socialists seem to have been elected.
    (사회당원들이 당선되었던 것 같다).

5. You don't seem to be really interested.
    (너는 정말 흥미가 없는 것 같다).

6. I happened to be out of London at the time.
    (그 때에 나는 우연히 London에 있지 않게 되었다).

7. We chanced to be out when she called.
    (그녀가 방문했을 때 우리는 우연히 외출 중이었다).

단어 / 숙어 해설

rumour / rumor: 소문
chance: 우연 / 기회 (명사):
chance: 어쩌다가...우연히 일어나다 (동사) / happen도 이와 같은 동사의
　　　　 뜻이다.

follow: 당연히 결과로.....이 되다. It.....that의 구조에서 이와 같은 의미를
　　　　 갖는다.

위 8번은 "(당연히 / 결과적으로) 그가 나쁘다고 할 수 없다."의 의미이다.

Onions의 2형식 문형 (VP 2-32)

Onions 2-1   명사 보어   (VP 1)

5:    앞 Onions (2-1)의 (VP 1) 유형에서는 목적어를 선택하지 않는 자동사만 사용하는 유형이었는데, Onions 2-1에서부터 2-13까지는 be 동사를 사용하는 유형에 대해서 설명한다.

①. 이 2형식 유형의 동사는 뒤에서 제시되는 Onions 2-5의 유형을 제외하고, 모두 "보어"를 선택한다. be 동사는 주격보어로 명사, 대명사, 소유 대명사, 형용사, 부사(구), 전치사구, to-부정사(구), 및 절(clause)을 선택한다. 아래에 제시되는 Onions의 2-1은 be 동사가 주격보어로, 명사, 대명사, 동명사, 그리고 의문문에서는 변형에 의해서, 의문대명사를 선택한다. be 동사의 보어는 종전의 문의 5형식에서는 보어가 형용사, 명사로 한정되어 있었으나, 여기서는 "부사 보어"를 포함시킨다. 아래 Onions의 2-4, 2-5, 2-13, 2-14, 2-20의 예문을 참조하라. 이들은 모두 "주격 부사보어"이다.

②. 2형식 유형에는 "자동사 + 전치사 + 전치사의 목적어"를 두는 유형도 있다. 이 유형은 Onions 2-22-에서 Onions 2-27까지 6개의 유형으로 나타난다. 이 유형은 "자동사 + 부사수식어"의 형태가 된다.

이제 2-1 유형을 보자. 아래 2-1 유형의 10-13번에서는 be 동사의 보어로 의문대명사 who, what이 나타난다.

예문표 5   Hornby (1975: 14)

Subject + be +	noun/ pronoun
1. This is	a book.
2. His father is	a lawyer.
3. The total was	seventy-three.
4. Seeing is	believing.
5. The boys were	about the same height.
6. It's	me.
7. That's	mine.
8. Whether he will agree is	another question.
9. Those shoes are	not my size.

Interrogative + be +	Subject
10. Who is	that?
11. What color is	her hair?
12. What age is	she?
13. How much are	cabbages today?

2-1   예문표 5의 해석

1. 이것은 책이다.
2. 그의 아버지는 변호사이다.
3. 합계는 73이다.
4. 보는 것이 믿는 것이다.
5. 그 소년들은 거의 같은 키였다.
6. 나야. / 그것은 나다.
7. 저것은 나의 것이다.
8. 그가 동의할지 어떨지는 다른 문제이다.
9. 이 신들은 나의 신발치수가 아니다.

의문문

10. 저 사람은 누구냐?
11. 그녀의 머리는 무슨 색이냐?
12. 그녀는 몇 살이냐?
13. 오늘은 양배추가 얼마냐?

단어 및 숙어

5. height: 키 / 높이

6

Onions 2-2   형용사 보어

6:   이 문형에서는 주격보어가 형용사인 경우를 제시한다. 형용사는 분사인 경우도 있다. 아래 7-11의 예는 한정적인 (attributive adjective) 형용사로 사용되지 않고, 오직 서술적으로만 사용되는 형용사이다.

예문표 7   Hornby (1975: 15)

Subject + be +	adjective
1. It was	dark.
2. We're	ready.
3. The children were	exhausted.
4. The statue will be	life size.
5. Mary's	charming.
6. That he will refuse is	most unlikely.
7. Don't be	afraid.
8. The children are	asleep.
9. Is he	still alive?
10. I was	not afraid of that.
11. The ship is	still afloat.

해설: 어떤 형용사는 술부에서 to-부정사와 함께 사용되는 것이 있다. 이 유형은 동사유형으로 설명할 수 없는 문제이기 때문에, 동사 유형에 이어서, 바로 "형용사 유형"에서 설명한다. 예컨대, "I am glad to see you." 같은 유형도 "형용사 유형"으로 만 설명될 수 있다. 더욱 "Mary is easy to please."에서, to-부정사의 목적어는 Mary이다. 즉, (Mary를 기쁘게 하는 것은 쉽다)이다. Mary는 주어의 위치에 있지만, 사실은 목적어이다. 이 문장은 다음과 같은 세 가지 변형을 통해서 나타난다. 더 구체적인 것은 뒤에서 제시되는 형용사 유형을 보라. 형용사 유형은 ⑧①번에서 ⑧⑦번까지 제시되어 있다.

a. Mary is easy to please.
     위 a에서 to please의 목적어가 Mary이기 때문에, to-부정사구를 앞으로 이동시키고, Mary를 please 다음에 두면, 다음 b와 같이 된다.

b.. "To please Mary is easy."로 된다.
     이 b에서 줄친 부분을 가주어 it로 대체하고, to-부정사구를 뒤로 이동시키면 면 다음 c와 같이 된다.

c. "It is easy to please Mary."가 된다. c에서 목적어 Mary를 가주어 It 의 자리로 이동시키면, 앞 a와 같이 된다. 이 변형의 과정을 영어 문법 에서 인정하고 받아들여야 한다. 더 구체적인 논의는 형용사 유형 ⑧⑴ 을 보라.

위와 같은 형용사 유형이 존재하기 때문에, 동사유형만으로는 완벽한 문장 유형을 제시할 수 없다는 것을 밝혀둔다.

2-2	예문표 7의 해석

1. 어두워 졌다.
2. 우리는 준비가 되었다.
3. 아이들은 지쳐 있었다.
4. 그 동상은 실물 크기일 것이다.
5. Mary는 매력적이다.
6. 그가 거절한다는 것은 거의 있을 수가 없다.
7. 두려워하지 말라.
8. 아이들은 자고 있다.
9. 그는 여전히 살아 있나요?
10. 나는 그것을 두려워하지 않았다.
11. 그 배는 여전히 떠있다.

문법 문제:

위 Onions 2-2에서 사각형 속의 형용사, afraid, asleep, alive, afraid of, afloat 등은 철자 a-로 시작되는 형용사로서, 이들은 모두 be 동사의 보어로 만 사용되고, 명사 앞에 나타나 뒤의 명사를 수식하지 않는 형용사들이다.

7

Onions 2-3 형용사 보어

7: 아래 문형에서는 <u>형용사가 아니면서</u>, 형용사 역할을 하는 "전치사구"를 다룬다. 즉, "be 동사 + <u>전치사구</u>"가 "형용사"의 역할을 하는 예를 들고 있다.

예문표 8   Hornby (1975: 15)

	Subject + be +	prepositional group
1.	She is	in good health. (= well)
2.	Your memory is	at fault. (= faulty)
3.	We were all	out of breath. (= breathless)
4.	At last he was	at liberty. (= free)
5.	This poem is	beyond me. (= too difficult)
6.	We are	not out of danger. (= safe)
7.	The question is	of no importance. (= unimportant)
8.	Everything is	in good order. (= working well)
9.	The machine is	out of order. (= not working)
10.	This letter is	for you. (= intended for you)

앞 서론인 "새로운 문의 5형식을 보라"에서 길게 논의했던 "<u>be + to-부정사</u>"는 형용사가 아니면서, 형용사로 보았던 구조였는데, 위 Onions 2-3, 예문표 8로 다시 한 번 결론이 난다. 즉,

"<u>be + to-부정사</u>"는 분명히 형용사가 아닌데, 형용사의 역할을 한다고 우리나라에서 출판된 모든 영문법 책에 나타나 있다. 그 주장이 맞다면, 이 유형의 예문표에 나타나야 하는데, 전혀 나타나지 않았다. 따라서 "be + to-부정사"는 형용사가 아니라, "명사 보어"이다. 왜냐하면 "be + to-부정사 구조에서" to-부정사는, 전치사가 아니라, to-부정사이기 때문이다.

2-3은 전치사구가 형용사의 역할을 하는 예를 들고 있다.

1. 그녀는 건강이 좋다.
2. 너의 기억은 잘못되었다.
3. 우리들은 모두 숨이 찼다.
4. 드디어 (마침내) 그는 자유로워졌다.
5. 이 시는 내게 너무 어렵다.
6. 우리는 아직 위험을 벗어나지 못했다.
7. 이 문제는 중요하지 않다.
8. 모든 것이 잘 정돈되어 있다.
9. 그 기계는 고장이 났다.
10. 이 편지는 너에게 온 것이다.

해설:

7의 The question is <u>of no importance</u>.에서 of의 역할을 보기로 하자:

위에서 전치사 of는 소유격의 뜻을 갖는 것이 아니라, 뒤의 명사
no importance를 동일한 어원의 형용사로 변화시키는 역할을 한다.
즉, no importance ---> un-important로 변형시킨다는 말이다.

다른 예를 든다면

It is <u>of no use</u> <u>crying over the spilt milk</u>.
(엎질러진 우유에 대해서 울어보아도 소용없다)

아래 a의 예문에서 "crying over spilt milk"는 진주어이고, 앞의 It는 가주어이다. 그러면 전치사구 <u>of no use</u>에서 of는 소유를 의미하는 전치사가 아니라, 뒤의 명사 no use를 동일한 어형의 형용사인 useless로 변형시키는 역할을 한다. 그러면 아래 b와 같은 변형이 나타난다.

a. It is <u>of</u> <u>no use</u> crying over the spilt milk.

useless

b. It is useless crying over spilt milk.로 변형된다.

8

Onions 2-4   부사보어   1

8: 이 문형에서는 "부사"가 주격보어로 나타나는 문장을 다룬다. 이 부사 보어는 아주 어려운 구조가 아니라, 초등학교 수준의 영어문장이다. 그러나 그전의 Onions의 문의 5형식에서는 부사가 주격 보어로 나타난다는 문법이론 조차 전혀 없었다. 그러나 be 동사의 이 유형에 제시된 부사는 분명히 모두 "부사보어"이다. 다음 예를 보자.

예문표 9   Hornby (1975: 16)

Subject + be +	adverbial adjunct (부사보어)
1. Your friend is	here.
2. The book you are looking for is	here.
3. The others are	there.
4. It is	there.
5. The train is	in.
6. The concert was	over.
7. The whole scheme is	off.
8. My house is	near the station.
9. Everything between them was	at an end.
10. A plan of the town is	on page 23.
11. Was anyone	up?

해설: here, there는 보통 문장의 끝에 나타나나, 감탄문에서는 문장의 앞에 올 때가 있다.

1. Here's your friend!
2. Here's the book you're looking for!
3. There are the others!
4. There it is!

위 10과 11은 다음과 같이 바꾸어 쓸 수도 있다.

10. There's a plan of the town <u>on page 23</u>.
11. Was there anyone <u>up</u>?

2-4	예문표 9의 해석

2-4는 "부사보어"를 갖는 유형이다.

1. 너의 친구는 여기에 있다.
2. 네가 찾고 있는 책이 여기에 있다.
3. 다른 사람들 (다른 것들)은 저기에 있다.
4. 그것은 저기에 있다.
5. 열차가 들어와 있다.
6. 음악회는 끝났다.
7. 모든 계획은 중단되어 있다.
8. 나의 집은 역 가까이에 있다.
9. 그들 사이에 모든 일이 끝났다.
10. 이 도시 (마을)의 계획은 23 page에 있다.
11. 누군가가 일어나 있었나?

그런데 Hornby (1975)는 "부사보어"를 영어로 "adverb complement"라는 용어를 사용하지 않고 "adverb adjunct (부사 부가어)"라는 용어를 사용하기 때문에, "부사 보어"라는 의미를 우리가 바로 느끼지 못하는 결점이 있다. 그러나 "adverb adjunct"는 분명히 "부사 보어"라는 의미이다.

Hornby가 그의 사전에서 "adjunct"의 의미를 정의한 내용을 보기로 하자:

adjunct: In grammar, words or phrases added to qualify or define another word in a sentence.
(문법용어로, 한 문장 내에서 다른 단어에 Ⓐ 어떤 자격을 주도록, 또는 Ⓑ 어떤 정의를 내리도록 "추가된 단어나 구")

① modifier는 "수식어"로 해석되고
② adjunct는 자격을 주도록 추가된, 부가된, 보충된 어구로 해석된다.

위 ①은 흔히 사용하는 "수식어"라는 의미이고,
   ②는 어떤 자격을 갖추도록, "추가된 / 보충된 단어"로 해석된다.

그러면 앞 예문표 9에서는 here, there, in, over, near the station 등이 be 동사 다음에 부가되어 / 보충되어 / 한 문장을 완성하게 된다. 로 해석해야 된다. 따라서, adverbial adjunct는 "부사수식어"가 아니라, "부사 보충어 / 보어"라는 의미로 사용된다.

9

Onions 2-5   2형식에서 보어나 부사수식어가 없는 유일한 유형

9: 이 문형에서는 <u>보어가 없이</u>, <u>유도부사 there와 be 동사만을 사용하는</u>
<u>문장을 다룬다</u>. 따라서, 아래 예문에 나타난 여러 가지 be-동사는
"--이다," "--있다," "--존재 한다 (exist)"의 의미를 갖는다. 이 문형
에도 유도부사 there가 앞에 나타나서, 어순은 "there + BE + 주어
+ (형용사 / 부사수식어)"의 순서를 이룬다. 아래 예문표 5에서, 줄친
부분은 형용사/부사수식어들이다. 보어가 없는 앞 Onions 1-1에 나타
난 문장인 "Fishes swim."과 같은 문장과 비교해보라. 이 Onions 2-5
유형만이 be 동사의 보어가 없이 사용된다.

예문표 5   Hornby (1975: 16-17)

	There + be +	Subject
1.	There was	a large crowd.
2.	There won't be	<u>enough</u> time.
3.	There is	no doubt <u>about it</u>.
4.	There is	still time <u>for us to see the movie</u>.
5.	There has been	<u>too much idle</u> gossip.
6.	There is	a man <u>waiting to see you</u>.
7.	There is	no accounting <u>for tastes</u>.
8.	There was	every reason <u>for him to be satisfied</u>.
9.	There are still	many things <u>worth fighting for</u>.
10.	There can be	very little doubt <u>about his guilt</u>.
11.	There can't have been	much traffic <u>so late at night</u>.
12.	There have been	<u>many such</u> incidents.
13.	There must be	a mistake <u>somewhere</u>.
14.	There is	only one man <u>qualified for the job</u>.

1. 큰 군중이 있다.
2. 충분한 시간이 없을 것 같다.
3. 그것에 대해서는 의심할 여지가 없다.
4. 아직도 우리는 그 영화를 볼 시간은 있다.
5. 쓸모없는 소문들이 너무나 많았다.
6. 당신을 만나려고 기다리는 사람이 있다.
7. 좋고 싫은 데엔 이유가 없다.
    (사람마다 취향이 매우 다르다) (속담)
8. 그는 만족할 여러 가지 이유들이 있었다.
9. 아직도 싸울 가치가 있는 많은 일들이 있다.
10. 그가 죄가 있다고 의심할 일은 거의 없다.
11. 그렇게 늦은 밤에 교통이 혼잡했을 리가 없다.
12. 많은 그와 같은 사고들이 있어왔다.
13. 어딘가에 잘못이 있음이 틀림없다.
14. 그 일에 자격을 갖춘 사람은 오직 한 사람이 있다.

7. There is no accounting for tastes.
    (사람마다 취향이 매우 다르다) (속담)

　　위의 예 1번은 "장소부사"를 필요로 할 것 같은 느낌이 든다. 즉, "어디에" 큰 군중이 있다. 라고 말하는 것이 보통이기 때문이다. 예컨대 There was a large crowd <u>on the playground</u>. 로 표현하는 것이 보통이다. 뒤에서 제시된 Onions 2-6의 1번 예문과 비교해 보라. 그러나 원어민인 Hornby가 제시한 문장이므로 그대로 받아들이기로 한다.

10

Onions 2-6　　　부사 보어　2

10: 이 문형에서는 유도부사 there와 be동사를 함께 사용하고, "부사 보어"를 사용하는 문장을 다룬다. 이 유형에서도 부사보어가 반드시 필요하다. 왜냐하면 아래 예문 1번에서, "in this room"이라는 장소를 나타내는, 부사구가 없다면, 이 문장은 완전한 문장이 될 수 없기 때문이다. 즉, There are three windows.만으로는 완전한 문장이 될 수 없다. "어디에 세 개의 창문이 있다." 라고 말해야 하기 때문이다. 따라서 장소부사, in this room이 "be 동사"의 "부사보어"이다.

예문표 10　　　　　　　　　　　　　　　　　　　Hornby (1975: 17)

There + be + subject		adverbial adjunct (부사 보어)
1. There are	three windows	in this room.
2. There was	a thunderstorm	in the night.
3. There are	several hotels	in this town.
4. Are there	many apples	on your trees this year?
5. There is	a plan of the town	on page 23.
6. There are	some problems	here.

위 1번에서 There are three windows.가 완벽한 문장인데, 왜 "in the room"이라는 부사구가 필요한 것이냐고 질문할 수도 있다. 이 질문은 중요한 질문이다. 즉, "무엇이 있다."라는 말을 할 때는, "그것이 어디에 있다."라는 표현이 추가되어야만 완벽한 문장이 되기 때문에 "부사보어"가 필요한 것이다.

2-6　　　예문표 10의 해석

2-6은 장소부사 / 시간부사를 나타내는 유형이다.

1. 이 방에는 창문이 세 개가 있다.
2. 밤에 한차례의 번개 치는 폭우가 있었다.
3. 이 도시에는 몇 개의 호텔이 있다.
4. 금년에 너의 사과나무에 많은 사과가 열었는가?
5. 23 page에 그 도시의 도시계획이 있다.
6. 여기에 몇 가지 문제가 있다.

　　위 2-6이 앞 2-4의 부사보어 유형과 다른 점은 먼저 유도부사 there를 사용하고 그 다음에 be 동사가 오고, 주어가 오고, 장소부사가 맨 뒤에 온다는 점이 다르다.

11

Onions 2-7　　형용사 / 명사 보어

11:　주어가 to-부정사(구)일 때에는 가주어 it를 사용하는 것이 보통이다. 이 때, 주격보어는 형용사 및 명사가 된다.

예문표 11　　　　　　　　　　　　　　　　　　　Hornby (1975: 19)

It + be +	adjective/noun +	to-infinitive (phrase)
1. It is	so nice	to sit here with you.
2. It would have been	much wiser	to reduce the speed.
3. It is	a pity	to waste them.
4. It would be	a mistake	to ignore their advice.
5. It is	such a relief	to hear you laughing again.
6. It was	a pleasant surprise	to be told that I had been promoted.
7. It is no	exaggeration	to say that no actor surpassed him in the part of Othello.

2-7　　예문표 11의 해석

1. 당신과 함께 여기에 앉아있는 것은 정말로 멋있는 일이다.
2. 속도를 줄이는 것이 아주 현명했을 것이다.
3. 그들을 낭비하는 것은 참 딱한 일이다.
4. 그들의 충고를 묵인하는 것은 잘못일 것이다.
5. 네가 다시 그 전처럼 웃고 있다는 것을 들으니 아주 안심이 된다.
6. 내가 승진했다는 것을 듣는 것은 기쁘고도 놀라운 일이었다.
7. Othello 역에 그를 능가할 배우가 없다고 해도 지나친 과장은 아니다.

영어 단어

reduce: ...을 줄이다　　　　　ignore: 무시하다
pleasant: 유쾌한　　　　　　　promote: 승진하다
exaggeration: 과장 / 허풍　　　surpass: 능가하다

1. 이 2-7 유형의 문 구조는 It.....to의 구조로서, to-이하가 진주어이고, 앞의 It는 가주어이다.

2. 그리고 be 동사의 보어는 형용사나 명사를 선택한다.

12

Onions 2-8   형용사 / 명사 보어   위 2-6의 변형

12: 아래 예문표 12는 위 2-7의 예문에서 how나 what을 사용하여 감탄
문으로 바꾼 예이다.

예문표 12   Hornby (1975: 18)

How/what + adjective/noun (it + be) + to-infinitive (phrase)
(it: 가주어)   (to-부정사: 진주어)

---

1. How nice   (it is)   to sit here with you!
2. How much wiser (it would have been) to reduce the speed!
3. What a pity   (it is)   to waste them!
4. What a mistake   (it would be)   to ignore their advice!
5. What a pleasant
   surprise   (it was) to be told that I had been promoted!

2-8   예문표 12의 해석

위 2-8은 앞 2-7의 술부를 감탄문으로 바꾼 점이 다르다.

1. 너와 함께 여기에 앉아 있는 것은 얼마나 좋은가!
2. 속도를 줄이는 것이 훨씬 현명했었을 것을!
3. 그들을 낭비하는 것은 얼마나 딱한 일인가!
4. 그들의 충고를 무시하다니 큰 잘못이다!
5. 내가 승진했다는 소식을 듣는 것은 얼마나 놀라운 기쁨인가!

(13)

Onions 2-9   형용사 / 명사 보어

13: 진주어가 동명사이거나, 동명사구 일 때에는 가주어 it를 사용한다. 문법적으로 "it---to"의 구조가 존재하는 것같이, 이 구조는 "it---ing"의 동명사 구조로 인정된다.

예문표 13   Hornby (1975: 19)

It + be + adjective / noun +	Subject (gerund phrase)
1. It is so nice	sitting here with you.
2. It is no good	hoping for help from the authorities.
3. It won't be much good	complaining to them.
4. It wouldn't be any good	my talking to him.
5. It is no good	crying over spilt milk.
6. It was a difficult business	getting everything ready in time.
7. It is wonderful	lying on the beach all day.
8. It wasn't much use	my pretending I didn't know the rules.
9. It is not worth while	losing your temper.
10. It was really worth while	running that youth club last year.
11. It isn't much fun	being a light house keeper.

2-9   예문표 13의 해석

1. 당신과 함께 여기에 앉아있는 것이 참 좋다.
2. 당국으로부터 도움을 기대하는 것은 좋은 일이 아니다.
3. 그들에게 불평하는 것은 이로울 것이 별로 없다.
4. 그에게 내가 말하는 것은 좋을 것이 아무것도 없을 것이다.
5. 엎질러진 우유에 대해서 울어보았자 좋을 것은 전혀 없다.
   (지난 일을 원망해도 소용이 없다)
6. 모든 일을 시간에 맞게 준비하는 것은 어려운 일이었다.
7. 온종일 해변에 드러누워 있는 것은 참 좋은 일이다.
8. 내가 그 규칙을 모르고 있었던 것처럼 해보았자 이로울 것이 별로 없었다.
9. 화를 내는 것은 장말로 소용이 없다.
10. 작년에 그 청년 클럽을 운영한 것은 정말로 보람이 있었다.
11. 등대지기가 되는 것은 아주 재미있는 일은 아니다.

해설: 4는 "It wouldn't be any good for me to talk to him."으로 변
형될 수 있고,
8은 "It wasn't much use for me to pretend (that) I didn't know
the rules."로 변형된다.

영어 단어

authority: 권위, 권력
authorities: (정부, 시) 당국, 공공기관
complain: 불평하다
pretend: ...인 체하다
lose one's temper: 화내다
run; 달리다 / ...을 운영하다
a light house: 등대
a light house keeper: 등대지기

14

Onions 2-10　　명사 보어

14: 주격보어로 that, what 및 관계부사로 유도되는 절이 나타난다.

예문표 14　　　　　　　　　　　　　　　　　Hornby (1975: 19)

Subject + be +	clause
1. The trouble is	(that) all the shops are shut.
2. Is this	what you are looking for?
3. What delighted me most was	that they were singing for the pure joy of it.
4. Everything was	as we had left it.
5. This is	where I work.
6. My suggestion is	(that) we should plant more trees in the streets.

2-10　　　예문표 14의 해석

1. 문제는 모든 상점이 문을 닫았다는 것이다.
2. 이것이 네가 찾고 있는 것이었나?
3. 우리들을 가장 즐겁게 했던 것은 그들이 노래를 순수한 기쁨으로 불렀다는 것이다.
4. 모든 것은 우리가 두고 갔던 그대로 이였다.
5. 이곳이 내가 일하는 곳이다.
6. 나의 제안은 거리에 더 많은 나무를 심자는 것이다.

영어 단어

delight: 기쁨 / 기쁘게 하다　　plant: 식물 / ...을 심다
pure: 순수한　　　　　　　　　leave: 떠나다 / 남겨놓다
suggestion: 제안　　　　　　　leave / left

15

Onions 2-11   형용사 / 명사 보어

15:   주어가 절(clause)일 때에는 가주어 it가 사용되고, 주격보어로 형용사
      및 명사를 갖는다.

예문표 15   Hornby (1975: 20)

It + be + noun/adjective   +   clause

1.	It was a pity	(that) you couldn't come.
2.	It was lucky	(that) you left when you did.
3.	It is strange	he should have said that.
4.	It's possible	he didn't get your message.
5.	It's splendid news	that you've found a job.
6.	It's likely	(that) they will announce their engagement soon.
7.	It was a mystery	how the burglars got in.
8.	It's doubtful	whether he'll be able to come.
9.	It'll be a great day	when the peace treaty is signed.
10.	It'll be a long time	before we ask him round again.
11.	It would be sad	if that happened.
12.	It's time	you started.
13.	It's high time	the children were in bed.
14.	It's time	you did some work.

2-11   예문표 15의 해석

1. 네가 올 수 없었던 것은 애석한 일 이였다.
2. 네가 그때 떠났을 때 (그렇게 한 것은) 다행 한 일이었다.
3. 그가 그런 말을 했었다니 이상하다.
4. 그가 너의 전갈을 못 받았을 수도 있다.
5. 네가 직장을 얻었다니 굉장한 뉴스다. (소식이다).
6. 그들은 그들의 약혼을 곧 발표할 것 같다.
7. 도둑이 어떻게 들어왔는지 수수께끼 같다.
8. 그가 올지 안 올지 의심스럽다.
9. 평화조약이 체결되면 그 날은 위대한 날일 것이다.
10. 우리가 그를 다시 초대하는 일은 먼 훗날일 것이다.
11. 만일 그런 일이 일어난다면 슬픈 일이다.
12. 네가 출발해야 할 시간이다.
13. 아이들이 이제 자야할 시간이다.
14. 이제는 네가 어떤 일을 해야 할 때다.

영어 단어 및 숙어

engagement: 약혼, 약속, 맹세
burglar: 도둑
get in: 들어오다

2번의 It was lucky (that) you left "when you did."에서
"when you did"은 그 앞의 동사 "left"를 강조하는 역할을 한다.

10번의 "ask a person (a)round"는 "어떤 사람을 자택으로 초빙하다"의
의미이다

문법 문제: 위 12-14의 종속절은 "가정법 과거"의 if-절처럼, 과거형 동사
가 사용된다. 종속절의 의미는 "이미 그렇게 해야 할 때이다"라
는 의미를 갖는다. 다음 가정법 과거와 비교해 보라.

가정법 과거: If I were a bird, I would fly in the sky.

위 문장은 실현 불가능한 일을 나타내나, 위 12-14는 이미
그렇게 했어야 했는데, 좀 때가 늦은 감이 있지만, 지금 바로
실행에 옮겨야 한다는 의미를 갖는다.

16

Onions 2-12   명사 보어

16: 다음 예문표 16에서, 동사 be는 to-부정사를 "명사 주격보어"로 갖는
    다. 우리나라에서 출판된 거의 모든 영문법 책은 "be + to-infinitive
    구조"에서, to-부정사를 "명사보어"로도 인정하고, 동시에 "형용사"로
도 보고 있는데, 형용사로 보는 것은 잘못된 것임을 분명히 지적해 둔다. 앞
서론 "새로운 문의 5형식을 보라"에 제시된 것은, 첫째, 부사보어를 인정해
야 하고, 둘째, "be + to-infinitive 구조"는 "명사보어"라는 것을 주장했는
데, 가장 간단히 이 두 번째 주장의 내용을 보려면, 앞 서론의 (5), (7), (8),
(9) 및 (10)을 참조하기 바란다.

예문표 16   Hornby (1975: 20-21)

Subject + be +	to-infinitive (phrase)
1. This house is	to let. (BrE) / (AmE: rent)
2. The best is yet	to come.
3. What's (How much is)	to pay?
4. Who's	to blame?
5. The causes are not far	to seek.
6. You're	to be congratulated.
7. My aim was	to help you.
8. To know her is	to like her.
9. All you have to do is	to fit the pieces together.
10. The thing to do is	to pretend you didn't hear.
11. His greatest pleasure is	to sit in the pub talking to his friends.

해설:

Onions 2-28, Onions 2-30에서, 본동사가 seem, appear, happen 등으로
나타난 다음에, "to be + 과거분사"는 형용사로 인장된다. 예컨대,
He seems to be disappointed.에서 disappointed는 형용사로 인정된다.

　　　예문표 16의 해석

1. 이 집은 세놓는 집이다.
2. 가장 좋은 일들은 아직 앞으로 오게 되어 있다.
3. 얼마를 갚아야 합니까?
4. 누가 비난을 받아야 합니까?
5. 그 원인을 찾는 것은 멀지 않습니다.
6. 당신은 축하를 받게 되어 있습니다.
7. 나의 목적은 당신을 도우는 것입니다.
8. 그녀를 아는 것은 그녀를 사랑하는 것입니다.
9. 당신이 해야 할 모든 일은 그 조각들을 함께 맞추는 것입니다.
10. 해야 할 일은 당신이 못들은 척 하는 것입니다.
11. 그의 가장 큰 기쁨은 그의 친구들과 이야기 하면서 술집에 앉아 있는 것입니다.

이 문장 유형에 대해서는 앞에서 이미 길게 논의되었으므로, 해석은 우리말에 어울리게 표현했다. 그러나 "be + to-부정사는 명사보문 구조"임을 기억해야 한다.

17

Onions 2-13   형용사 / 명사 보어

17:   의미상의 주어 "<u>for + 명사</u>"와 "<u>to-부정사 구조</u>"가 나타날 때에는 가
주어 it가 사용되어 앞으로 나오고, 주격보어로 형용사 또는 명사가
나타난다.

예문표 17   Hornby (1975: 21)

It + be + adjective/noun	for+ noun/pronoun + to-infinitive (phrase)
1. It was hard	for him to live on his small pension.
2. Is it easy	for a rich widow
	to find a handsome husband?
3. It was unusual	for a Victorian lady
	to earn her own living.
4. It's no uncommon thing	for her husband
	to be away for weeks at a time.
5. It was a rule	for men and women to sit apart.
6. Isn't it a relief	for us to be alone together at last?
7. It'll be quite all right	for you to leave early.
8. It's impossible	<u>for there</u> to be a happier family.
9. Isn't it more reasonable	for young people to wear
	what they like?
10. It's difficult	for anyone to be angry with her.
11. It would be wrong	for these first offenders
	to be sent to a prison where
	there are hardened criminals.

예문표 17의 해석

1. 그가 그의 적은 연금으로 살아가는 것이 힘들었다.
2. 부유한 과부가 잘 생긴 남편을 얻는 것이 쉬울까?
3. Victoria 왕조 시대의 여성이 그녀 자신의 삶을 살아간다는 것은 평범한 일이 아니었다.
4. 그녀의 남편이 한 번에 몇 주 동안 집을 떠나있는 것은 이상한 일이 아니었다.
5. 남녀가 서로 떨어져 앉는 것이 하나의 규칙이었다.
6. 우리가 드디어 함께 홀로 있게 된 것은 아주 안도감을 주는 일이 않는가?
7. 당신이 일찍 출발해도 아무 상관이 없습니다.
8. 이보다 더 행복한 가정이 있을 수 없다.
9. 젊은 사람들이 그들이 좋아하는 옷을 입는 것은 아주 타당한 일이 아닐까요?
10. 누구라도 그녀에게 화를 내는 것은 어려운 일이다.
11. 초범자들을 상습범죄인들이 있는 형무소로 보내진 것은 잘못된 것이다.

해설: "It --for --to"의 구조에서 "주어가 길 때," 가주어 it가 앞으로 나온다. 다음 a, b를 비교해 보자. a는 가주어 it가 제시되었고, b는 진주어인 to-부정사구를 사용했다.

a. Isn't it only right for women to receive the same pay as men for the same work? (여성들이 남성들과 동일한 일을 하고서 동일한 보수를 받는 것이 정당하지 않는가요?)
b. For women to receive the same pay as men for the same work is only right. (여성들이 남성들과 동일한 일을 하고서 동일한 보수를 받는 것이 정당하다)

술부에 형용사가 나타나면, 변형으로 다음과 같은 감탄문을 만들 수 있다.

1. How hard it was for him to live on his small pension!
6. What a relief it is for us to be alone together at last!
10. How difficult it is for anyone to be angry with her!

영어 단어

no uncommon thing: 평범한 일   reasonable: 타당한
be away for weeks: 몇 주 동안 떠나있다   first offenders: 초범자
prison: 형무소   hardened criminals: 상습 범죄인

18

Onions 2-14 부사 보어 3 (VP 2B)

18:    이 (VP 2B), (Onions 2-14) 유형에서부터 be 동사가 아닌, 일반 자동사를 다루는데, 먼저 자동사 다음에 "부사보어"가 나타나는 문장을 보기로 하자. We walked and walked. (우리는 걷고 또 걸었다)는 어떤 문맥 내에서는 인정될 수 있지만, 독립된 문장으로서 무엇인가 좀 부족한 점이 나타나는 문장이다. We walked and walked <u>until midnight</u> / <u>(for) five miles</u>.는 완벽하다. 이런 경우에, <u>until midnight</u> / <u>(for) five miles</u>.에서 until midmight는 부사수식어이고 (for) five mines는 "부사보어"가 된다.

예문표 18   Hornby (1975: 24)

Subject + vi +	(for) + adverbial adjunct (부사보어)
1. We walked	(for) five miles.
2. He has travelled	thousands of miles
3. They had come / gone	a long way.
4. The forests stretch	(for) hundreds of miles.
5. He jumped	two meters.
6. The meeting lasted	two hours.
7. The play ran	(for) more than two years.
8 Won't you stay	(for) the night?
9. We waited	(for) half an hour.
10. The flowers cost (me)	five dollars.
11. The thermometer rose	ten degrees.
12. The temperature fell	several degrees.
13. The box weighs	five kilograms.
14. A little kindness goes	a long way.
15. Tuning the piano took (him)	three hours.
16. The top of the desk measures	one meter by two meters.
17. My watch loses	two minutes a day.
18. Will our stock of coal last (us)	the winter?
19. "Your heart is not strong," said the doctor, "but it will last you	your lifetime.

1. 우리는 5 마일을 걸었다.
2. 그는 수천 마일을 여행하고 있다.
3. 그들은 멀리서 왔다. / 그들은 멀리 가버렸다.
4. 숲은 수백 마일로 뻗쳐 있다.
5. 그는 2미터를 뛰었다.
6. 그 모임은 두 시간 계속되었다.
7. 그 연극은 2년 이상 공연되었다.
8. 오늘밤에 자고 가지 않겠니?
9. 우리는 30분을 기다렸다.
10. 그 꽃은 5달라 들었다.
11. 온도계는 10도 올랐다.
12. 온도는 몇도 내려갔다.
13. 그 상자는 5킬로 나간다.
14. 작은 친절이 오래 간다.
15. 피아노 조율에 3시간 걸렸다.
16. 책상 윗면은 세로 1미터 가로 2미터이다.
17. 내 시계는 하로 2분 늦는다.
18. 석탄의 재고가 올 겨울을 견딜까?
19. "당신의 심장은 튼튼하지는 못하나, 당신의 평생 동안 그대로 유지될 것입니다"라고 의사는 말했다.

해설:

거리 (distance), 기간 (duration), 무게 (weight), 가격 (price) 등을 나타내는 문장에서, 나타난 동사가 자동사이면, 부사보어의 성격을 갖는 "부사적 수식어" (adverbial adjunct)가 반드시 필요하다. 그러나 아래 a, b에서는 동사가 타동사로 사용되므로 그 뒤의 명사는 목적어이다.

a. We weighed that box.
b. We measured the box.

아래 c, d에서 weigh와 measure는 "자동사"이므로 그 다음에 나타난 것은 "부사보어"이다.

c. The box weighs "2 kilograms."
d. The box measured "30 centimeters by 20 centimeters."

위 c, d에서는 weighs와 measured는 자동사이므로, "2 kilograms"와 "30 centimeters by 20 centimeters"는 "부사보어"가 된다.

그런데, cost는 상업적인 용도로 사용할 때는 타동사가 된다. 그 때에는 cost는 그것의 "목적어"를 갖는다.

e. The construction of the 10 story building <u>costed</u> "<u>the company</u>" "<u>three million dollars</u>." (이중 목적어를 갖는다)

f. The manufacturing of the food <u>will cost</u> "<u>him</u>" "<u>a lot of mony</u>." (간접목적어, 직접목적어로서 2개의 목적어를 갖는다)

해설: 아래 예에서는 "be"가 five dollars, five kilos, one meter by two meters를 보어로 두고 있다.

g. The flowers are <u>five dollars</u>.
h. This box is <u>five kilos</u>.
i. The top of the desk is <u>one meter by two meters</u>.

"one meter by two meters"에서 "by"는 곱하기를 나타낼 때 사용된다. 즉, 세로 1미터 "곱하기" 가로 2미터의 넓이를 갖는다는 의미이다.

> 앞에서도 언급했지만, 2형식 문장은 모두 "보어"를 선택하는 문장이다. 그런데 앞의 예문표 9. 10에 제시된 문장에서 "부사보어"를 인정했다. 여기서 "부사수식어 (modifiers)"와 "부사보어 (adjuncts)"의 성격을 분명히 밝히고 넘어가기로 하자.

앞 예문표 18의 1번의 예를 보자.

① We walked <u>fast</u>. 이 때 fast는 부사로서 앞의 동사 walked를 수식하는 "부사수식어"가 된다.

② We walked (for) five miles. 이 때 (for) five miles는 부사수식어도 아니고, walk가 자동사이기 때문에 동사의 목적어도 아닌, 바로 "**부사보어**"이다.

③ We walked <u>fast</u> (for) five miles. 이 문장으로 본다면, fast는 부사수식어이고, (for) five miles는 여전히 부사보어이다.

위 ①, ②, ③의 예에서 fast는 "부사수식어 (modifier)"이고, (for) five miles는 "부사보어 (adjunct)"이다. Hornby는 부사보어의 경우에는 반드시 adjuncts라는 용어를 사용했다. 따라서 위 ①은 1형식 문장이고, ②, ③은 부사보어를 갖는 2형식 문장이다.

19

Onions 2-15   부사보어   4 (VP 2C)

19: 이 (VP 2C) 문형에서도 "자동사"와 "부사적 불변화사," 즉, "부사보어"를 나타내는 구조를 다룬다. 아래 1-5의 예문에서는 부사적 불변화사가 나타므로 "부사보어"이고, 6-10에서는 부사적 불변화사 다음에 전치사구가 오기도 하지만, 모두 부사보어이고, 12의 예문에서는 두 가지 다른 부사구가 나타나기도 한다. 부사가 연속적으로 나타날 때에는, 장소부사와 방향부사가 시간부사를 앞선다. 이 19의 예문표에서는 이와 같이 다양한 부사 유형이 함께 나타나나, 모두 "부사보어"의 역할을 한다.

예: We arrived <u>here</u> yesterday.

예문표 19   Hornby (1975: 25)

Subject + vi	+	adverbial adjunct
1. My hat blew		off.
2. Go		away!
3. Won't you sit		down?
4. Please come		in.
5. We must turn		back.
6. Go on. I'll soon catch		up with you.
7. It's getting		on for the midnight.
8. He looked		up from his book.
9. Don't turn		aside from your chosen path.
10. I must push		on with my work.
11. She went		upstairs
12. We didn't go		anywhere last week.
13. The toys were lying		all over the floor.
14. We talked		face to face.
15. I shall go		by train / car, on foot.
16. He <u>backed</u>		<u>into / out of</u> the garage.
17. Consumption <u>averaged</u>		<u>out at</u> 200 gallons a day.
18. They were fighting		tooth and nail.
19. It looks		like rain.
20. It looks		as if it were going to rain.
21. He looks		as though he had seen a ghost.
22. He behaves		as if he owned the place.
23. She is working		as a tourist guide.
24. Do you think I could pass		as a Frenchman.

　　　예문표 19의 해석

1. 내 모자가 날아갔다.
2. 나가!
3. 앉으시지요?
4. 들어오세요.
5. 우리는 돌아가야만 합니다.
6. 먼저 가세요. 곧 당신을 따라갈 게요.
7. 자정에 (한밤중에) 가까워 간다.
8. 그는 책에서 눈을 돌려 쳐다보았다.
9. 네가 선택한 길에서 벗어나지 마라.
10. 나는 내 일을 밀고나가야만 합니다.
11. 그녀는 2층으로 올라갔다.
12. 우리는 지난주에 아무데도 가지 않았다.
13. 그 장난감들은 온 바닥에 널려있었다.
14. 우리는 얼굴을 맞대고 이야기 했다.
15. 나는 기차로 / 승용차로 / 걸어서 갈 것이다.
16. 그는 (차를) 뒤로 몰아서 차고로 들어갔다 / 나왔다 했다.
17. (석유) 소비량이 하루 평균 200 갤런이 되었다.
18. 그들은 필사적으로 싸우고 있었다.
19. 비가 올것 같다.
20. 마치 비라도 올것 같은 날씨였다.
21. 그는 마치 유령이라도 본 것처럼 보인다.
22. 그는 마치 (그가) 그곳을 자신이 소유하고 있는 것처럼 행동한다.
23. 그녀는 관광 안내원으로 일하고 있다.
24. 당신은 내가 프랑스인으로 통한다고 (인정받는다고) 생각하세요?

문법 문제:

　　　동사가 활동적인 경우, 예컨대, come, go, walk, run 등이 나타나면,
부사 "home"을 사용하고, 아래 예문, c, d와 같이 비-활동적인 경우
에는 "at home"이 사용된다.

예: a. They went home.
　　b. They ran all the way home.
　　c. I'll stay at home this evening
　　d. I'll remain at home.
　　　이 예에 나타난 home, at home도 모두 "부사보어"이다.

영어 숙어
　　17. average out at (to)는 "평균......얼마가 되다"의 의미이다.
　　18. tooth and nail: 결사적으로 / 필사적으로
　　21/22. as though / as if: 마치 ...인 것처럼

Onions 2-16   형용사 보어   (VP 2D)

20: 이 문형에서는 "기동동사 (inchoative verbs)"가 나타난다. 기동동사란 동작의 "시작," "발전과정," "최종단계," 또는 "상태의 변화" 등을 나타내는 동사를 말한다. 기동동사에서 가장 보편적으로 사용되는 것은 get, become, grow 등을 들 수 있다. 이 동사들은 주격보어로 형용사를 사용한다. 기동동사에 관한 것은 뒤의 부록 제3장을 참조하라.

예문표 20   Hornby (1975: 26-27)

Subject + vi	adjective
1. The leaves are turning	brown.
2. Don't get	angry.
3. He is growing	old.
4. Her dreams have come	true.
5. The meat has gone	bad.
6. The milk has turned	sour.
7. The well has run	dry.
8. She fell	ill.
9. His jokes are becoming	boring.
10. The position of headmaster has fallen	vacant.
11. The material is wearing	thin.

2-16   예문표 20의 해석

1. 나뭇잎들은 갈색으로 물들어간다.
2. 화내지 마세요.
3. 그는 계속 늙어가고 있다.
4. 그의 꿈이 실현되었다.
5. 그 육류고기는 상해버렸다.
6. 그 우유는 시어버렸다.
7. 그 우물은 말라버렸다.
8. 그녀는 병이 들었다.
9. 교장의 자리가 공석이 되었다. (비어있다).
10. 그의 농담이 지루해지고 있다.
11. 그 옷감 (천)이 닳아 해어지고 있다.

해설: 이 문형에서는 동사 come 다음에, 과거분사로 "un-"으로 된 동사가 나타난다.
예: My shoe lace / This knot has <u>come un-done</u>. (풀리다)
　　The flap of the envelope <u>come un-stuck</u>.
　　　(봉투의 덮개가 붙지 않았다: 풀리다)

21

Onions 2-17　　형용사 보어 (VP 2D)의 변형

21: 이 문형에서는 감각동사 (smell, taste, feel) 등이 오고 보어로 형용사가 온다.

예문표 21　　　　　　　　　　　　　　　　　Hornby (1975: 27)

Subject + vi +	adjective
1. The dinner smells	good.
2. These roses do smell	sweet.
3. Silk feels	soft and smooth.
4. The pheasant tasted	delicious.
5. The medicine tastes	horrible.

2-17　　　예문표 21의 해석

1. 저녁 식사의 맛있는 냄새가 난다.
2. 이 장미들은 냄새가 좋구나!
3. 비단은 부드럽고 매끄럽게 느껴진다.
4. 꿩고기는 아주 맛이 좋다.
5. 이 약은 맛이 지독하다.

해설: 2번의 예문 These roses do smell sweet! 에서 do는 강조의
　　 의미로 사용되었다.

Onions 2-18 형용사 보어 (VP 2D)의 변형

22: 이 문형에서는 형용사를 보어로 하는 여러 가지 다른 자동사를 제시하고 있다.

예문표 22   Hornby (1975: 27)

Subject + vi +	adjective
1. She married	young.
2. Please keep	quite.
3. Do lie / stand / sit	still!
4. You're looking	lovely.
5. Everything looks / appears	different.
6. The door blew	open / shut.
7. I am feeling	fine.
8. He remained	silent.
9. One of the tigers broke	loose.
10. The coin rang	true / false.

2-18   예문표 22의 해석

1. 그녀는 젊어서 결혼했다.
2. 좀 조용히 해주세요.
3. 좀 가만히 누어 / 서 / 앉아 있어라.
4. 당신은 아름답게 보이는군요.
5. 모든 것이 다르게 보인다.
6. 문은 활짝 열렸다. / 쾅 닫혔다.
7. 나는 기분이 좋다.
8. 그는 조용히 있었다.
9. 호랑이 중에 한 마리가 탈출했다.
10. 동전은 진짜 / 가짜의 소리가 난다.

영어 숙어:

9번의 One of the tigers broke loose. 에서 break loose는
        "탈출하다"의 의미를 갖는다.

해설: 그러나 * "He married old." 라고는 하지 않는다.

Onions 2-19   형용사 보어   (VP 2D)의 변형

23: 이 문형에서는 "동사의 과거분사"가 형용사로 사용되는 경우를 제시
     하고 있다.

예문표 23   Hornby (1975: 28)

Subject + vi +	adjectival past participle
1. You look	tired.
2. How did they become	acquainted?
3. You sound	surprised.
4. She looked	delighted / annoyed.
5. He appeared	perplexed.

2-19   예문표 23의 해석

1. 너는 지쳐 보인다.
2. 그들을 어떻게 알게 되었나?
3. 너는 놀란 것처럼 보인다.
4. 그녀는 즐거워 / 괴로워 보인다.
5. 그는 난처하게 보였다.

     acquaint: 알게 되다
     delight: 기쁘 하다
     annoy: 괴로워하다
     perplexed: 난처한 / 당혹한
     perplex: 난처하게 하다 / 당혹하게 하다

해설: 동사의 과거분사가 모두 형용사의 역할을 하는 것은 아니다.
        a tired look는 되지만, * He looked killed.는 안 된다.

Onions 2-20   명사 보어   (VP 2D)의 변형

24: 이 문형에서도 앞 2-15에서 언급한, "기동동사 (inchoative verbs)," 인, fall, come, turn 등이 사용되고, 주격보어로, 명사, 대명사, 재귀대명사 등이 나타난다.

예문표 24   Hornby (1975: 28)

Subject + vi +	noun / reflexive pronoun
1. He died	a millionaire.
2. He lived and died	a bachelor.
3. Let us part	good friends.
4. He fell	(a) victim to her charms.
5. She will <u>make</u>	a good wife.
6. Peter and Eva <u>make</u>	a handsome couple.
7. The story of adventure <u>makes</u>	fascinating reading.
8. He proved	a true friend.
9. She doesn't look	her age.
10. You are not looking	yourself today.
11. From these heated debates the Prime minister emerged	victor.
12. On leaving school, he became	a sailor.
13. Is it wise for a general to turn	politician?

2-20   예문표 24의 해석

1. 그는 백만장자로 죽었다.
2. 그는 독신으로 살다가 죽었다.
3. 좋은 친구로 헤어지다. (사이좋게 헤어지자).
4. 그는 그녀의 매력의 희생자가 되었다.
5. 그녀는 좋은 아내가 될 것이다.
6. Peter와 Eva는 멋있는 부부가 될 것이다.
7. 그 모험담은 재미있는 독서거리가 된다.
8. 그는 진정한 친구로 증명되었다.
9. 그녀는 나이보다 젊어 보인다.
10. 너는 오늘 다른 날 같지 않구나.
11. 이 열띤 토론에서 수상이 승리자로 나타났다.
12. 학교를 나오자마자, 그는 선원이 되었다.
13. 장군이 정치가가 되는 것이 현명한 것인가?

영어 단어 및 숙어

a millionaire: 백만장자
a bachelor: 결혼하지 않은 총각
a victim: 희생자
adventure: 모험
fascinate: 황홀하게 하다 (vt) / 흥미를 끌다 (vi)
heated: 열띤
debate: 토론
emerge: 나타나다
victor: 승리자
sailor: 선원
a general: 장군
a politician: 정치가

위 12에서 "on (upon) ....ing"은 ".....을/를 하자마자"의 의미를 지닌
　　숙어로 해석된다.

해설: 위 1, 2, 3은 be 동사로 표현될 수도 있다.

1. He was a millionaire when he died.
2. He was a bachelor all his life.
3. Let us be good friends as we apart.

4에서 fall은 기동동사이다. 그래서 fall ill이라 한다면, "become ill"의 뜻으
로 inchoative verb이다.

위 5, 6, 7에서 "make"는 "prove to be," "turn out to be," 또는 단순히,
"be"의 뜻으로 이 문형에 포함 시켰다. 그러나 많은 사전들은 이 make를
타동사로 표현하고 있다.

　　위 13에서 turn은 그 다음에 나타나는 명사에 "관사 없이" 사용되는
것에 유의하라.

25

Onions 2-21   서술적 부사보어   5 (VP 2E)

25: 이 문형에서는 "현재진행형"이 "서술적 부사보어 (predicative adjunct)"로 사용된다.

예문표 25   Hornby (1975: 29)

Subject + vi +	present participle (phrase)
1. The children came	running to meet us.
2. The birds came	hopping around my window.
3. He came	hurrying to her bedside as soon as he knew she was ill.
4. She lay	smiling at me.
5. Do you like to go	dancing?
6. He stood	addressing the strikers at the factory gate.
7. We soon got	talking.
8. The sunshine came	streaming through the window.

2-21   예문표 25의 해석

1. 아이들은 우리를 만나려 뛰어 왔다.
2. 새들이 내 창문 주위를 깡충 깡충 뛰어 왔다.
3. 그는 그녀가 아프다는 것을 알자마자 그녀의 침대 옆으로 서둘러 왔다.
4. 그녀는 나에게 미소를 보내면서 누워 있었다.
5. 당신은 춤추러 가고 싶으냐?
6. 그는 공장의 정문에서 파업자들에게 연설을 하면서 서 있었다.
7. 우리들은 곧 이야기를 시작하게 되었다.
8. 햇빛은 창문을 통해서 흘러들어왔다.

영어 단어 및 숙어

stream: 흐르다 / 흘러나오다
streaming through: ...을 통해 흘러나오는 / 흘러들어오는
as soon as: ....하자마자 곧
factory gate: 공장 정문
beside: 옆에 (전치사)
besides: 그 밖에, 게다가 (부사)
address: 주소 (명사) / 연설하다 (동사)

Onions 2-21에 나타난 동사들은 모두 자동들인데, 자동사를 수식하면, ①. "부사수식어"가 된다. 그러나 이 자동사 본래의 의미에, **다른 의미를 추가해서, 보충해서 사용하면**, ②. "부사보어"가 된다. 다음 예를 보자.

a. He came <u>very slowly</u>. (대단히 천천히 왔다). 부사수식어
b. He <u>came running</u>. (달려왔다) 부사보어

"달려왔다"는 말은 다른 말로 표현될 수 없다. come 이라는 자동사에 "오는 모습을 **추가시킨, 부가시킨**, 표현이다. 아래에 제시된 예를 보자:

1. came running (달려왔다)
   came walking. (걸어왔다)
   went running (달려갔다)

   He came riding a bike. (그는 자전거를 타고 왔다)
   He came driving his car. (그는 그의 승용차를 몰고 왔다)
   He came hopping (그는 팔짝 팔짝 뛰어왔다)
   They went hurrying (그들은 서둘러 갔다)
   They went creeping (그들은 기어갔다)

   go dancing (춤을 추러 가다)
   go swimming (수영을 하러 가다)
   go hunting (사냥하러 가다)
   go camping (캠핑을 하러 가다)
   go skating (스케이트를 타러 가다)

2. lie smiling at me. (나에게 미소를 보내며 누워있다)
   get (become) talking (이야기를 하게 되다)
   stand addressing (연설하며 서있다)

위 1번의 예들은 go, come의 본래의 의미에서 **다른 의미를 추가해서, 보충해서**, 사용되는 표현이므로, 부사보어이다. 2번의 예는 lie, get, stand의 원래의 의미에, 다른 의미를 **보충한, 추가된 의미로** 사용되었다. 그래서 부사보어이다.

26:    Onions의 문의 2형식에 포함 될 또 하나의 특별한 자동사는 "자동사 + 전치사"로 만들어, 전체를 "하나의 자동사구"로 사용하는 것이다. 그런데 타동사도 "타동사 + 전치사"의 구조가 되면, 자동사로 변화하는 동사들이 있다.

우리는 영어를 읽고 해석하고, 영어문장을 분석하는데, 동사가 자동사인가, 타동사인가를 알아두는 것이 중요하다. 그런데 영어단어 중에는 원래부터 자동사인 것도 있고, 동일한 동사가 자동사도 되고, 타동사도 되는 것도 있고, 그 다음 원래는 타동사인데, 뒤에 전치사와 함께 결합하여, 자동사로 되는 것도 있다. 그 유형을 아래에서 간단히 제시해보기로 한다.

A: 원래부터 자동사 (vi)인 동사들:
live, sleep, come, go, walk, lie (눕다/거짓말하다), care, rise, stay, remain 등등

B: 자동사 (vi)와 타동사 (vt)의 모양은 동일하지만, 자동사와 타동사에 따라 의미가 달라지는 동사들:

eat, drink (vi): (먹다 / 마시다) / (vt): (--을 먹다 / 마시다)
leave (vi): (떠나다) / (vt): 남겨놓다)
hurt (vi): (..이 아프다) / (vt) (--을 다치다),
stand (vi): (서다) / (vt) (..을 참다).
write, read (vi): (쓰다 / 읽다) / vt): (..을 쓰다 / 읽다).
waste (vi): (쇄약해지다) / (vt): (..을 낭비하다) 등등.

C: 타동사 (vt)가 뒤의 전치사와 결합하면 자동사 (vi)가 되는 동사들:
apply, ask, arrange, plan, pray, prepare, send, wait 등등.

이제 위 C에 제시된 타동사가 바로 다음에 나타나는 전치사와 함께, 하나의 단위를 이루게 되면, 자동사로 변한다. 다음의 예들을 보기로 하자.

1. apply: vt. We have applied the theory to many problems.
              (우리는 그 이론을 많은 문제해결에 적용시켰다.)
         vi. He has applied for the job.
              (그는 그 일자리에 응모했습니다).

2. arrange: vt. She arranged everything in the room in order
                 yesterday. (그녀는 방 안의 물건들을 어제 말끔히
                 정리했다.)
           vi. They have arranged for a picnic.
                (드들은 소풍준비를 했습니다)

3. ask: vt. She asked him a question.
              (그녀는 그에게 한 가지 질문을했다)
         vi. They asked for attention.
              (그들은 주의를 요청 했다)

4. call: vt. They called me out.
        (그들은 나를 불러내었다)
      vi. They called on me yesterday.
        (그들은 어제 나를 방문했다.)

5. plan: vt. We planned the dinner party yesterday.
        (우리는 어제 저녁 파티를 계획했다.)
      vi. We have planned for the tomorrow's meeting.
        (우리는 내일 모임에 대한 계획을 세웠습니다)

6. plead: vt. He has pleaded her case so far.
        (그는 그녀의 사건을 지금까지 변호했습니다)
      vi. The child pleaded with her mom to take him to the movie.
        (그 아이는 그를 영화관에 데려가도록 엄마에게 애원했다.)

7. pray: vt. We pray God for help.
        (우리는 하나님께 도와달라고 기도합니다.)
      vi We have prayed for pardon.
        (우리는 용서해달라고 빌었습니다.).

8. prepare: vt. They will prepare the table.
        (그들은 식탁을 준비할 것입니다).
      vi. They have prepared for the test.
        (그들은 시험 준비를 해왔습니다).

9. provide: vt. We have provided him with food.
        (우리는 그에게 식품을 제공했습니다).
      vt. We have provided for urgent needs.
        (우리는 긴급한 필요성에 대비해왔습니다).

10. ring: vt. We ring the bell at every hour.
        (우리는 매 시간마다 종을 울립니다)
      vi. We must ring (call) for an ambulance.
        (우리는 응급차를 불러야합니다)

11. wait: vt. He waited his turn. (그는 그의 차례를 기다렸다).
      vi. He has waited for an hour.
        (그는 한 시간을 기다렸습니다)

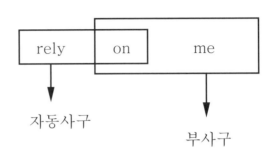

Onions 2-22   자동사 구 + 부사구   (VP 3A)

자동사구

부사구

27:   위의 도표와 같이 많은 자동사가 전치사와 함께 사용되어, 하나의 "자동사구"로 되고, 전치사는 그것의 목적어 명사와 함께 앞의 자동사를 수식하는 부사구의 역할을 한다. 이와 같이, 전치사는 두 가지 역할을 한다. 앞 자동사와 함께 자동사구를 형성하고, 그 다음 전치사의 목적어와 함께 앞 자동사를 수식하는 부사구의 역할을 한다. 다음 자동사구가 그 예가 된다. succeed in, rely on, rely upon, depend on / upon 등등. 어떤 동사는 두 개 이상의 전치사와 함께 사용될 수 있다.

Complain to someone about something.
Compare one thing to / with another.

"He gave me an apple." (그는 "나에게" 사과 하나를 주었다)에서는 gave는 타동사이다. 그러나 "He relied on me." (그는 "나에게" 의존했다)에서는 자동사이다. 우리말로는 동일한 "나에게"로 해석되나, "rely on"에서는 전치사와 함께 자동사가 되고, on me는 부사구가 된다.

이와 같은 이유 때문에, 먼저 이 문형에서는 주어 + 자동사 + 전치사 + (명사 / 대명사 / 동명사)로 나타날 수 있는 문형만을 다룬다. 그런데, 자동사가 아닌, 앞에서 제시된 10여 개의 타동사도, 타동사의 의미와 자동사의 의미를 둘 다 갖고 있다. 그 이유는 그 타동사 다음에 전치사를 허용하게 되면, 자동사의 역할을 하기 때문이다. 예컨대, We planned the dinner party yesterday.(어제 우리는 저녁 파티를 계획했다.)일 때에는 타동사가 되고, 반면, We planned for the dinner party yesterday. (어제 우리는 저녁파티에 대한 계획을 세웠다.)에서는 planned for는 자동사로 된다.

이제 아래 예에서는 "자동사가 전치사와 하나의 단위를 이루어," "자동사(구)"로 나타나는 예를 보자.

예문표 26   Hornby (1975: 30)

Subject + vi +	preposition +	noun / pronoun / gerund
1. You can rely	on	me.
2. You can rely	on	my discretion.
3. You can rely	on	my being discreet.
4. Can I count	on	your help?
5. The success of the picnic will depend	on	the weather.
6. He succeeded	in	solving the problem.
7. Do you believe	in	getting up early?
8. He failed	in	his attempt.
9. What has happened	to	them?
10. We must send	for	a doctor.

2-22   예문표 26의 해석

1. 당신은 나에게 의존할 수 있다.
2. 너는 나의 신중성에 의존할 수 있다.
3. 너는 나의 신중함에 의존할 수 있다.
4. 당신의 도움을 기대해도 될 까요?
5. 소풍의 성공여부는 날씨에 달려있을 것이다.
6. 그는 그 문제를 푸는데 성공했다.
7. 당신이 아침 일찍 일어나는 것을 믿을 수 있습니까?
   (당신이 아침 일찍 일어난다고 자신 있게 말할 수 있나요?)
8. 그는 그의 계획에 실패했다.
9. 그들에게 무슨 일이 생겼나?
10. 우리는 의사를 모셔 와야 한다.

이 문형은 앞 2-14의 문형과 구별되어야 한다. 앞 2-14에서는 전치사구가 "부사보어"로 사용된 것이다. 예컨대, 다음 a, b, c, d의 줄친 부분은 "자동사 + 전치사"로 된 구문이 아니라, "부사보어적인 성격을" 갖기 때문이다.

a. The toys were lying on the floor,
b. The toys were lying under the table.
c. The toys were lying near the door.
e. The toys were lying by the window.

해설: 문장이 수동태가 될 때, 전치사는 과거분사 다음에 나타난다,

1. I can be relied "on."
10. A doctor must be sent "for."

영어 단어 및 숙어

attempt: 시도 / 계획 (명사)
　　　　　시도하다 (동사)

rely on: ....에 의존하다
count on: ....에 의지하다 / 기대다
depend on (upon): ....의지하다 / 의존하다
succeed in: ....에 성공하다
believe in: ....을 믿다
fail in (vi): ...에 실패하다

fail (vt): He failed history (그는 역사 시험에 떨어졌다.)

send for: ....를 부르러 보내다

27

Onions 2-23 자동사 구 + 부사구.   2-22의 변형:
(VP 3A)의 변형

28:   타동사 + 전치사 + 명사 / 대명사 다음에 "to-부정사"가 뒤 따라
오면, 이 타동사는 "자동사"가 된다. 예컨대, 아래 예문표 27의 1번의
동사 advertise는 원래는 타동사로 "I advertised my house for sale." (나는
나의 집을 팔려고 광고를 내었다)는 분명히 타동사이다. 그러나 이 타동사도 아
래 예문 1번과 같이, 바로 뒤에 전치사를 두면, 자동사가 되고, "to-부정사 보
어"를 갖는다. 이 말은 "한 젊은 소녀가 어린이들은 돌보도록 광고를 내었다"로
해석된다. 그러므로 to-부정사는 앞의 자동사를 수식하는 일종의 "부정사-보어
(infinitive complement)"이다: (Hornby 1975: 30 쪽의 1. 59를 참조하라). 아
래 예문표 27에서 "for / to / on / with + 명사"는 "의미상의 주어가 되고,"
to-부정사(구)는 앞의 자동사를 수식하는 부사구가 된다.

예문표 27   Hornby (1975: 30)

Subject + vi + preposition + noun/pronoun   + to-infinitive

---

1. They advertised for   a young girl   to look after the children.
2. We're waiting   for   our new car   to be delivered.
3. They're hoping   for   the dispute   to be settled.
4. I rely   on   you   to be discreet.
5. I'll arrange   for a taxi   to meet you at the station.
6. Everyone was longing for   the holidays   to begin.
7. She always wished for everyone   to be happy.
8. I'll vote   for you   to captain the team.
9. I appealed   to the children   to make less noise.
10. She pleaded   with me   to give up the plan.

---

8. vote for: 찬성하다
    captain; 통솔하다 / 지휘하다

　　　예문표 27의 해석

1. 그들은 젊은 소녀가 아이들을 돌보도록 광고를 내었다.
2. 우리는 우리들의 새 차가 인도되도록 기다리고 있다.
3. 그들은 그 분쟁이 해결되도록 희망하고 있다.
4. 나는 네가 신중한 것에 의지한다. (나는 너의 신중성에 의지한다)
5. 나는 택시가 역에서 너를 만나도록 준비할 것이다.
6. 모든 사람들이 휴가가 시작되기를 기다리고 있다.
7. 그녀는 항상 모든 사람들이 행복하기를 원했다.
8. 나는 당신이 그 팀을 통솔하는 것에 대해서 찬성할 것이다.
9. 나는 어린이들이 좀 조용히 하도록 부탁했다.
10. 그녀는 내가 그 계획을 포기하도록 간청했다.

해설: 전치사 for와 to-부정사를 함께 사용하는 동사들은 apply, arrange, ask, call, long, plan, plead, prepare, ring, send, telephone, vote, wait 등이다.

　　　위에 제시된 동사들 중에서 5개의 예만 들어보자:

1. apply: I have applied for the job to work with him.
　　　　　(나는 그와 함께 일하기 위해서 그 일에 응모했다)

2. arrange: He has arranged for a taxi to pick her up at the airport.
　　　　　(그는 공항에서 그녀를 태워오도록 택시를 준비했다)

3. ask: They have asked for attention to be paid at the disabled man.
　　　(그들은 그 불구의 사람에게 주의를 기우리도록 요청했다).

4. call: They called on me to see if I recovered from the illness.
　　　　(그들은 내가 병에서 회복했는지 보기위해서 나를 방문했다)

5. long: They are longing for him to say something.
　　　　(그들은 그가 무었을 말해주기를 고대하고 있다)

　　　위 1, 2, 3, 4, 5에서 줄친 부분의 to-부정사(구)는 앞에 있는 자동사를 수식하는 부사구가 된다.

　　　그런데, 앞 Onions 2-22, Onions 2-23 유형은 다음 A, B와 같은 두 가지 다른 유형으로 해석할 수 있게 한다.

　　　이 Onions의 2-22, Onions 2-23 문형에서 "타동사 + 전치사"가 자동사로 변한다는 이론을 무시하고, 반대로, "for + 명사구"를 의미상의 주어로 보고, "동사를 타동사로 인정하면," 뒤에 나타나는 to-부정사(구)는 명사보문 구조가 되어 문의 5형식인 (VP17), (Onions: 5-7)로 나타날 수도 있다고

Hornby (1975: 31)는 해설하고 있다. 타동사로 사용하면, 위 3, 5, 9. 10은 다음 A와 같이 목적보어로 to-부정사를 선택한다. 이 때 to-부정사(구)는 "명사 목적보어"가된다.

A: 3. They want the dispute to be settled.
   (그들은 분쟁이 해결되기를 원한다)

   5. I'll order a taxi to meet you at the station.
   (나는 택시가 역에서 당신을 태워올 것을 지시할 것이다)

   9. I begged the children to make less noise.
   (나는 어린이들이 조용히 할 것을 부탁했다)

   10. She urged me to give up the plan.
   (그녀는 내가 그 계획을 포기할 것을 촉구했다)

반면, "전치사 + 명사 / 대명사 + to-부정사(구)"를 단일 명사로 변형시키면, 이 문장들의 어떤 것은 앞 Onions 2-23의 예문표 27의 문형과 같은, 단순한 구조가 된다. 다음 B의 예문을 보다:

B: 1. They advertised for a nursemaid to look after the children.
   (그들은 어린이들을 돌보는 보모를 구한다고 광고를 내었다)

   2. We're waiting for the delivery of our new car.
   (우리는 우리의 새 차의 배송을 기다리고 있다)

   3. They are hoping for the settlement of the dispute.
   (그들은 분쟁의 해결을 희망하고 있다)

   4. I rely upon your discretion.
   (나는 너의 신중성에 의지한다)

이렇게 되면 위 B 1에서 "to look after the children"의 to-부정사구는 그 앞의 a nursemaid를 수식하는 형용사(구)가 된다. 또 B의 2, 3, 4도 단일 명사를 갖기 때문에, 앞 Onions 2-22 유형의 예문표 26과 같은, 자동사 구문이 된다. 앞 문형 2-22에서, 주어가 that절이면, 가주어 it가 사용될 수 있기 때문에 완전한 자동사 구문이 된다. 다음 예를 보자:

a. It occurred to me that you might like to know what has been planned. (무엇이 계획되었는지 네가 알고 싶을 것이라고 내가 느껴진다)

b. Has it ever occurred to you that she might not wish to marry you? (그녀가 너와 결혼을 원하지 않고 있지 않나 하는 생각을 한 적이 있니?)

또 다음 관계절에서의 어순을 주목해 보자. 다음 a는 2-22처럼 자동사 구문이다. 그리고 b, c, d, e의 관계절에서도 줄친 부분은 모두 앞의 명사 a man과 the proposal을 수식하므로 a와 같은 자동사 구문이 된다. 그러나 b, c, d, e는 be 동사가 명사보어를 갖는 점이 다르다.

a. I can rely on that man.
(나는 그 사람에게 의지할 수 있다)

b. He is a man I can rely on.
(그는 내가 의지할 수 있는 사람이다)

c. He is a man on whom I can rely.
(그는 내가 그에게 의지할 수 있는 사람이다)

d. What was the proposal you consented to?
(당신이 동의해준 제안이 무엇이었나?)

e. What was the proposal to which you consented?
(당신이 동의해준 것에 대한 제안이 무엇이었나?)

　　그런데, 위 A, B를 다시 한 번 생각해 보자: 앞 Onions 2-23은 해석에 따라, 위 A나, B처럼 두 가지 다른 구조로 나타낼 수도 있다. 위 A의 경우는 문의 5형식 구조로 "for + noun"을 의미상의 주어로 보면, to-부정사는 그것의 보어로 된다. 이렇게 되면 위 A의 3번 (예문표 27의 3번)은 문의 5형식 구조로 변해서 (VP 17)이 된다. 즉, They are hoping for the dispute to be se settled.로 된다. 이 문장을 5형식으로 본다는 말은 "hoping for"가 하나로 묶여지는 자동사의 성격을 포기하고, "for + the dispute"가 의미상의 주어가 되면, to-부정사(구)는 명사보어가 되는 것이다.

　　그러나 위 B1의 경우는 반대로, 앞에서 주장한 경우와 같이, "타동사 advertize + for"로 되면, 이 묶여진 단위는 자동사로 된다. 그러면 그 뒤의 "a nursemaid"는 독립된 명사가 되므로, 그 다음에 나타난 to-부정사는 그 앞에 나타난 명사 a nursemaid를 수식하는 형용사구가 된다. 이렇게 두 가지 다른 구조로 볼 수 있게 만드는 구조를 간단히 도표로 요약하면 다음 C와 같다:

C:

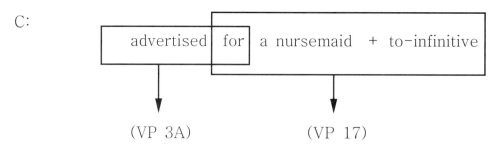

28

Onions 2-24   자동사 구 + 부사구   (VP 3B)

29:   앞에서 "전치사 + 명사/대명사"와 함께 사용된 자동사들이 that-절과 함께 사용될 수도 있다. 이 때 전치사는 모두 삭제된다. 그래서 앞 2-22에 제시된 이론의 연장선상에서 보면, 다음 예 a와 같이, 동사가 전치사를 선택하고, 그 전치사는 또 그것의 목적어 명사와 함께 나타나지만, 아래 예문 a에서는 동사가 전치사를 포기하고, 예문 b와 같이 바로 that-절을 사용하기도 한다. 다음 예문표 28을 보면 전치사가 삭제된 것이 대부분이다. 그러나 동사는 자동사로 남아있다.

예: a. He <u>insists on</u> his innocence.
　　b. He insists that he is innocent.

어순으로 본다면, 위 a, b의 예는, 뒤에 나타나는 타동사 문형인, (VP9)와 같다. 따라서, 어떤 사전이나, 문법책에서는 이 문형에서 사용되는 동사들을 "자동사로 인정하지 않고, 타동사"로 분류하고 있다.

접속구의 역할을 하는 "<u>in</u> that" (....라는 점에서), "<u>save</u> that" ((고어)...임을 제외하고는) "<u>not withstanding</u> that" ([고어]...라 하드라도)의 어휘들은, 법률상의 용어로서, 일반적인 표현에는 거의 사용되지 않고 있는데, 이들을 제외하고는, 전치사들은 that-절을 목적어로 선택하지 않는다. 그러나 이 문형에서는 이 전치사가 포함되어 있고, 그 목적어로 it를 그 뒤에 두고 있다. 그리고 it는 it---that의 구조로, that-이하의 문장을 대신한다. 아래 예문표 28의 5-9를 보라.

이 "전치사 들은"는 that-절을 둘 수도 있고, 또 "종속 의문절"로 <u>what-</u>절을 둘 수도 있다. 이런 경우에는 전치사가 탈락하기도 하고, 그대로 남기도 한다. 일반 대화체의 영어나 비-공식적인 영어에서는 보통 삭제된다. 그러나 아래 예문표 28의 5-9에서는 자동사와 전치사가 결합되어 전체 문장을 자동사 구조로 나타내고 있다.

해설:

앞 Onions 2-22, Onions 2-23, Onions 2-24에서 "<u>자동사를 수식하는 부사구</u>"라고 했지만 사실 문의 2형식 유형은 모두 보어를 갖는 동사유형이기 때문에 "부사보어"라 하는 것이 타당하지만, 원어민들이 "부사보어"라는 이름을 부여하지 않기 때문에 "부사구"로 부르게 되었음을 밝혀둔다.

Subject + vi + (preposition + it) + clause

1. He insists   (on 삭제)   that he was nowhere near the scene of the crime.
2. I agree   (with 삭제)   that it was a mistake.
3. He complained (of 삭제)   that he had been underpaid.
4. He boasted (of 삭제)   that he had never had a serious illness.

5. We'll see   (to it)   that she gets home early.
6. We'll see   (to it)   that these old folk get better pensions.
7. Can you answer (to it)   that the accused man was at your house that evening?
8. You may depend upon it that the newspaper accounts are exaggerated.
9. I'll answer   for it that this man is honest.

10. Have you decided (on) where you will spend your holiday?
11. Everything depends on whether they've got the courage of their convictions.
12. I don't care (about 삭제) whether he approves or disapproves.
13. Who cares (about 삭제) what the neighbours might say?

14. I'm worried   (about) how the money was spent.
15. They couldn't agree (about) who should do the work.
16. I hesitated   (about) whether to accept the invitation.

17. It was hard to decide (on) where to go for help.
18. Just look   (at) what you've done.

9. answer for: 책임지다 / 보증하다

wait (vi):   Please wait a minute. 부사보어
                Let's wait for his recovery. (Onions 2-22)
wait (vt):   He waited his turn.
await (vt):   I awaited your reply.

fail (vi):   The scheme failed.
fail in (vi): He failed in his exam. (Onions 2-22)
fail (vt):   He failed me at the last minute.
                (그는 마지막에 나를 실망시켰다.
                He failed history.

예문표 28의 해석

1. 그는 범행의 현장 부근에 있지 않았다고 주장한다.
2. 나도 그것이 잘못되었다는 것에 동의한다.
3. 그는 불충분한 보수를 받았다고 불평한다.
4. 그는 한 번도 중병을 앓아본 적이 없다고 자랑했다.
5. 그녀가 일찍 집에 가도록 조치하겠습니다.
6. 이 노인들이 더 좋은 연금을 받도록 조치하겠습니다.
7. 피고가 그날 밤에 당신의 집에 있었다고 증언할 수 있겠지요?
8. 신문의 기사가 과장된 것이라고 생각해도 좋을 것입니다.
9. 이 사람은 정직하다고 나는 보증할 것입니다.
10. 당신은 어디에서 휴가를 보낼지 결정하셨습니까?
11. 모든 것은 (그들이) 그들의 신념에 대한 용기를 갖고 있느냐에
    달려있습니다.
12. 나는 그가 찬성하든 안하든 상관하지 않습니다.
13. 이웃 사람들이 무엇이라 말하든 누가 상관할 것이냐?
14. 나는 그 돈이 어떻게 쓰였나를 걱정하는 것이다.
15. 누가 그 일을 해야만 하느냐에 대해서 그들은 합의할 수 없었다.
16. 나는 그 초대를 받아들일지 어떨지를 주저하고 있었다.
17. 어디에 가서 도움을 요청할지 결정하기가 어려웠다.
18. 네가 한 일을 좀 보아라.

해설: 다음의 문장들을 분석해 보자. 여기서는 동사가 동사유형 (VP 3B)
    로, 즉, Onions 2-23의 동사로, 모두 "자동사"가 된다. 아래 문장의
    해석은 위 2-23에 제시된 것과 동일하나, 전치사의 목적어가 모두 동
    명사로 변형된 것이 다르다.

2. I agree with you about its being a mistake.
3. He complained of being underpaid.
4. He boasted of never having had a serious illness.
7. Can you answer to his having been in your house that evening?
9. I'll answer for this man's honesty.
11. Everything depends on their having the courage of their conviction.

    "say"는 타동사이다. 그래서 "Please say where you want to go."는
(VP 10)의 예문의 하나이다. 즉, 타동사이다. "wonder"는, 예컨대, "I'm
wondering (about) where to go for the holidays."에서처럼, 전치사
"about"와 함께 사용될 수 있다. 따라서, "wonder"는 (VP 3B)인, 자동사 구
조로, 또는 (VP 10), 타동사 구조로도 사용될 수 있는 "경계선상"에 있는
동사로 생각할 수 있다. 다음 예를 보자:

Mr. A: I wonder why Jane hasn't come. (VP 10) 타동사
Mrs. A: I was wondering about that, too. (VP 3B) 자동사

Verb Pattern 4

30:　타동사도 to-부정사와 함께 사용된다. 이것은 뒤에서 제시되는 ㊷번의 (VP7)이다. 이 때 to-부정사는 타동사의 목적어가 된다. 자동사도 역시 다음 (VP4A)에서처럼 to-부정사와 함께 사용되지만, 이 to-부정사는 자동사를 수식하는 부사이다. 이 유형이 (VP4)이다. 이 (VP4)는 (VP A, B, C, D, E, F)의, 6 가지 유형으로 세분화 된다.

Onions 2-25 자동사를 수식하는 부사수식어 (VP 4A)

31:　이 유형 (VP 4A)에서, 자동사는 to-부정사(구)와 함께 사용되는데, 여러 개의 하위 문형으로 분류된다. 그런데 아래 to-부정사는 모두 "부사수식어"이다. "자동사 다음에 나타나는 to-부정사"는 "목적," "결과"를 나 타낸다. 그러므로 자동사를 수식하는 "부사수식어"가 된다.

예문표 29 　　　　　　　　　　　　　　　　Hornby (1975: 33)

Subject + vi +	to-infinitive (phrase)
1. We stopped	to have a rest.
2. We went	to hear the concert.
3. He got up	to answer the phone.
4. He stood up	to see better.
5. Someone has called	to see you.
6. They ran	to help the injured man.
7. I come	to bury Caesar, not to praise him.
8. He came	to see that he was mistaken. (결과)
9. How do you come	to know that? (결과)
10. Now that I come	to think of it....
11. How can I get	to know her?
12. The swimmer failed	to reach the shore. (결과)
13. Will he live	to be ninety?
14. I hope I live	to see men on Mars.
15. The people grew	to believe that she was a witch. (결과)
16. We stand	to lose a large sum of money.
17. It was so dark we couldn't see	to read. (결과)

10.　now that: "...한 이상," / "...이니까" (접속사)

　　　예문표 29의 해석

1. 우리는 휴식을 취하려고 멈추었다.
2. 음악연주를 들으러 갔다.
3. 그는 전화를 받으려 일어났다.
4. 그는 더 잘 보려고 일어났다.
5. 누군가가 너를 만나려고 방문했다.
6. 그들은 그 부상자를 도우려 달려갔다.
7. 나는 Caesar를 묻으러 왔지, 그를 칭찬하러 오지 않았다.
8. 그는 그가 잘못한 것을 알게 되었다.
9. 너는 어떻게 그것을 알게 되었니?
10. 그것에 대해서 "....을 생각해 본 이상," / "....을 생각해 보니까,"......
11. 어떻게 하면 그녀를 알 수 있을까? ==>
    어떻게 하면 그녀와 가까워질 수 있을까?
12. 그 헤엄치는 사람은 해변에 닿지 못했다.
13. 그가 90세까지 살 수 있을까?
14. 나는 화성인을 볼 수 있을 때까지 살 수 있기를 희망한다.
15. 사람들은 그녀가 마녀인 것을 믿게 되었다.
16. 우리는 엄청난 액수의 돈을 잃게 될는지도 모르는 처지에 있다.
17. 너무 어두워서 우리는 (글자를) 읽을 수가 없었다.

해설:　1-7에서 to는 in order to로 목적을 나타낸다.

　　　　8은 a.　He eventually saw that he was mistaken, 또는
　　　　　　b.　The time came when he saw that he was mistaken.으로
　　　　　　　　다시 쓸 수 있다.

　　　　위 11은 "How can I make her acquaintance?"로
　　　　　　16은 "We are in a position where we may lose a large
　　　　　　　　　sum of money."로 표현될 수도 있다.

30

Onions 2-26   to-부정사로 된 자동사 수식어   (VP 4B)

32:   아래 예문표 30의 to-부정사는, 앞 2-25에 나타난 "자동사"의 "to-부정사 수식어 (the infinitive adjunct)"와 동일하지만, 동등절 (co-ordinate clause)이나, 또는 종속절 (subordinate clause)의 역할을 하는 점이 앞의 예와 전혀 다르다. 이 Onions 2-26, (VP 4B)의 유형은 원어민의 언어직관이 없으면, 알기 힘든 문장이다. 왜냐하면, 외관상으로는 하나의 문장으로 되어있지만, 이 문장들의 의미는 "and"로 연결된 두 개의 복문으로 해석되거나, 아니면 종속절로 해석되기 때문이다. 다시 말하면, 이 말을 아래 1번의 경우를 이용하여 설명하면, 자동사 turn과 to see가 동등하게, "and"로 연결되어 있는 것과 같다. 그러면 해석은, "돌아서니, 해지는 것이 보였다."로 해석하거나, 아니면, "돌아섰을 때, 해지는 것이 보였다."로 종속절과 같이 해석하라는 것이다. "결코, 해가지는 것을 보기위해서, 그는 돌아섰다"로 해석해서는 안된다.

즉, 이 문형에서 앞에 나타나는 동사가 자동사이므로, 먼저 자동사로 해석하고, to-부정사(구)는, 그 다음에 나타난 동작으로 해석한다는 것이다. 따라서, "...하기 위해서 ...했다"로 해석해서는 안된다. 목적이 아니라 "결과"로 해석한다. 따라서 자동사의 보어와 같은 성격을 갖는다. 다음 예문표 30과 그것을 영어로 해설한 문장을 대조해 보자.

예문표 30   Hornby (1975: 34)

Subject + vi	to-infinitive (phrase) = co-ordinate or subordinate clause
1. He turned	to see the sun setting.
2. The drunken man awoke	to find himself in a ditch.
3. The good old days have gone	never to return.
4. Electronic music has come	to stay.
5. He glanced up	to see the door slowly opening.

해설: 위 예문표 30의 예문을 영어로 달리 표현하면 다음과 같다.

1 = He turned **and** saw the sun setting.
2 = He awoke **and** found himself in a ditch.
   or **When** he awoke, he found himself in a ditch.
3 = The good old days have gone **and** will never return.
4 = Electronic music has come **and** will stay.
5 = He glanced up **and** saw the door (which was)
   slowly opening.

　　　예문표 30의 해석

1. 그가 <u>돌아서니</u>, 해가 지는 것이 보였다.
2. 술에 취한 그 남자는 <u>깨어보니</u>, 도랑에 빠져 있었다.
   (또는) 그가 깨어났을 때, 그 자신이 도랑에 빠져 있었다는 것을
   알았다.
3. 그 좋은 <u>시절은 가고</u>, 결코 돌아오지 않을 것이다.
4. 전자음악이 <u>들어와서</u>, 이제 정착하게 될 것이다.
5. 그가 힐끗 <u>쳐다보니</u>, 문이 천천히 열리고 있었다.

31

Onions 2-27　　　to-부정사로 된 자동사 수식어　(VP 4C)

33:　　이 구조는 앞 (VP 3A)서처럼 자동사가 전치사와 함께 사용되어서 자동사로 된 구조로 대체될 수도 있다. 따라서 "to-부정사로 된 부사수식어 (the infinitive adjunct: Hornby [1975: 34: 1. 64])"는 "몇 개의 자동사" 뒤에 나타날 수 있다. 어순은 명사의 기능을 갖는 (VP 7)의 타동사 구조와 동일하다. 그러나 의미는 자동사를 수식하는 "부사수식어의 의미를 나타내어야 한다. 아래에 제시된 해석을 보라. 이 때 to-부정사는 "부사로 해석해야 한다." "명사(구)로 해석해서는 안 된다."

예문표 31　　　　　　　　　　　　　　　　　Hornby (1975: 34)

Subject　+　vi　+	to-infinitive (phrase)
1. Don't bother / trouble	to meet me.
2. She hesitated	to tell anyone.
3. They agreed	not to appose my plan.
4. She was longing	to see her family again.
5. Would you care	to go / come for a walk with me?
6. Harry aims	to become a computer expert.
7. Will she consent / agree	to marry him?
8. She shuddered	to think of it.
9. We all rejoiced	to hear of your success.

2-27　　　예문표 31의 해석

1. 나를 **만나려고** 애쓰지 마십시오.
2. 그녀는 누구에게 **알리는 데** 주저했다.
3. 그들은 나의 계획에 **반대하지 않기로** 동의했다.
4. 그녀는 다시 그녀의 가족을 **만나는 데** 열망하고 있었다.
5. 나와 함께 산책을 **하는데** 관심이 있는가요?
6. Harry는 컴퓨터 전문가가 **되는데** 목표를/목적을 두고 있다.
7. 그와 **결혼하는 데** 그녀가 승낙/동의 할 것인가요?
8. 그녀는 그것을 **생각하면** 몸서리가 난다/친다.
9. 우리 모두는 당신의 **성공을 듣고서**, 기뻐했다.

해설: 위 예문표 31의 구조는, "동사 + 전치사"가 결합되어서 자동사가 되는 앞 2-22 (VP 3A) 구조로 대체될 수도 있다. 즉, 위 예문표 31의 1-9 중에서 다음 7개의 예문이 to-부정사 대신에, 전치사로 대체되면, 이들은 "부사적 의미"가 더 강하게 살아난다.

1. Don't bother / trouble about meeting me.
2. She hesitated about telling anyone.
3. They agreed to my plan.
5. Would you care for a walk with me?
6. Harry aims at becoming a computer expert.
8. She shuddered at the thought of it.
9. We all rejoiced at the news of your success.

32

Onions 2-28 형용사 / 명사 보어 (VP 4D)

34: 동사 seem, appear, prove 등은 to-부정사와 함께 사용된다. 만일 <u>to</u> <u>be 다음에 보어로, 형용사나, 명사가 오게 되면, (to be)는 삭제될 수 있다.</u>

This seems (to be) important.
This appears (to be) an important matter.
The wound proved (to be) fatal.
Their inquiries proved (to be) hopeless.

A: 그러나 형용사가 "명사 앞에 사용하는 한정적 형용사가 아닌 (attributive)," <u>"서술적으로만 사용될 때에는 (predicatively)"</u> "to be"가 삭제되지 않는다.

The baby seems to be <u>asleep</u> / <u>awake</u>.
He seemed to be <u>afraid</u>. (Cf. He seemed frightened.)

B: <u>"과거분사가 형용사의 역할을 할 경우에는"</u> to be 다음에 나타날 수 있다.
He seemed <u>to be</u> disappointed.

C: 이 문형에서 "--ing" 형태의 동사가 나타날 때, 이것은 동사로 쓰인 "<u>현 재분사</u>"이지, 형용사가 아니다. 그래서 <u>to be의 형태가 생략되지 않는다.</u> 이 문형의 예문으로는 (VP 4E)의 예문표 34를 보라.

   전치사 to와 명사, 대명사가 함께, "to us"로 나타나는 (VP 4D)에서는 아래 예문표 32의 4번처럼, to us가 동사 다음에 나타날 수도 있고, 특출함을 나타내기 위해, 5번의 예문처럼 "to me"가 문장의 앞에 나타날 수도 있다.

예문표 32   Hornby (1975: 35)

Subject + seem / appear	(to be) + adjective / noun
1. He seemed	(to be) surprised at the news.
2. She seems	(to be) so young.
3. This seems	(to be) a serious matter.
4. The situation seems (to us)	(to be) quite hopeless.
5. (To me) his new book doesn't appear	(to be) as interesting as his others.
6. His happiness seems	(to be) complete.
7. He doesn't seem	(to be) able to cope any more.
8. I seem	(to be) unable to solve this problem.
9. He seemed	(to be) unable to get out of the habit.

　　　예문표 32의 해석

1. 그는 그 소식에 놀란 듯 했다.
2. 그녀는 아주 젊어 보인다.
3. 이것은 심각한 문제로 보인다.
4. 이 상태는 (우리에게) 전혀 가망성이 없는 것처럼 보인다.
5. (나에게는) 그의 새로운 책이 그의 그전의 책만큼 흥미가 없는 것처럼 보인다.
6. 그의 행복은 완벽한 것같이 보인다.
7. 그는 더 이상 어찌할 수 없는 것처럼 보인다.
8. 나는 이 문제를 해결할 수 없는 것처럼 보인다.
9. 그는 그 습관에서 벗어날 수 없는 것처럼 보인다.

영어 단어

cope: 대처하다 / 극복하다
complete: 완성하다 / 완벽한
be able to / be unable to: 할 수 있는 / 할 수 없는
get out of: ....을 벗어나다

위 8/9는 구어체에서 can / could을 사용해서 다음과 같이 표현할 수 있다.

8. I can't seem to solve this problem.

9. He couldn't seem to get out of the habit.

33

Onions 2-29   형용사 / 명사 보어   (VP 4D)의 변형

아래 예문표 33은 앞 (VP 4D)의 예문표 32의 변형이므로 동일한 (VP 4D)의 항목 내에서 다룬다.

35:   주어가 to-부정사이거나, 동명사 또는 절(clause)일 경우, 가주어 it 는 seem, appear 등과 함께 사용된다. 그러나 이 문형에서는 보통 (to be)가 삭제되고, 앞 Onions 2-27과 같이 형용사 및 명사를 보어로 한다.

예문표 33   Hornby (1975: 36)

It + seem / appear + adjective / noun + to-infinitive (phrase) / gerund / clause

---

1. It seemed	pointless	to go any further.
2. It seems	a pity	to waste them.
3. It seemed (to me)	wise	not to ask too many questions.
4. It doesn't seem	much good/ much use	going on.
5. It appears	unlikely	that we shall arrive in time.
6. It seems	probable	that I'll be sent abroad next year.

2-29   예문표 33의 해석

1. 더 이상 앞으로 전진하는 것은 무의미 하게 보였다.
2. 그들을 낭비하는 것은 딱하게 (애석하게) 보인다.
3. (나에게는) 너무 많은 질문을 하지 않는 것이 현명하게 보였다.
4. 계속하는 것은 별로 좋지 않은 것 (소용이 없는 것) 같다.
5. 우리가 시간에 맞게 도착할 것 같지 않다.
6. 나는 아마 내년에 해외로 파견될 것 (보내질 것) 같다.

34

Onions 2-30   형용사 / 명사 보어 (VP 4E)

36:   동사 seem, appear, happen, chance 등은 to-부정사와 함께 사용된다.
앞 (VP 4D)의 예문표 32에서 이 동사들은 보어로 형용사, 명사가 뒤따라 올 때, to be는 보통 삭제된다. 그러나 만일 형용사 보어가 서술적으로만 사용되면 (awake, afraid 등과 함께사용 되면), to be는 삭제되지 않는다.

다음 예문표 34에서는, seem, appear, happen 뒤에 to be가 나타나는 용법에 대해서 설명한다: 다음 ①, ②, ③, ④의 구조에서는 "to be"가 생략되지 않는다: 즉, asleep형, 진행형, 과거분사형 뒤에서는 to be가 삭제되지 않는다.

①. 서술적 형용사 앞에   (아래 1번의 to be asleep / afraid / alive),
②. 진행형 현재분사 앞에 (아래 2번의 to be enjoying),
                        (아래 3번의 to be swinging)
③. 동사의 과거분사 앞에 (아래 4의 to be expected),
④. 아래 예문표 34의 5/6의 동사 happen 다음에 (to be out / in.) 에서도 be 가 삭제되지 않는다.

⑤. 그러나 다음 7, 8, 9의 "완료부정사" 또는 "완료수동구조"에서는 to be 의 "be"가 삭제된다.

   7. 완료부정사 (to have revealed)
   8. 완료수동   (to have been resented)
   9. 완료수동   (to have been bribed)

⑥. 아래 10, 11, 12에서는 seem, appear, happen, chance의 동사가, (to be 동사 이외의) to-부정사와 함께 사용되는 경우를 보여주고 있다.

Subject + seem/appear happen/chance	to-infinitive (phrase)
1. The baby seems	to be asleep.
2. You seem	to be enjoying the party.
3. The electorate seems	to be swinging against Labour.
4. Some sort of answer seems	to be expected of me.
5. If you ever happen	to be in London, come and 　　　　　　　　　　see me.
6. She happened	to be out when I called..
7. The survey appears	to have revealed some 　　　　interesting facts.
8. My inquiries appears	to have been resented.
9. Some members of the committee seem	to have been bribed.
10. I seem	to remember meeting him somewhere.
11. He appears	to have many friends.
12. We chanced	to meet in the park that morning.

2-30   예문표 34의 해석

1. 그 애기는 잠든 것 같다.
2. 당신은 파티를 즐기고 있는 것 같다.
3. 유권자들은 노동당에 등을 돌리는 듯 보인다.
4. 어떤 종류의 답을 나로부터 듣고 싶은 것 같다.
5. 어쩌다 London에 오게 되면, 나를 찾아 주세요.
6. 내가 방문했을 때 그녀는 마침 외출 중이었다.

7. 그 조사는 어떤 흥미 있는 사실을 밝혀 낸듯하다.
8. 내 질문이 화나게 했던 것처럼 보인다.
9. 그 위원회의 어떤 회원은 뇌물을 받았던 것처럼 보인다.

10. 나는 그를 어디서 만났던 기억이 있는 것 같다.
11. 그는 많은 친구를 가지고 있는 듯하다.
12. 우리는 그날 아침에 우연히 공원에서 만났다.

해설: *"The baby seems asleep."는 정문이 못된다. 왜냐하면 asleep는
서술적 형용사이기 때문에 to be 다음에 나타나야 한다. 따라서
"The baby seems <u>to be</u> asleep."로 되어야 한다. 그러나 (to be)가
생략될 수 있는 "The baby seems (to be) quite happy / satisfied."
는 정문이다. 이 문형은 앞 (VP 4D)이다. 위 예문 9, 11, 12를 앞
(VP 4D) 예문표 33으로 전환하는 것이 가능할 수도 있다.

9. It seems that some members of the committee have been bribed.

11. It appears that he has many friends.
    "happen"은 "so"와 함께 사용할 수도 있다.

12. It (so) happened that she was out when I called.

35

Onions 2-31   명사 보어   (VP 4F)

37:    정형동사 be (am, are, is, was, were)는 to-부정사와 함께 사용되는
데, 이 구조는 상호 합의에 의한 것이거나 또는 요구나 명령의 결과에
의한 주선 / 준비 (arrangement)를 나타낸다. 의문문은 어떤 사람의 소원에
대한 질문과 비슷한 것이다. 이 2-30에서는 어떤 문법적인 기능을 설명하려
고 하는 것이 아니다. "전체 문장이 갖는 내적인 의미"나, "화자가 갖는 내적
인 의도"를 나타내는 것이다. 그러나 중요한 것은 예문표 35의 to-부정사는
모두 "be 동사의 명사보어"라는 것을 기억해 두어야 한다. 형용사의 기능는
전혀 없다.   앞 서론의 (5), (7), (8), (9)와 (10)을 참조하라. 그러나 뒤에 제
시되는 2-30의 해석에서는 우리말의 흐름에 맞게 자연스럽게 해석한다.

예문표 35   Hornby (1975: 37)

Subject + BE +	to-infinitive (phrase)
1. John and I are	to meet at the station at six o'clock.
2. We are	to be married in May.
3. We were	to have been married last yer.
4. At what time am I	to come?
5. When am I	to call (ring) you up?
6. Am I	to stand here for ever?
7. You're always	to think of me as your friend.
8. I am	to inform you that .....
9. Nobody is	to know.
10. How am I	to pay my debts?
11. The waiter was	not to be seen.
12. As I was	about to say....
13. This I was	only to learn later.
14. The new building is	to be six stories (storeys: BrE) high.
15. He was	never to see his wife and children again.

    이 유형은 앞에서 제시된 Onions 2-12의 유형과 동일한 유형이다. 그
러나 Onions 2-31에서는 "be + to-부정사"가 갖는 여러 가지 의미를 제시
하고자 하는데 그 목적이 있다. 이 유형이 깃는 의미는 "화자가 갖는 내적인
심정," 또는 "문장 전체가 갖는 내적인 의미"를 나타내는데 있다.

　　　예문표　35의　해석

1. John과 나는 6시에 역에서 만나게 되어 있다
2. 우리는 오월에 결혼하게 되어 있다.
3. 우리는 지난해 결혼하기로 했었다. (그러나 하지 못했다).
4. 내가 몇 시에 오면 될까요?
5. 언제 내가 전화를 하면 되나요?
6. 나는 영원히 여기에 서있어야 하나요?
7. 너는 항상 나를 너의 친구로 생각하고 있다.
8. 나는 that 이하의 말을 당신에게 말하게 되어있다.
　　　(명령에 의한 지시로)
9. 아무도 알게 되어있지 않다. (약속에 의한 결과)
10. 나의 빚을 어떻게 갚을 까요? (상대방의 소원, 의향)
11. 사환은 보이지 않았다. (결과).
12. 내가 막 ....을 말하려고 하든 참에... (의도)
13. 이것은 내가 후에야 알게 되었다. (결과)
14. 새 건물은 6층 높이로 되어있다. (약속, 계획)
15. 그의 부인과 아이들을 다시는 만나지 못하게 된 것이
　　　그의 운명이었다. (운명)

해설:

1, 2, 3은 <u>합의 (약속, 계획)</u>된 것을 나타낸다.
4, 5는 <u>상대편의 소원, 의향, 의도</u>를 묻는 말이다.
6은 <u>조급함이나 짜증을</u> 나타낸다.
7은 <u>강한 확신을</u> 나타낸다.
8은 내가 당신에게 that 이하의 사실을 알려주도록 "<u>지시</u>"를 받았다.
　　즉, (명령에 의한) "<u>결과</u>"를 나타낸다.
9. 아무도 알아서는 안된다. "<u>(약속에 의한) 결과</u>로 "<u>의도</u>"를
　　나타낸다.
10. How can I pay my debts?와 같다. <u>상대방의 (소원, 의향)</u>
11. 사환은 보여지지 않았다. <u>결과</u>.
12. As I was on the point of saying.....
　　내가 막 ...을 말하려고 하든 참에..　<u>의도</u>.
13. I did not learn this until later.와 같다.
　　이것은 내가 후에야 알게 되었다.　　<u>결과</u>
14. The new building will be (or is designed to be) six stories
　　high.와 같다. <u>예정 (약속, 계획)</u>
15. It was his destiny never to see his wife and children
　　again.　<u>운명</u>

영어 단어

for ever; 영원히
debt: 채무 / 부채
destiny / fate: 운명

문법문제: a. We <u>were to have been married</u>: 결혼하기로 했었다.
           b. You <u>should have come</u> to the party: 왔어야만 했다.

        그러나 실제로는 "하지 못했다 / 오지 못했다"의 의미를 갖는다.

36

Onions 2-32   (VP 5)

㊱번 유형은 문의 5형식에 들어갈 수 없는 유일한 문형이기 때문에
　　무색으로 표현한다.

Onions의 종전의 문형에는 들어갈 수 없는 유일한 문형이다

38:　이 문형에서는 앞 머리말에서 언급한 것 같이 "변칙정형동(anomalous
　　finites)"인 will/would, shall/should, can/could, may/might, must,
dare, need, 그리고 do/did/done이 사용되는데, 이들은 의문형, 부정형, 그리
고 강조 긍정문에서 도 사용된다. "변칙정형동사"란 이 조동사들과 부정어
not가 축약되는 것을 말한다. 즉, is not는 isn't로 will not가 won't처럼 축약
되는 조동사를 말하는 것이다. 이 책의 부록 제1장의 1.1 "정의 (definition)
편"과 제2장의 "서법조동사 편"을 참조하라. 이 "변칙정형동사" 다음에는 (to
가 없는) 원형부정사 (bare infinitive)가 사용된다. 그밖에 had better,
had/would rather, would sooner 등도 이 문형에서 사용된다.

　　Hornby는 왜 이 변칙정형동사를 하나의 문형형성에 필요한 유형이라고
생각했을 것인가? 예컨대, 문장의 맨 앞에 축약형이 Won't you come home
earliy tonight?로 나타나거나, Didn't he tell it to you yesterday?같이 나
타날 때, 원어민들은 won't를 풀어서 Will not you come home early
tonight?라고 하던가, 또는 Didn't he를 풀어서 Did not he tell it to you
yesterday?라고 말하지 않기 때문에, 이 축약된 표현이 문형을 형성하는 하
나의 구성소로 보는 것이다. 특히 부가의문문에서는 절대적이다. 왜냐하면,
부가절은 항상 축약된 형태로 말하기 때문이다. You are hungry, aren't
you? 라고 하지, 이것을 축약시키지 않은 원래의 단어를 사용해서, are not
you? 라고는 절대로 말하지 않기 때문이다. 즉, 이 축약형을 풀어서 그대로
말하면 문법적인 영어가 되지 않기 때문이다. 이 축약형은 본동사가 자동사
냐, 타동사냐를 구분하지 않고 나타나기 때문에 Onions가 제시한 문의 5형식
에서는 포함될 문형 유형이 없다고 본다.

　　따라서 이 "변칙 정형동사"는 아래 예문에서 볼 수 있는 것 같이, 자동
사와 타동사를 모두 포함하기 때문에, 자동사와 타동사를 구분하지 않는다.
그러므로 자동사의 동사유형이 끝나고, 타동사의 유형이 시작되는 경계선상에
두어야 할 문형이라고 보아서, 이 시점, 이 위치에 두기로 한다. 그리고 또
아래 예문에서 부정어 not를 포함하지 않은 예문도 나타나는데, 이것은 부정
어 not를 두는 것 자체가 수의적인, 선택적인 문제이기 때문이다. 수많은 원
어민 영문법 학자들 중에서 이 "변칙정형동사"의 역할을 이와 같이 언급하고,
이것을 하나의 문형으로 설정한 것은 Hornby뿐이라고 생각된다. 자동사와
타동사가 그 성격이 서로 전혀 다르지만, 부정어 not와 축약된다는 점에서는
서로 공통점을 갖는 것이다.

Subject + anomalous finite	bare infinitive (phrase)	
1. You may	leave now.	(자동사)
2. You mustn't	do that.	(타동사)
3. Can you	come early?	(자동사)
4. You needn't	wait.	(자동사)
5. Don't you	like her?	(타동사)
6. Does he	want anything?	(타동사)
7. Oh, but you did	say so!	(자동사)
8. You will	find it in that box.	(타동사)
9. I didn't dare	tell anyone.	(타동사)
10. You had better	start at once.	(자동사)
11. He said he'd sooner	die than betray his friend.	(자동사)

2-32　　　예문표 36의 해석

1. 너는 지금 떠나도 좋다.
2. 너는 그것을 해서는 안 된다.
3. 너 좀 일찍 올 수 있니?
4. 너는 기다릴 필요가 없다.
5. 너는 그녀를 좋아하지 안니?
6. 그는 어떤 것을 원하고 있나?
7. 아, 그런데 네가 그렇게 말했잖아!
8. 너는 그 상자 속에서 그것을 찾아 볼 수 있을 것이다.
9. 나는 감히 누구에게도 말하지 않았다.
10. 너는 즉시 떠나야 한다.
11. 그근 그의 친구를 배신하기보다는 차라리 죽겠다고 말했다.

영어 숙어

He would sooner die than betray his friend.
(그는 그의 친구를 배신하기 보다는 차라리 죽겠다).

　　이 축약의 형태는 문어체의 영어보다 구어체의 영어에서는 거의 100% 사용되기 때문에, "언어는 말이지 글이 아니다. (Language is speech, not writing.)"라는 이 명제(命題)에 초점을 맞추는 것이다. 모든 언어는 먼저 구어로 존재했는데, 후에 그 구어에 맞는 문자가 만들어 졌다는 주장이요, 가설이다.

2형식 동사유형은 단일 유형으로는 가장 많은 32개 동사유형을 갖고 있다.

이 중에서,

명사보어:	5
형용사 보어:	6
부사보어:	5
부사수식어:	6
명사 / 형용사 공용 보어 구조:	8

보어가 없는 유도부사
there 구조, Onions 2-5:　　　1

축약형 구조, Onions 2-32:　　1
　　　　　　　　　　　　계 32

　　앞에서도 언급했지만 2형식 문장은 모두 "보어"를 선택하는 문장이다. 앞의 예문 Onions 2-1, Onions 2-6, Onions 2-14, Onions 2-15, Onions 2-21 등 5개 유형은 부사보어를 갖는 유형이다.

　　그런데, Onions의 2형식은 원래 모두 보어를 갖는 유형으로 알려져 있으나, Hornby의 유형으로 대체됨에 따라, 아래 6개 유형은 보어가 아니라, "부사수식어"를 갖는 유형이 된다.

　　　　　　Onions 2-22
　　　　　　Onions 2-23
　　　　　　Onions 2-24
　　　　　　Onions 2-25
　　　　　　Onions 2-26
　　　　　　Onions 2-27의 6개 유형은 "부사수식어"를 갖는 유형으로 구분된다.

39:　이 (VP 6-10), 즉, (VP 6, 7, 8, 9, 10)의 문형들은 타동사에 관한 것이다. 아래 3-1 유형에서부터 3-5 유형까지는 "보어"나 "부사수식어(adjunct)"가 나타날 수 있어나, 필수적인 것은 아니다. 예컨대, "I enjoyed the concert."는 그 자체로 완벽한 것이다. 그러나, "I put the book down."에서는 부사수식어 down이 부사보어로 꼭 필요하다. 따라서 이 문장은 문의 5형식에서 다룬다. 이 3형식 문형에서는 동사가 목적어를 갖는데, 이 목적어는 명사, 대명사, 동명사가 된다. 따라서 목적어가 명사, 대명사, 동명사에 따라, 또 그 동사의 성격에 따라, (VP6)은 (VP 6 A, B, C, D, E)까지 5 개 문형으로 세분화 된다.　그리고 아래와 같이 3-1에서 3-10까지 10개의 유형이 있다.

3-1 (VP 6A)	3-6 (VP 7A)
3-2 (VP 6B)	3-7 (VP 7B)
3-3 (VP 6C)	3-8 (VP 8)
3-4 (VP 6D)	3-9 (VP 9)
3-5 (VP 6E)	3-10 (VP 10)

Onions의 3형식 문형 (VP 3-10)

Onions 3-1　　(VP 6A)

40:　아래 (VP6A), (Onions 3-1)의 유형은 목적어를 명사, 대명사로 한정한다. 여기에서 do 동사는 조동사가 아닌, 완전 타동사인 것이 특징이다. 어떤 부사보어도 필요하지 않지만, 시간부사, 빈도부사, 기간(duration) 부사 등은 첨가될 수 있다.

뒤에 제시된 예문표 37에서

5.　aircraft는 단수. 복수 동형으로 사용된다.
14.　The news that Tom had failed his exams surprised us.

14에서 failed his exams에서는 failed가 타동사이다.
　　그러나 failed in his exams이라 한다면 이 구조는 자동사(구)로 된다.
　　이것은 앞 Onions 2-22와 동일한 유형에 속한다.
17.　 up
18.　 around
19.　 over 라는 불변화사는 수의적으로 사용할 수 있다.

Subject + vt +	noun/pronoun
1. They did	very little work that day.
2. Nobody answered	my question.
3. We all enjoyed	the movie.
4. I've lost	my way.
5. The company has bought	several new aircraft.
6. You've boiled	the rice (for) too long.
7. We all had	a good time.
8. We shall make	an announcement tomorrow.
9. Have you made	your bed yet?
10. Has anybody here seen	Kelly?
11. I love	you.
12. In recent years, our farmers have been producing	more food than the country needs.
13. An idea struck	me.
14. The news that Tom had failed his exams surprised us.	
15. Jane's reckless driving angered	her father.
16. The workmen dug	a deep hole.
17. Have you ever climbed	that mountain?
18. The car turned	the corner too fast.
19. Can your horse jump	that gate?

3-1   예문표 37의 해석

1. 그들은 그날 거의 일을 하지 않았다.
2. 아무도 나의 질문에 답하지 않았다.
3. 우리 모두가 그 영화를 즐겼다.
4. 나는 길을 잃었습니다.
5. 그 회사는 몇 대의 새로운 항공기를 구입했습니다.
6. 너는 쌀을 너무 오래 삶았다.
7. 우리 모두가 즐거운 시간을 보냈다.
8. 우리는 내일 발표를 하나 할 것입니다.
9. 너 벌써 침대를 폈니? (벌써 잘 준비를 했니?)
10. 여기에 있는 누군가가 Kelly를 보았습니까?
11. 나는 당신을 사랑합니다.
12. 최근에 와서 우리의 농부들은 우리나라가 필요로 하는 이상의 식량을 생산해 왔습니다.
13. 어떤 생각이 하나 떠올랐다.
14. Tom이 시험에 실패했다는 소식이 우리를 놀라게 했다.

15. Jane의 분별없는 운전이 그녀의 아버지를 화나게 했다.
16. 일꾼들은 깊은 구멍을 팠다.
17. 너는 저산에 올라가본 적이 있니?
18. 그 승용차는 그 모퉁이를 너무 빨리 돌았다.
19. 너의 말이 저 대문을 뛰어넘을 수 있니?

해설: 위 1, 9, 12는 수동구조로 변형될 수 있다.

1. Very little work was done that day.
9. Has your bed been made yet?
12. In recent years more food has been produced than the country needs.
12. 유도부사 there를 삽입시켜서 표현할 수도 있다.
In recent years, there has been produced more food than the country needs.
14/15와 같은 문장의 주어는 가주어 it로 대체되는 것이 가능한데, 이 경우에는 to-부정사가 진주어로 나타난다. 이런 구조가 때때로 더 선호된다.

14. To hear that Tom had failed his exams surprised us.
It surprised us to hear that Tom had failed his exams.
15. To see Jane driving recklessly angered her father.
It angered Jane's father to see her driving recklessly.

16. 결과를 나타내는 목적어의 예이다:
The workmen made a deep hole by digging.
(일꾼들은 파서 깊은 구멍을 내었다)

Cf: He was digging his garden. (그는 그의 정원을 파고 있었다.)

38

Onions 3-2 (VP 6B)

41:     이 문형에 나타난 문장들은 <u>수동태로 전환이 안되는 문장이다</u>. 경험을
       나타내는 뜻의 have는 앞 Onions 3-1 (VP 6A) 유형의 예문 7에서
처럼, "We all had a good time."을 "A good time was had by all."로 바
꿀 수 있다. 그러나 have가 "소유하다 (possess)," "먹다 (have/eat)," "약
을 먹다(take)," "마시다" 등은 아래 Onions의 3-2의 예문 1-3에서처럼 수
동태로 바꾸는 것이 불가능하다. 또 재귀동사 (목적어가 "...self"를 갖는 경
우)와 동족목적어 (I dreamed a happy dream last night.)를 갖는 문장들도
수동태로 바꿀 수 없다.

예문표 38   Hornby (1975: 40)

Subject + vt +	noun/pronoun
1. He has got	good charm.
2. She has	blue eyes.
3. Have you had	breakfast yet?
4. Please behave	yourself.
5. Have you hurt	yourself?
6. He dreamed	a most extraordinary dream.
7. She laughed	a merry laugh.
8. She smiled	her thanks.
9. He nodded	(his) approval.
10. The girls giggled	their appreciation of my compliments.

3-2   예문표 38의 해석

1. 그는 멋있는 매력을 갖고 있다.
2. 그녀는 파란 눈을 갖고 있다.
3. 벌써 아침식사를 했니?
4. 점잖게 처신해라.
5. 너 다쳤니?
6. 그는 가장 특별한 꿈을 꾸었다.
7. 그녀는 즐거운 듯이 웃었다.
8. 그녀는 미소로 감사를 대신했다.
9. 그는 끄덕이면서 (그의) 찬성을 표시했다.
10. 그 소녀들은 나의 칭찬에 대한 감사로 킬킬 웃었다.

해설: 구어체에서는 흔히 동족목적어는 부사로 바뀐다.

7. She laughed merrily.
9. He nodded approvingly (or in approval).

39

Onions 3-3   (VP 6C)

42:    이 3-3의 유형 (VP 6C)과 다음 3-4 유형 (VP 6D)은 목적어가 동명사인 경우를 다룬다. 그런데, 이와 같이 두 가지 유형으로 나누는 것은, 다음 3-4 유형의 동사들 만이 to-부정사로 된 목적어를 선택할 수 있는, 3-6번 유형(VP 7A)으로 변할 수 있기 때문이다. 아래 예를 보기로 하자:

3-3   She enjoys going to concerts.   (동명사만 선택)
3-4(a). She loves going to concerts.   (동명사)와
3-4(b). She loves to go to concerts.   (to-부정사 선택)
3-6   She prefers to go to concerts.   (to-부정사만 선택)
3-3 --> 3-6: *She enjoys <u>to go to concerts</u>.   (x)

동사의 목적어를 항상 동명사로 선택하는 다음 3-3 유형의 동사들은 to-부정사를 목적어로 갖는 3-6의 유형에서는 사용하지 못한다. 단 아래 3-3의 예문 14-16번에서, 의미의 변화를 갖는 경우에는, 즉, "과거의 의미를 갖는 점과," "시험삼아 해보라는 의미가 없을 때에는" 이 세 가지 동사들도 3-6의 유형에서 사용할 수 있다. 그러나 위 3-4(a) 유형인 다음 (VP 6D)의 동사들은 대부분 3-6번 유형 (VP 7A)을 사용할 수 있다. 그런데 3-4(a) 유형의 동사가 Onions 3-6 (VP 7A) 유형으로 변화하는 경우에는, 동사들 마다 변화하는 조건이 각각 다르다. 다음 3-4, (VP 6-D), 예문표 40의 "해설 (94쪽)"을 보라.

예문표 39   Hornby (1975: 41-42)

Subject + vi +	gerund (phrase)
1. She enjoys	playing tennis.
2. Have you finished	talking?
3. I couldn't <u>help</u>	laughing.
4. Would you mind	coming earlier?
5. Do you mind	waiting a bit longer?
6. You should <u>practice</u>	speaking English whenever you can.
7. He <u>grudged</u>	having to pay such high taxes.
8. How could he <u>avoid</u>	paying so much?
9. She <u>resented</u>	being spied on when she was sunbathing in the garden.
10. To persuade him took (need)	some doing.
11. It won't <u>stand</u>	being handled roughly.
12. I can't <u>stand</u>	travelling in the rush-hour.
13. Please stop	talking.

14. I shall never <u>forget</u>	hearing Maria Callas sing the part of Madame Butterfly.
15. I <u>remember</u>	going to Convent Garden to hear her.
16. <u>Try</u>	clearing it with petrol (gas).

16. petrol (BrE) / gas (oline) (AmE) 휘발유
    petrol station (BrE) / gas station (AmE) 주유소

3-3 　　　예문표 39의 해석

1. 그녀는 테니스를 즐깁니다.
2. 너 이야기를 끝내었니?
3. 나는 웃지 않을 수 없었다.
4. 좀 일찍 올 수 없겠니?
5. 좀 더 오래 기다릴 수 있겠나?
6. 네가 할 수 있을 때는 언제나, 영어로 말하는 연습을 해야 한다.
7. 그는 그런 많은 세금을 지불해야하는 것을 싫어했다.
8. 어떻게 해서 그렇게 많은 돈을 내는 것을 피할 수 있었을까?
9. 정원에서 일광욕을 했을 때 (다른 사람이) 몰래 본 것을 분개했다.
10. 그를 설득하는 일에, 무엇을 해야 할 필요가 있었다. ==>
    그를 설득하는 것은 그냥 되지 않았다.
11. 거칠게 다루는 것은 참을 수 없을 것이다.
12. 출퇴근 시간에 나는 차타고 다닐 수는 없다.
13. 말을 좀 멈추세요. ==> 말 좀 그만 하세요.
14. Maria Callas의 Madame Butterfly 역의 노래를 들은 것을
    나는 결코 잊을 수가 없다.
15. 나는 그녀의 노래를 듣기위해 Convent Garden에 간 것을 기억한다.
16. 휘발유로 그것을 시험 삼아 한번 지워봐라.

해설:　10:　　"take"는 "need"의 의미
　　　　11/12: "stand"는 "endure, bear (참는다)"란는 의미
　　　　13: Cf "We stopped <u>to talk</u>."에서 stop는 자동사이다. 따라서 "이
　　　　　　야기를 하기 위해" 하던 일을 멈추었다.로 해석한다.
　　　　　　앞 Onions의 (2-25) (VP 4A) 참조.

참조:　14/15:　forget/remember는 3-3유형에서, 의미의 변화가 있을 때
　　　　　　에만 3-6번 유형에서도 사용되나, 의미가 달라진다.
　　　　　　이것은 3-6 유형의 해설을 보라.

16: "try + 동명사"는 "시험 삼아...를 해보라"의 의미이다. 이 try는
또 "I tried to clean it"에서처럼 to-부정사를 사용하는 3-6의
유형으로도 사용된다. 이 때 to-부정사로 된 "to clean it"는
try 동사의 목적어 명사이다.

　Onions의 3-3, 즉 (VP 6)에 속하는 동사들은 admit 포함해서 약 40
개의 타동사들이 있다. 앞 (20)의 동사 유형 표 (VP 6C)를 참조하라. 다음
과 같은 동사구도 동명사를 목적으로 한다.

give up (smoking)	go on working
(담배를 끊다)	(일을 계속하다)
leave off (raining)	set about (doing something)
(비가 그치다)	(무엇을 하기 시작하다)

40

43: 이 문형에서는 동사가 대부분 동명사를 사용하나, to-부정사를 사용하는 동사들도 상당히 많다. like swimming과 like to swim 간의 차이는 아래 3-4의 해설을 참조하라.

예문표 40   Hornby (1975: 41)

Subject + vt +	gerund (phrase)
1. She likes	swimming.
2. He began	talking about his family.
3. Don't start	borrowing money.
4. She loves	having breakfast in bed.
5. I hate	having to refuse every time.
6. He prefers	walking to going by car.
7. She can't bear	seeing animals treated cruelly.
8. He can't endure	being disturbed in his work.
9. I shall continue	working while my health is good.
10. The child dreads	going to bed in the dark.

3-4   예문표 40의 해석

1. 그녀는 수영을 좋아한다.
2. 그는 그의 가족에 대해서 말하기 시작했다.
3. 돈 꾸기를 (빌리기를) 시작하지 마라.
4. 그녀는 침대에서 아침식사 하는 것을 좋아한다.
5. 나는 매번 (남의 부탁을) 거절하는 것이 싫다.
6. 그는 차로 가는 것 보다 걸어가는 것을 좋아한다.
7. 그녀는 동물을 잔인하게 다루는 것을 보고, 참지 못한다.
8. 그는 그의 일이 방해받는 것을 참을 수 없다.
9. 나는 나의 건강이 허락하는 한, 일을 계속할 것이다.
10. 그 애기는 어두움 속에서 잠자리로 가는 것을 무서워한다.

해석: 6번의 prefers walking 다음의 to는 전치사로 "...보다"의 의미로 사용된다.

해설: "좋아하는 것"과, "선호하는 것"을 나타내거나, 그것의 반대인 "싫은 것"을 일반적으로 서술할 경우에는 (동명사로 나타나는) 앞 3-3을 사용한다. 뒤에서 제시된 "to-부정사를 사용하는" (VP 7)의 3-7 유형은

① "특정한 경우에 대해서 서술하거나, 묻는 경우에 더 많이 사용된다."
② 특히 would (should) like to... / would prefer to...로, 보통 to-부정사
를 사용하기 때문에 더욱 그러하다. 다음 예를 보자.

A: a. I like swimming. (일반 적인 표현)
    b. I <u>wouldn't</u> / <u>shouldn't</u> like to swim <u>in that cold lake</u>.

        위 b에서는 "in that cold lake" 라는 조건과 "whould / should을 사용하기
        때문에 to-부정사를 사용하는 것이 보통이다.

    c. <u>Would</u> you like to go for a swim <u>this afternoon</u>?

        c에서도 "this afternoon"이라는 조건과 would을 사용하기 때문에
        to-부정사를 사용한다.

    d. They prefer staying indoors when the weather is cold.
        (일반적인 선호의 표현)

        <u>Would you prefer</u> to stay at home <u>this evening</u>?

        d에서도 "this evening" 이라는 특별한 시간과 "의지를 묻는 would
        때문에" to-부정사를 쓰는 것이다.

    e. I <u>should prefer</u> <u>not to go out</u>.

        e에서도 "should이 사용되므로 to-부정사를 사용한다.

    f. I don't like going to the theater alone. (일반적인 표현)

    g. I'<u>d like</u> to go to the theater <u>if you'll go with me</u>.

        그러나 g에서는, "if you'll go with me"라는 조건과 would를 사용하기 때문에,
        to-부정사를 사용하는 것이 보통이다.

B: 그러나 begin, start는 두 가지 경우에 동일하게 사용된다.

     He began / started borrowing money.
     He began / started to borrow money,

C: 이 동사들이 "진행형 시제"로 사용될 때에는 (VP7)의 3-6 유형인
    to-부정사를 사용한다. 다음 예를 보자:

    It's beginning to rain.   (*It's beginning raining.)
    He's beginning to learn English. (*He's beginning learning English.)

D: "begin" 동사 다음에, ("이해하다"를 의미하는) understand, see, realize가 사용될 때에는 to-부정사를 사용한다.

예: I begin <u>to see / to understand</u> how it works.
(∗ I begin seeing how it works.)는 안 된다.

E: "시작하다"는 의미의 관용어구인 set about는 Onions 3-4 (VP 6D)의 동명사를 선택하는 반면, 동일한 의미의 start out는 Onions 3-6 (VP 7A)의 to-부정사 유형을 사용한다. 다음 예를 보자.

예: As soon as the storm ended, we <u>set about</u> repairing the damage.
Onions 3-4 (VP 6D)
He <u>started out</u> to write his report. Onions 3-6 (VP 7A)

F: 동사 like, continue는 동명사 "(3-4)의 유형"과 "to-부정사 (3-6) 유형"에 동일하게 사용된다. 그러나 그것의 반의어인 dislike와 discontinue는 동명사만을 선택하는 3-4 동명사 유형에만 나타난다.

예: That horse dislikes wearing blinkers.
(∗ That horse dislikes to wear blinkers)는 영어가 아니다.

G: "계속하다"는 의미로 keep나 keep on, go on을 사용하면서, "--ing형"을 사용하지만, 이것은 동명사가 아니고, "<u>현재분사</u>"이다.

예: Why do they keep / keep on / go on <u>laughing</u> all the time?

H: 위 3-4 유형에 주로 쓰이는 동사는 (VP 6D)로, can't bear (참지 못하다), commence (시작하다) 외에 10개 정도의 단어들이 있다. 앞 (20)의 동사 유형 표 (VP 6D)를 참조하라.

Onions 3-5 (VP 6E)

44: 동사 need, want, won't / wouldn't bear 뒤에 나타나는 동명사는 수동의 의미를 갖는다.

예문표 41   Hornby (1975: 43)

Subject + need/want, etc +	gerund (phrase) (with passive meaning)
1. The garden needs	watering. (= to be watered)
2. He will need	looking after. (= to be looked after, cared for)
3. My shoes want	mending. ¯(= need to be repaired)
4. His wife needs	tactful handling. (= to be handled carefully)
5. It won't bear	thinking of. (= to be thought about)
6. His language wouldn't bear	repeating. (= was too bad to be repeated).

3-5 예문표 41의 해석

1. 정원에 물이 주어지는 것이 필요하다 ==>
   정원에 물을 줄 필요가 있다.
2. 그는 (누군가의) 보살핌을 받아야 필요가 있을 것이다.==>
   그는 누구의 보살핌을 받을 필요가 있다.
3. 내 신은 수선이 필요하다. ==> 내 신은 수선을 받을 필요가 있다.
4. 그의 부인을 솜씨 있게 다룰 필요가 있다. ==>
   그의 부인을 솜씨 있게 다루어야 한다.
5. 그 일을 생각하는 것 조차도 참을 수 없다.==>
   그 일은 생각하기도 싫다.
6. 그의 말이 되풀이 되는 것은 참을 수 없다.==>
   그의 말은 도저히 되풀이할 것이 못된다.

해설: 5. won't bear는 동명사와 함께 사용된다.
　　　그러나 can't bear는 3-4 유형에서처럼 동명사와도 사용되고, 또
　　　3-6 유형의 to-부정사와 사용되기도 한다.

　　예: She can't <u>bear seeing / to see</u> animals treated cruelly.

42

Onions 3-6 (앞 3-3 (b))   (VP 7A)

45: 이 문형에서는 동사 뒤에 to-부정사가 따라온다. to-부정사를 부정할 때는 to-부정사 앞에 not가 온다. 단 I am not learning to swim은 정문이지만, *I am learning not to swim은 비문이다. 자동사 예컨대, come, seem, appear 뒤에 to-부정사가 오는 경우는, 2-26 유형 (자동사)을 보라. 그러나, 예컨대, agree같은 동사는 2-26 유형 (자동사), 또는 3-6 유형 (타동사)일 수도 있다. 이 때 to-부정사는 모두 목적어 명사이다.

46: to-부정사를 "목적어"로 갖는 (VP 7A) 유형과, have와 ought가 to-부정사와 함께 "목적어"로 나타나는 (VP 7B) 유형이 있다. 다음 ㊸의 (VP 7B)를 보라.

예문표 42   Hornby (1975: 43-44)

Subject + vt +	(not) + to-infinitive (phrase)
1. I prefer	(not) to start early.
2. Do they want	to go?
3. It's begun/started	to rain.
4. What do you intend	to do about it?
5. He pretended	not to see us.
6. He's agreed	(not) to let the family know.
7. Would you like	to come with me?
8. Do you remember	to post my letter?
9. Sorry, but I forgot	to post them.
10. We hope/expect/propose	to organize a youth club.
11. He promised	never to get drunk again.
12. I never thought	to see you here.
13. He thinks	to deceive us.

3-6   예문표 42의 해석

1. 나는 일찍 출발하기 (출발하지 않기)를 좋아한다.
2. 너는 가기를 원하니?
3. 비가 오기 시작했다.
4. 그것에 대해서 어떻게 하기를 의도하니?==> 어떻게 할 작정이니?

5. 그는 우리를 보지 못한 것처럼 했다.==> 우리를 못 본채 했다.
6. 그는 가족들이 알도록 하는데 (모르도록 하는데) 동의했다.
7. 나와 함께 가겠습니까?
8. 내 편지 부치는 것을 잊지 마세요. ==> 잊지 않고 부치세요.
9. 미안합니다. 그런데 편지 부치는 것을 잊었습니다.
10. 우리는 청년클럽을 조직할 것을 희망 / 기대 / 제안합니다.
11. 그는 결코 다시는 술에 취하지 않을 것을 약속했다.
12. 나는 너를 여기서 만날 줄을 생각하지 못했다.
13. 그는 우리를 속일 생각이다.

해설: remember / forget는 3-3 유형의 (동명사)와 3-6 유형의 (to-부정사)에 동일하게 사용된다.

remember / forget가 ("과거의 ...을 기억하고 있다")의
                          경우에는 3-3 유형이다.
예: I remember posting your letter.
     I remember meeting you in Rome two years ago.
     I shall never forget hearing him play Chopin.

remember가 ("..을 잊지 않도록 기억하고 있다")의 의미일 때는
3-6의 유형이다.

예: Please remember to post my letter.
     I forgot to buy you flowers for your birthday.

think는 보통 뒤에서 제시되는 3-9 유형 (think that....)에서 사용된다.

이 3-6 유형의
12를 다음과 같이 다시 쓸 수 있다:

I didn't expect to see you here.

13은 He has the idea that he may deceive us.로 바꿔 쓸 수 있다.

공식용어에서는 ask와 say는 3-6 유형 (to-부정사)에 속한다.

She asked to come with us.
Mother says to come in at once.

Onions 3-7 (VP 7B)

47: "동사 have는 이 문형에서 의무"를 나타낸다. 대화체에서는 have got to가 더 일반적이다. 그러나 have got to는 have to를 대신하나, have to 보다 덜 빈번하게 사용된다. 또 Have we to / Do we have to / We haven't to / We don't have to 등은 모두 have to가 must의 의미로 사용된다. ought도 이 문형에 속한다. 그러나 이 ought는 3-6 유형에도 사용될 수 있다. 그러나 이 때, to-부정사는 모두 "목적어 명사"라는 것을 기억해 두어야 한다.

예문표 43   Hornby (1975: 44)

Subject + have / ought	(not) to-infinitive (phrase) (noun function)
1. You'll have	to go.
2. Have we	to answer all these questions?
3. Do you often have	to work overtime?
4. You don't have	to go to school on Saturday, do you?
5. You ought	(not) to complain.

3-7   예문표 43의 해석

1. 너는 "가야할 것이다." ==> 너는 가야만 한다.
2. 우리는 이 모든 질문에 대답해야 하는 것입니까? ==>
    대답해야 합니까?
3. 당신은 종종 특근을 해야 하는 것입니까? ==> 해야 합니까?
4. 너는 토요일에 학교에 안가도 되지?
5. 너는 불평을 해야만 (안 해야만) 할 것이다.

위의 유형에서 to-부정사가 명사의 역할을 한다는 것을 분명히 알아두어야 할 것이다. 위 1번의 예에서 "have to go"는 "가야할 것이다."의 의미를 갖는다. 또는, "가야할 의무를"를 가지고 있다고 보면 될 것이다. 그러나 자연스러운 해석은 물론 "가야만 한다"로 해석한다.

해설: ache (=long) (간절히 바라다), afford (..할 여유가 있다) 외에 40 여개의 단어가 이 유형에 속하는데, 앞 (20)의 동사 유형 표 (VP 7AB)를 참조하라.

44

Onions 3-8　　(VP 8)

48:　이 문형에서는 동사의 목적어가 "의문대명사"이거나, "의문부사," 또
　　는 whether이며, 그 뒤에 to-부정사가 따라온다.

예문표 44　　　　　　　　　　　　　　　　　　Hornby (1975: 45)

Subject + vt +	interrogative pronoun/adverb + to-infinitive
1. I don't know	who to go to for advice.
2. She couldn't decide	what to do next.
3. She couldn't think	what to give the children for Christmas.
4. Have you settled	where to go for your holidays?
5. You must learn	when to give advice and when to be silent.
6. I'll ask/inquire	how to get there.
7. Do you know/see	how to do it?
8. She didn't know	whether to laugh or cry.
9. I was wondering	whether to stay here another week.
10. How can you tell	which button to press?

3-8　　예문표 44의 해석

1. 나는 조언을 얻고자 누구에게 가야할지 모르겠다.
2. 그녀는 다음에 무엇을 해야 할지 결정할 수 없었다.
3. 그녀는 크리스마스에 아이들에게 무엇을 주어야 할지 생각이
   나지 않았다.
4. 너는 휴가로 어디에 가야할지 결정을 했니?
5. 당신은 언제 충고를 하고, 언제 조용히 있어야 할지 배워야 합니다.
6. 나는 어떻게 거기에 가는지 물어볼 것이다.
7. 당신은 그것을 어떻게 하는지 알고 있습니까?
8. 웃어야 할지, 울어야 할지 그녀는 알지 못했다.
9. 나는 일주일 더 여기에 있어야 할지 어떨지 생각하고 있었다.
10. 어느 버튼을 눌러야 할지 어떻게 알 수 있나요?

해설:　to-부정사의 주어가 본문장의 주어와 다를 때, 뒤에서 제시되는
　　　3-10 유형을 사용한다

　　　Do you know how to do it?　3-8 유형　주절의 목적어
　　　Do you know how he did it?　3-10 유형　독립된 종속절

이 유형에 사용되는 주된 동사는 ask (질문하다), consider (고려하다) 외에
20 여개가 있는데, 앞 (20)의 동사 유형 표 (VP 8)을 참조하라.

영어의 숙어: 다음 예문을 보자.

a. There are five caps.
b. They have the same color and same size.
c. Can you <u>tell</u> which is yours?

위 c에서 tell은 "말하다"의 의미를 갖는 것이 아니라, 어느 것인가
"알 수 있느냐"로 "알다"의 의미를 갖는다.

즉, can과 함께 사용된, 의문문, 긍정문에서 "알다"의 의미를 갖는다.

45

Onions 3-9 (VP 9)

49: 이 문형에서는 동사의 목적어가 that-절로 나타난다. 자주 쓰이는
      say, wish, hope, think, expect, believe 등의 동사 뒤에 나타나는
접속사 that는 흔히 생략된다. 또 생략되는 것이 보통이다. 그러나 자주 쓰이
지 않는 decide, suggest, intend와 같은 동사가 사용되는 경우에는 격식을
차린 문체에서는 that가 생략되지 않는다. 동사 feel이 비-육체적인 감각적
인 의미로 쓰일 때에는 이 문형으로 사용된다. 또 동사 hear가 "알다
(learn)," "알려지다 (be informed)"의 의미로 사용될 때에도 이 문형으로
사용된다.

예문표 45   Hornby (1975: 45-46)

Subject + vt +	that clause
1. I suppose	you'll be there.
2. I wish	you wouldn't interrupt.
3. We all hope	you will be able to come.
4. Do you think	it'll rain?
5. He said	he was busy.
6. I hear	you've been abroad.
7. I don't think	there'll be time to visit the museum.
8. I see	you've broken the teapot.
9. We felt	you'd like to know.
10. I see	there has been another bank robbery.
11. He doesn't believe	(that) my intentions are serious.
12. She suggested	(that) we should start early.
13. Do you doubt	that I can do it?
14. The students decided	(that) they would support the demonstration.
15. He admitted	(that) he was wrong.
16. We intended	that you should be invited.
17. He hinted (to me)	that I was being cheated.

1. 나는 네가 거기에 오리라고 생각한다.
2. 나는 네가 방해하지 않기를 바란다.
3. 우리는 모두 네가 올 수 있기를 바라고 있다.
4. 너는 비가 오리라고 생각하니?
5. 그는 바빴다고 말했다.
6. 나는 네가 해외에 다녀왔다고 알고 있다.
7. 박물관을 방문할 시간이 없을 것이라고 생각된다.
8. 네가 차 주전자를 깼다고 알고 있다.
9. 우리는 네가 알고 싶어 한다고 생각했다.
10. 또 다른 은행 절도사건이 있었다고 알고 있다.
11. 그는 나의 의도가 진지하다는 것을 믿지 않는다.
12. 그녀는 우리가 일찍 출발해야 한다고 제안했다.
13. 너는 내가 그것을 할 수 있다는 것을 의심하니?
14. 학생들은 데모를 지지할 것을 결의했다.
15. 그는 그가 잘못이었다고 인정했다.
16. 우리는 너를 초대할 의향이 (의도가) 있었다.
17. 그는 내가 속고 있다고 (나에게) 귀뜸 해주었다.

해설: 위 예문표에 나타난 어순을 다른 표현으로 바꾸는 방법도 있다.

5의 say는   a. We may say that this is an exceptional case.
            b. This, we may say, is an exceptional case.

11의 believe는
        a. He believed that the educational system was in need
           of reform.
        b. The educational system, he believed, was
          in need of reform.

어순이 바뀌면 that이 나타나지 않는다는 것에 유의하자.

7/10에서 유도부사 there가 나타나면 보통 that이 삭제된다.

이 3-9 유형에서 사용되는 어떤 동사들은 (VP 14)에서도 역시 사용되는데, 이들은 예컨대, admit, confess, explain, suggest 등이다.

He confessed that he had been wrong. (3-9 유형) (VP 9)
He confessed his mistake to me.   (VP 14)

이 유형에 사용되는 동사들은 acknowledge (인정하다), add (더하다) 외에 40여개가 있는데, 자세한 것은 앞 (20)의 동사 유형 표 (VP 9)를 참조하라.

앞 Onions의 2-22 유형의 예문표 27이나, 2-23의 예문표 28과 같이, that-절과 함께 사용되는 몇 가지 "자동사들"이 있다. 이 문장의 동사들은 전치사와 하께 사용된다: 예컨대,

insist upon, agree to, complain of/about, boast of/about 등이다.

실제에 있어서는 이 동사들이 자동사인가, 타동사인가 하는 것은 중요하지 않다.

또 1-3 유형에서처럼, 가주어 it와 함께 자동사 다음에 that-절이 나타나는 것에 유의하자. 그 구조는 It seems / appears / follow that......와 같다.

예컨대, believe, expect, hear, hope, notice, see, suppose, think와 같은 몇몇 동사들은 서술적인 that-절을 so로 대체할 수도 있고, 또 부정적인 that-절은 not로 대체할 수도 있다. 이 표현들은 진술이나, 질문에 대한 응답 내지는 의견을 말할 때 쓰인다.

예컨대, "It's going to rain."이라는 표현에,
      "I hope not."나
      "Yes I think so."등으로 답할 수 있다.

이 동사들과 함께, so는 문장의 앞에 올 수도 있고, 또 문장의 끝에 올 수도 있다. 예컨대, "So I believe."도 될 수 있고, "I believe so."도 될 수 있다. 보통 사용되는 구조는 다음과 같다:

So I see / notice / believe / hear.
So I said / saw / thought / believe.
So I've heard / noticed.

I believe / hope / suppose / expect / think so.
I believe / hope / think so.
I don't think / didn't say so.

Onions 3-10 (VP 10)

50: 이 (VP 10) 문형에서는 동사의 목적어가 종속절이거나 또는 종속 의 문절이 되는 경우이다. 이 절은 관계대명사 또는 관계부사, 또는 관계 대명사 what (the thing which)이나 whether로 유도될 수 있다.

예문표 46   Hornby (1975: 47-48)

Subject + vt +	dependent-clause/question
1. I don't know	who she is.
2. I wonder	where that music is coming from.
3. The judge has to decide	who the money belongs to.
4. How can anyone tell	who was responsible for the accident?
5. I wonder	which of them will win.
6. Do you know	whose car this is?
7. We were debating/ discussing	where we should go for our holidays.
8. Come and see	what we have found.
9. I wonder	why she is always late.
10. I'll ask/find out	when the train leaves.
11. Can you suggest	where I can park the car?
12. Does anyone know	how it happened?
13. Does anyone know	how many people are likely to come?
14. She asked	whether I took sugar in my tea.
15. No one seemed to know	whether the plane will leave on time.
16. This shows	how wrong you were.

예문표 46의 해석

1. 나는 그녀가 누구인지 모른다.
2. 나는 저 음악이 어디에서 들려오는 것인지 궁금하다.
3. 판사는 그 돈이 누구의 것인지 판정해야 한다.
4. 그 사고는 누구에게 책임이 있는지 어떻게 알 수 있나?
5. 그들 중 어느 팀이 이길지 궁금하다.
6. 너는 이 차가 누구의 차인지 알고 있니?
7. 우리는 휴가를 어디로 갈 것인지 논의 중이었다.
8. 우리가 찾아낸 것을 와서 봐라.
9. 나는 왜 그녀가 항상 지각하는지 궁금하다.
10. 언제 그 기차가 떠나는지 물어볼 / 알아볼 것이다.
11. 내가 차를 어디에 주차할 수 있는지 알려주겠니?
12. 어떻게 그 일이 발생했는지 누가 알고 있는가요?
13. 얼마나 많은 사람들이 올 것 같은지 누가 알고 있나요?
14. 내 홍차에 설탕을 넣는지 그녀는 물었다.
15. 비행기가 제시간에 떠날 것인지 어떤지 아는 사람이 없는 것 같았다.
16. 이것이 바로 네가 얼마나 잘못된 것인가를 보여주고 있다.

해설: "종속 의문절"은 강조를 받기 위해서, 때로는, 문의 앞자리에 올 수
    도 있다.

예: Whether the plane will leave on time, no one seems to know.

종속 의문절에서, 앞에서 생략된 "선행사"를 이해하고, 그 명사를 수식할 때
도 있다.

예: I remember (the time) when cigarettes were one third of the
    price (that) they are now. (that)는 접속사.

"어떤 자동사는 어순에 관한 한, Onions 3-10과 같은 문형으로 사용되는
것도 있다. 이 문제에 대해서는 " Onions 2-23 유형에서 "10, 12, 13, 14,
15, 16, 17"과 "해설 내용"을 보라." 즉, 앞 2-23 유형에서는 주절의 동사
가 "타동사 + 전치사"로 되어서 모두 자동사로 되는 경우를 설명하고 있다.

이 Onions 3-10에서 사용되는 주된 동사들은 ask (질문하다), debate (토
론하다) 외에 15개 정도가 있는데, 앞 (20)의 동사 유형 표 (VP 10)을 참조
하라.

Onions의 4형식 문형 (VP 4-9)

51: 이 유형의 동사들은 보어를 갖는 5형식의 타동사이거나, 또는 간접목적어를 갖는 4형식의 타동사와 함께 사용된다. 그러나 여기서는 4형식 문형만을 다룬다.

Onions 4-1 (VP 11)

52: 이 동사유형은 타동사 다음에 명사 또는 대명사 (유생 명사 "animate noun"이어야 함)가 간접목적어로 오고, 뒤에 that-절이 따라 온다.

예문표 47   Hornby (1975: 48)

Subject + vt	noun/pronoun	that-clause
1. He warned	us	that the roads were icy.
2. I convinced	him	that I was innocent.
3. She assured	me	that she intended to come.
4. They told	us	that there had been an accident.
5. We must remind	him	that there's a party on Saturday night.
6. He satisfied	himself	that he'd tried all the keys.
7. The workers told	their employers	that they wanted more money.

4-1   예문표 47의 해석

1. 그는 우리에게 길이 얼어있다고 말했다.
2. 나는 무죄였다고 그에게 납득시켰다.
3. 그녀는 올 의향이 있다는 것을 내게 확약했다.
4. 그들은 사고가 있었음을 우리에게 말했다.
5. 토요일 밤에 파티가 있다는 것을 그에게 일깨워 주어야 한다.
6. 그는 모든 열쇠가 잠겨있나 확인해보고 스스로 만족했다.
7. 노동자들은 그들이 더 많은 돈을 바란다고 주인에게 알렸다.

6. try the door (all the keys): 문이 잠겨있는지 (자물쇠가 잠겨 있는지) 확인해 보다.

해설: 위의 유형에 대한 대체유형이 종종 가능하다. 이 유형에 있는 문장들은 뒤에서 제시되는 4-7번 유형으로 다음과 같이 나타낼 수도 있다. 즉, 간접목적어 다음에 전치사 of, for, on, with 등과 함께 표현할 수도 있다.

1. He warned us of the icy state of the roads.
2. I convinced him of my innocence.
3. She assured me of her intention to come.
7. The workers told their employers of their wish for more money.

앞 "3-9번 유형"에 쓰이는 어떤 동사들은 "Onions 문의 4-3번 유형"에 나타날 수도 있다:

I promised (her) that I would write regularly.

48

Onions 4-2 (VP 12A) ➞ **Onions 4-5**

53: 이 유형의 동사 뒤에 간접목적어인 명사/대명사가 뒤 따라오고, 그 다음 직접목적어인 명사/대명사, 명사구가 뒤 따라온다. 이때 간접목적어는 뒤에서 제시되는 4-5번 유형에서처럼 to가 나타나, (VP 13A) 처럼 전치사로 된 부사구가 된다. (VP 12A) 유형의 간접목적어는 유생물(animate) 목적어이어야 한다.

54: 이 문장유형에 나타난 동사들은 뒤에서 제시되는 4-5번 유형에서처럼 전치사 to와 함께 사용되어 Onions의 문의 3형식으로 변한다. 일반적으로 전치사 to를 필요로 하는 동사는 give, tell, teach, send, bring, show, write 등이고, 전치사 for를 필요로 하는 동사는 buy, make, get 등이고, 마지막으로, 전치사 of를 갖는 동사는 ask로 알려져 있다.

그러나 전치사 to를 필요로 하는 아래 4-2의 유형에서, Hornby는 다양한 동사들을 사용하고 있다.

pay, lend, hand, pass, wish, blow, deny, grudge, leave, allow, owe, offer, make --an offer, 등등

예문표 48   Hornby (1975: 49)

Subject + vt	noun/pronoun (IO)	noun/pronoun (phrase) (DO)
1. Have they paid	you	the money?
2. Will you lend	me	your pen, please?
3. He handed	her	the letter.
4. Will you please pass	me	the salt?
5. Won't you tell	us	a story?
6. A holiday by the sea will do	you	a lot of good.
7. They all wished	him	a safe journey.
8. She blew	him	a kiss.
9. He denied/grudged	her	nothing.
10. He left	her	everything he possessed.
11. Don't give	yourself	airs.
12. He gave	the dog	a bone.
13. I will read	you	the letter.
14. He doesn't owe	me	nothing.
15. Put	him	this question.
16. He allows	himself	no rest.
17. He made	me	a good offer.

　　　예문표 48의 해석

1. 그들은 너에게 그 돈을 갚았니?
2. 너 내게 너의 펜을 좀 빌려주겠니?
3. 그는 그녀에게 그 편지를 건네주었다.
4. 소금을 좀 내게로 넘겨주세요?
5. 네가 우리에게 이야기를 하나 들려주지 않겠니?
6. 해변에서 하루의 휴가는 너에게 많은 좋은 것을 해줄 것이다.
7. 그들은 모두 그에게 안전한 여행을 빌었다.
8. 그녀는 그에게 (손 시늉으로) 키스를 보냈다.
9. 그는 그녀에게 무엇이나 마다하지 않았다.
10. 그는 그녀에게 그가 가진 모든 것을 남기고 떠났다. (죽었다).
11. 너 자신에게 허풍을 주지마라. ==> 허풍을 떨지 마라.
12. 그는 개에게 뼈다귀 하나를 주었다.
13. 내가 너에게 편지를 읽어주겠다.
14. 그는 내게 빚진 것이 없다.
15. 그에게 이 질문을 해봐.
16. 그는 자신에게 휴식을 주지 않았다. ==>
　　　그는 휴식을 취하려 하지 않았다.
17. 그는 내게 좋은 제안을 했다.

해설: 위의 예에서처럼 간접목적어는 보통 짧다. 뒤에 제시되는 4-5번 유형에서는 전치사 to 다음에 긴 명사구가 보통 따라온다. 다음 a, b 두 문장을 비교해보자.

a. He told <u>us</u> the news.　　　　　　　　　　　　(VP 12A). 4-2번 유형.
b. He told the news <u>to everybody in the village</u>. (VP 13A) 4-5번 유형.

　　　우리나라에서 출판된 영문법책은 간접목적어를 문장의 끝으로 이동시킬 때에 이와 같은 현상이 나타난다고 설명하나, 원어민들은 "간접목적어가 길어지면" 문장의 끝으로 자연스럽게 이동시킨다고 말한다.

　　　재귀대명사가 나타날 때에는 어순을 바꿀 수 없다. 그래서 위 예문표 48의 11번 "give oneself airs" (잘난 체 하다)를 4-5번 유형으로 바꿀 수 없으며, 16번도 바꿀 수 없다. 따라서, "*He allows no rest to himself."는 정문이 아니다. 간접목적어는 보통 직접목적어를 앞선다. 그러나 간접목족어가 인적 대명사이고 직접목어가 it나 them일 때, (대화체에서는) 종종 예외로 나타날 수도 있다. "Give me it/them."이나 "Give it/them me."로 둘 다 사용될 수 있다. 이 4-2번 유형에 쓰이는 동사는 직접목적어와 to-전치사구로된 간접목적어가 자리를 바꾼, 뒤에서 제시된 4-5번 유형에도 나타난다.

　　　우리나라에서 발행된 모든 영문법책에서는 위 Onions 4-2번 유형이 간접목적어와 직접목적어의 위치를 바꾸면, 3형식 문형으로 강등된다고 설명하고 있으나, Hornby (1975)는 3형식 문형으로 바꾸지 않고, 그대로 4형식 유형에 포함시키고 있다. 즉, Onions 4-2는 뒤에서 제시되는 Onions 4-5번 유형으로, 그대로 4형식에 남겨두고 있다. 또 Onions 4-3번 유형도 뒤에서 제시된 Onions 4-6번 유형으로 그대로 4형식에 포함시키고 있다. 이것으로 미루어 보아서, 간접목적어와 직접목적어의 자리를 바꾸면, 3형식 문장으로 된다고 가르치는 것은 잘못된 것이 분명하다.

Onions 4-6　　　(VP 12B)　⟶　**Onions 4-3**

55:　이 (VP 12B) 유형의 동사들은 간접목저와 직접목적어의 순서를 바꿀 때, 전치사 for를 사용하므로, 4-6번 유형으로 나타난다.

예문표 49　　　　　　　　　　　　　　　　　　　　Hornby (1975: 50)

Subject + vt	noun/pronoun (IO)	noun/pronoun (phrase) (DO)
1. Are you going to buy	me	some?
2. Did you leave	me	any?
3. Can you get/find	me	a copy of the book?
4. I've found	us	a new flat (apartment).
5. She cooked	her husband	a delicious meal.
6. Her dress making earns	her	enough to live on.
7. He ordered	himself	a bottle of champagne.
8. She made	herself	a new dress.
9. Will you do	me	a favor?
10. His parents chose	him	a sensible but plain-looking wife.
11. Can you spare	me	a few minute of your valuable time?
12. Save	me	some of them.
13. Will you please call	me	a taxi?

4-3　　　예문표 49의 해석

1. 너는 내게 얼마를 좀 사주겠니?
2. 너가 내게 얼마쯤 남겨두었나?
3. 네가 내게 그 책 한권을 사 / 찾아 주겠니?
4. 나는 우리가 살 아파트 하나를 찾았습니다.
5. 그녀는 그녀의 남편에게 맛있는 식사를 요리해 주었다.
6. 그녀는 옷을 만들어 그녀가 살기에 넉넉한 벌이를 합니다.
7. 그는 그 자신 삼페인 한 병을 주문했다.
8. 그녀는 그녀 자신이 새옷 한 벌을 만들었다.
9. 내 부탁 하나를 들어주겠니?
10. 그의 양친은 그에게 현명하나 평범한 부인을 선택해 주었다.
11. 선생님의 귀중한 시간의 몇 분을 저에게 좀 내어주시겠습니까?
12. 그것의 얼마를 내게 좀 남겨다오.
13. 저에게 택시 한 대를 불러주시겠습니까?

4. flat (BrE) / apartment (AmE)

1. 뒤에서 제시되는 (VP 13B)에서는 4-6번 유형에서 전치사 for 뒤에 긴 명사구가 따라 온다.

    Are you going to buy "some" for your brothers and sisters?

3/4번의 간접목적어 me, us는 유생물이다. 그러나 어떤 문장에서는 "무생물인 장소를 나타내는 간접목적어"가 나타날 수도 있다.

    I've found a place on my book shelves for this huge dictionary.

    위의 문장을 "*I've found this huge dictionary a place in the shelf."로 바꿀 수는 없다.

    간접목적어에 무생물을 사용하는 예문은 다음 4-4번 유형을 보라.

8. 8의 make를 (VP 23B)와 비교해 보라.

    Jane has made Harry an excellent wife.

    이 문장은 문의 5형식 유형으로, excellent wife는 5형식에서 주격보어가 된다. 이와 같은 예는 뒤에서 제시되는 Onions의 문의 5형식에서 논의한다.

11. 이 문장은 애매성이 전혀 없다. 그러나 다음 a, b 문장과 비교해 보자.
    Can you spare me a few minutes?

    다음 a의 문장은 a의 의미와 동시에, b와 같은 의미로도 해석된다.

    a. Have you a few minutes to spare for me?
        (나를 위해 몇 분간 시간을 좀 내주겠니?)

    b. Can you do without me for a few minutes?
        (잠시 내가 자리를 떠나도 되겠니?)

    위 b의 "for a few minutes"는 부사적 수식어이며, me는 "do without (spare)"의 직접목적어로 사용되었다.

12. 12를 뒤에 제시되는 4-6번 유형으로 전환하면 다음과 같다:
    Save some of them for me.

13. 13을 (VP 23A)의 5형식 문장 "She called him a fool."과 비교해보라.

    이 (VP 12B)에 사용되는 동사는 앞 (20)의 동사 유형 표 (VP 13B)를 참조하라.

> Hornby는 간접목적어와 직접목적어의 위치를 서로 바꿀 때, 전치사 of를 두는 것을 하나의 동사유형으로 보지 않았다.

　　다음 예 a, b의 경우, 즉, ask 동사의 경우에만 적용되고, 또 직접목적어가 question이나 favor의 경우에만 적용된다.

　　아래 b의 예와 비슷한, c를 보면, Would you do me a favor?의 경우, 직접목적어가 do 다음에 나타나면 간접목적어 앞에는 for 전치사가 온다. 따라서, 예문 a, b의 경우만으로, 하나의 동사유형으로 설정하기에는 충분하지 않다고 보았다.

a.　He asked <u>me</u> many difficult questions.
　　He asked many difficult questions <u>of me.</u>

b.　May I ask you a favor?
　　May I ask a favor <u>of you</u>?

c.　Would you <u>do</u> me a favor?
　　Would you do a favor <u>for me</u>?

해설:

　　오히려 다음 예와 같이, 동사의 특성에 따라, 관용적인 용법으로, of가 더 빈번하게 나타나고 있다. 다음 예를 보자.

　　앞 Onions 4-1에서 나타난 동사 warn, convince, assure, tell 등은 이 동사들의 특성에 따라, 다음과 같이 of 전치사를 동반하고 나타난다는 것을 앞 Onions 4-1의 해설에서 이미 언급했다.

1.　He warned us of the icy state of the roads.
2.　I convinced him of my innocence.
3.　She assured me of her intention to come.
7.　The workers told their employers of their wish for more money.

　　또 Onions 4-7의 예문표 53에서도 나타난다.

　2.　They accused him of stealing the jewels.
13.　She reminds me of her mother.
16.　He told me of his intention to resign.

　　위와 같이 동사들의 특성에서 전치사 of가 나타나는 것이 더 빈번하므로, 간접목적와 직접목적어의 위치를 서로 바꿈으로서 나타난다고 볼 이유가 없기 때문에, 이를 하나의 동사 유형으로 묶지 않았다.

Onions 4-4   (VP 12C)

56:    이 문형에서는 "간접목적어"와 "직접목적어"라는 용어를 사용하지 않는 다양한 문장들을 설명하고자 한다. 대신 간접목적어와 직접목적어 자리에 단순히 "명사/대명사," "명사/대명사"라는 용어만 사용한다.

4-2번 유형과 4-3번 유형에서는 동사에 의해서 표현되는 유생목적어 즉, 행동을 받아들이는 수혜자를 나타내는 간접목적어가 사용되었다. 그런데 이들 문형에서는 give somebody something, get somebody something에서와 같이 간접목적어는 "유생물 (animate)"이다. 이 문장들은 전치사 to,와 함께 Onions 4-5번, (VP 13A)로, 또 전치사 for와 함께 Onions 4-6, (VP 13B) 유형으로 변형될 수 있다.

그런데, 4-2번 유형에 나타나는 어떤 동사들은 전치사 to를 사용하는 4-5번 유형으로 변형시킬 수 없다. "He bears me a grudge." (그는 내게 원한을 품고 있다)는 "He bears a grudge <u>against</u> me."로 바꿀 수는 있다. "Will you play me a game of chess?"도 "Will you play me <u>at</u> chess?"나 "Will you play a game of chess <u>with</u> me?"로는 바꿀 수 있고, "Give your hair a good brushing."은 "Brush your hair well."로 바꿀 수 있다.

그러나 이 문형에서는 4-2번, 4-3 유형이 4-5번, 4-6번 유형으로 변형되는 유형에는 들어가지 못하나, 어순이 동일한 수많은 동사들을 설명하고자 한다. 아래 예문 7번을 제외하고는, 수여동사 이론으로 설명할 수 없다. 이런 유형의 동사들을 아래에서 설명한다. Onions의 그 전 4형식에서는 이런 유형의 문장을 제시하고, 설명하지 않고 있었다.

Subject + vt	noun/pronoun	noun/pronoun (phrase)
1. He struck	the door	a heavy blow.
2. He gave	the door	a hard kick.
3. I must give	the room	a good airing .
4. She gave	him	a warm smile.
5. Give	your hair	a good brushing.
6. I never gave	the matter	a thought.
7. May I ask	you	a favor?
8. Ask	him	his name.
9. I envy	you	your fine garden.
10. May God forgive	us	our sins.
11. His books bring	him	$ 1000 a year.
12. She catch	him	one in the eye.
13. Will you play	me	a game of chess?
14. He bears	me	a grudge.
15. That will save	me	a lot of trouble.
16. Can't I save	you	the trouble of doing that?
17. He took	the dog	a long walk.
18. This heroic deed cost	him	his life.

4-4   예문표 50의 해석

1. 그는 문을 세게 두들겼다.
2. 그는 문을 세게 찼다.
3. 나는 그 방에 충분한 환기를 시켜야 하겠다.
4. 그녀는 그에게 따뜻한 미소를 보냈다.
5. 너의 머리를 좀 잘 빗어라.
6. 나는 그 일에 대해서 생각해본 적이 없다.
7. 너에게 부탁 하나 해도 되겠니?
8. 그에게 그의 이름을 물어봐.
9. 나는 너의 멋있는 정원이 부럽다,
10. 하느님이시여, 우리에게 우리의 죄를 용서해 주십시오.
11. 그가 쓴 책이 그에게 매년 1천 dollar의 수입을 가져 온다.
12. 그녀는 그의 눈에 한 대 때렸다.
13. 너 나와 체스 (chess) 한판 두겠니?
14. 그는 내게 원한이 있다.
15. 그것이 나에게 많은 수고를 덜게 할 것이다.
16. 내가 당신에게 그것을 하는 수고를 덜어 드릴 수 있을까요?
17. 그는 개를 대리고 멀리까지 산책을 했다.
18. 이 영웅적인 행동은 그에게 그의 생명을 잃게 했다.==>
    이 영우적인 행동이 그의 생명을 잃게 했다.

해설: 1-6은 다음과 같이 다르게 말할 수 있다.
  1. He struck the door heavily.
  2. He kick the door hard.
  3. I must air the room well.
  4. She smiled warmly at him.
  5. Brush your hair well.
  6. I never thought about the matter.

7/8의 ask는 목적어가 하나일 때에도 사용된다.

  Why don't you ask a policeman?
  Don't ask so many silly questions.

  그러나 ask는 두 개의 목적어를 갖는 경우에도 쓰인다.
  I asked the policeman the way to the museum.

7은 다음과 같이 표현할 수도 있다.
  May I ask a favor of you?

8의 문장은 그러나 "*Ask his name of him."으로 바꾸는 것은 옳지 않다.
9의 envy는 ask와 같이 단 하나의 목적어를 둘 수도 있다.

  She envies Jane.
  She envies her success.

  위의 두 문장을 하나로 묶을 수도 있다.
  She envies Jane her success.

10. 이 문체는 성서적인 문체이다. forgive의 일반적인 문형은 4-7번 유형
  인데, 다음과 같이 표현된다.

  "forgive someone for something."

11/14는 표현을 바꾸면 다음과 같다:

11. His books brings in (=earn) $ 1000 a year.
12. She gave him a blow in the eye.
13. Will you play a game of chess with me?
14. He bears a grudge against me.

15/16의 save는 save somebody trouble (아무에게 수고를 덜어주다)의
  save와 같은 용법이므로, save a child from drowning (물에 빠진 아
  이를 구해내다)의 (VP 14)의 save (4-7번 유형)와는 다르다.

17. 이 문장을 더욱 평범한 문장으로 다음과 같이 표현할 수도 있다.
    He took the dog (out) for a walk.

18. 18의 cost를 앞 Onions의 2-14의 예문에 제시된 cost와 비교해 보라.
    18의 cost는 타동사이며, "....이 그의 생명을 잃게 하다."로 해석되고,
    앞 2-13의 10번의 cost는 자동사이므로, "...이 ...얼마의 비용이 들었
    다"로 해석되어 그 의미가 다르다.

위 문형에 사용된 ask와 save는 수동형으로 바꾼 문장으로 표현할 수 있다.

a. They asked me a lot of questions.
b. I was asked a lot of questions.
c. That will save her a lot of trouble.
d. She will be saved a lot of trouble.

　　이 (VP 12C) 문형에서 사용되는 동사들은 수 많은 다른 유형으로 나타
날 수 있는데, 이들의 대부분은 고정된 구조로 나타난다. 예컨대, lead
somebody a pretty dance, (아무를 이리 저리 끌고 다녀서 괴롭히다), kiss
somebody goodbye/goodnight, (아무에게 작별 인사를 / 잘 자라는 키스인
사를 하다)처럼 사용된다.

　　"He bet me $ 5 that Python would win the Derby." (그는 Python
(말의 이름)이 Derby (영국의 경마장)에서 이긴다고 내게 $5를 걸었다.)에서
me는 간접목적어이고, 두 개의 직접목적어 $5와 that-절을 갖는다. 이것은
두 개의 직접목적어가 동격으로 해석되기 때문에 가능한 것이다.
즉, Python이 Derby 경마에서 이긴다고 $5를 걸고 내게 내기를 걸었다.

"He bet me 　 $ 5 　 that Python would win the Derby."

　　　　간접　　직접　　　　　직접
　　　　목적어　목적어　　　　목적어　　(Hornby 1975: 52)

Verb Pattern 13

57: 이 유형의 동사는 명사, 대명사가 뒤 따라 오고, 그 다음 for나 to로 된 전치사구가 뒤 따라오는데, 이 전치사구는 유생물 명사이다. 그래서 **이 문형은 앞 Onions 4-2에서 직접목적어와 간접목적어가 그 위치를 바꾸어 나타난 유형이 (Onions 4-5)이다**.

다음 (VP 13A)는 동사 뒤에 명사/대명사가 오고, 그 다음 전치사 to가 유도하는 구가 따라온다. 아래 예문표 51의 예에서처럼 전치사의 목적어는 3번과 13번의 예문을 제외하고는 모두 유생물 명사이다.

Onions 4-5　　(VP 13A)

58: 이 문형에서는 전치사 to가 사용되어서, Give something to somebody. 같은 전형적인 문장으로 나타난다. 앞 Onions의 4-2번 유형에서는 이 문장이 "Give somebody something."이 되었지만, 이 유형에서는 간접목적 어인 전치사구가 직접목적어 뒤에 온다. 또 간접목적어가 직접목적어보다 더 길 때, 또는 간접목적어인 전치사구가 짧더라도, 강조될 때에는 "Give the book <u>to me</u>, please."처럼 간접목적어가 직접목적어 뒤에 나타난다.

예문표 51　　　　　　　　　　　　　　　　　　　　　Hornby (1975: 53)

Subject + vt	noun/pronoun (DO)	to + noun/pronoun (phrase)
1. She read	the letter	to all her friends.
2. He sold	his old car	to one of his neighbors.
3. He still owes	a lot of money	<u>to the tax office</u>.
4. He won't lend	money	to anyone.
5. Please pass	this note	to a man in the corner.
6. He offered	drinks	to everyone in the bar.
7. They told	the news	to everyone in the village.
8. Don't show	the letter	to any of your friends.
9. I've sent	presents	to most of my family.
10. They offered	the job	to Peter.
11. They awarded	the first prize	to Christina.
12. The prisoner wrote	a long letter	to the President.
13. They gave	quite a lot of publicity	<u>to the Minister's speech</u>.
14. He reads	his poems	to anyone who'll listen.
15. (The) management made	a new offer	to the workers.

예문표 51의 해석

1. 그녀는 모든 그녀의 친구들에게 그 편지를 읽어주었다.
2. 그는 그의 오래된 (헌) 차를 그의 이웃의 한 사람에게 팔았다.
3. 그는 아직도 세무서에 낼 돈이 많다.
4. 그는 누구에게도 돈을 빌려주지 않을 것이다.
5. 이 쪽지를 구석에 있는 저 사람에게 넘겨주세요.
6. 그는 술집에 있는 모든 사람에게 술을 제공했다. ==> 권했다.
7. 그들은 그 소식을 마을에 있는 모든 사람에게 전했다.
8. 그 편지를 너의 친구 중 누구에게도 보이지 마라.
9. 나는 내 가족의 거의 모든 사람에게 선물을 보냈다.
10. 그들은 그 일을 Peter에게 주었다.
11. 그들은 Christina에게 일등상을 수여했다.
12. 그 죄수는 대통령에게 긴 편지를 썼다.
13. 그들은 장관의 연설에 대해서 많은 홍보를 했다.
14. 그는 듣고자 하는 모든 사람에게 그의 시를 낭독해 준다.
15. 경영자측은 노동자들에게 새로운 제안을 했다.

해설: 위 예문의 "to + 전치사의 목적어" 대신에 짧은 유생물 간접목어를 사용한 문장으로 바꾼, 앞 4-2번 유형의 예를 몇 개 들기로 한다.

1. She read <u>me</u> the letter.
2. He sold <u>me</u> his old car.
3. He still owes <u>me</u> a lot of money.
7. They told <u>her</u> the news.
9. I've sent <u>Jane</u> a present.

전치사구가 대조나 강조를 위하여 문장의 앞에 올 경우도 있다.

<u>To his favorite daughter</u> he sent a cheque for $ 50, but to his son he sent only a cheap fountain pen. (그는 좋아하는 딸에게는 50 달라 수표를 보내고, 아들에게는 값싼 만년필을 보냈다)

전치사구가 직접목적어 보다 짧을 때는 동사 바로 뒤에 오는 경우도 있다.

He gave <u>to his friends</u> much of the time he should have given to his wife and children. (그는 처자식과 보내야 할 시간을 시간의 대부분을 친구들과 보냈다)

They hoped that the United Nation would bring <u>to smaller countries</u> freedom from colonialism and imperialism, and peace instead of war. (그들은 국제연합이 약소국가들에게 식민주의와 제국주의로부터 전쟁 대신, 평화를 가져다 줄 것을 희망했다)

수동태의 구문도 가능하다. 수동태의 주어로서는 다음 각 예문 b에서처럼, 전치사 뒤에 오는 명사/대명사가 좋으나, 직접목적어도 수동문의 주어가 될 수 있다.

a.   Peter was offered the job.
b.   The job was offered <u>to Peter</u>.

a.   The Minister's speech was given quite a lot of publicity.
b.   Quite a lot of publicity was given <u>to the Minister's speech</u>.

4-5번 유형에 주로 쓰이는 동사들은 allot, allow 외에 약 30 여개의 동사들이 있다. 앞에 제시된 (20)의 동사 유형 표 (VP 13A)를 참조하라.

Onions 4-6   (VP 13B)

59: 이 문형에서는 전치사 for가 사용되는데, 전치사 뒤의 명사/대명사는 유생물(animate noun)이어야 한다. buy가 대표적인 예로 사용되며, buy something for somebody로 된다. Onions의 4-3번 유형에서는 이 예문이 "--buy somebody something."이 된다. 전치사구가 간접 목적어보다 더 길 때에는 이 4-6번 유형이 더 많이 쓰인다.

예문표 52   Hornby (1975: 54)

Subject + vt +	noun/pronoun (DO)	for + noun/pronoun (phrase)
1. I've bought	some chocolate	for you.
2. She has made	coffee	for all of us.
3. She made	a new party dress	for her youngest daughter.
4. Please boil	enough rice	for ten people.
5. Please leave	some of the strawberries	for your sister.
6. I'll get	what I can	for you.
7. Won't you play	a Beethoven sonata	for me?
8. We must choose	suitable presents	for nephews and nieces.
9. Can you cash	this cheque	for me?
10. Will you do	a favor	for a friend of mine?
11. If you're going to the public library, please bring	two or three novels	for your mother.
12. Save	some of them	for me.
13. Please ask Bill to call	a taxi	for Mrs. Robinson.

1. 나는 네게 주려고 chocolate을 좀 사왔다.
2. 그녀는 우리 모두에게 주려고 코피를 만들었다.
3. 그녀는 그녀의 막내 딸에게 새 파티 드레스를 만들어 주었다.
4. 열 사람에게 줄 충분한 밥을 지어주십시오.
5. 너의 누이에게 줄 얼마의 딸기를 좀 남겨놓아라.
6. 내가 할 수 있는 것은 (무엇이든) 너에게 줄 것이다.
7. 나를 위해서 Beethoven sonata를 연주해 주지 않겠니?
8. 조카와 질녀 (조카딸) 에게 줄 적당한 선물을 골라야겠다.
9. 내게 이 수표를 현금으로 바꾸어 주실 수 있습니까?
10. 내 친구의 부탁을 하나 들어주겠니?
11. 만일 네가 공공도서관에 간다면, 너의 엄마에게 줄 두서너 권의 소설책을 빌려와라.
12. 그 중의 몇 개는 내게 주도록 남겨놓아라.
13. Robinson 부인이 탈 택시를 한 대 불러오도록 Bill에게 부탁해라.

해설: 위 예문 중에서 4-3번 유형으로 바꾼 몇 가지 예를 제시한다.

1. I've bought <u>you</u> some chocolate.
3. She made <u>herself</u> a new dress.
4. Please boil <u>me</u> an egg.
6. I'll get <u>you</u> what I can.
10. Will you do <u>me</u> a favor?
11. Bring <u>me</u> some, too.
12. Save <u>me</u> some.
13. Please call <u>me</u> a taxi.

4-6번 유형에 쓰이는 동사들은 boil, bring 외에 20 여개의 동사들이 있다. 앞 (20)의 동사 유형 표 (VP 13B)를 참조하라.

4-6번 유형의 동사들은 주로 구어체에 쓰이는 것이 특징이다. 예컨대, reach는 "손을 뻗쳐 누구를 위해 --을 잡아주다"의 의미로 사용되는데, 그 예가 바로 다음과 같은 것이다. "Can you <u>reach</u> that book on the top shelf for me?"이다. 이 말을 4-2번 유형으로 바꾸면 다음과 같다. "Please reach me that book."인데, 이 표현은 구어체의 예문이다.

전치사의 목적어가 비-생물체 (inanimate)일 때에는, 다음 예와 같이 뒤에서 제시되는 5형식 문형인 (VP 15A)가 사용된다. .

We must buy a new carpet for this room.
(*We must buy this room a new carpet.)

53

Onions 4-7

Verb Pattern 14

60:    이 유형의 동사 뒤에는 직접목적어인 명사/대명사가 따라오고, 그 다음
        전치사구가 따라온다. 어순은 4-5번 유형 및 4-6번 유형과 동일하다.
그런데, 4-7번 유형에서는 전치사의 목적어인 간접목적어가 4-2번 유형이나,
4-3번 유형처럼 직접목적으로 대체되지 않는다. 그리고 전치사는 to, on, of,
with 등으로 다양하다. 예컨대, 아래 동사 give는 a, b의 변형에서, b, a의 변
형이 가능하나, c, d의 동사 explain은 d, c의 변형은 불가능하다.

a. Give something to somebody. (4-5번 유형)을
b. Give somebody something.   (4-2번 유형)으로 바꾸어 질 수 있다.

        그러나 4-7번 유형의 동사인 explain은

c. Explain something to somebody를
d. *Explain somebody something.으로, 즉, (4-2번 유형)으로 바꿀 수 없다.

        이와 같은 유형의 문형은 종전의 Onions의 5형식에서는 전혀 제시하지
못했다. Onions 4-7번 유형의 어순은 뒤에서 제시되는 5형식 문형의 타동
사가 부사보어를 갖는 (VP 15)와 동일하다.   Onions 4-7번 유형과 5형식
타동사 (VP 15)와의 차이점은, 5형식의 (VP 15)에서는 전치사구가 그 기능
이 다양해진다는 것이다. 즉, 이 전치사구는 위치나 방향을 나타내는 전치사
구가 되거나, here, there, up, down, in, out 같은 부사구가 될 수도 있다.

        반면, Onions 4-7번 유형에 쓰이는 전치사구는 동사와 밀접하게 관련
되어 있다. 예컨대, "congratulate someone on something"에서 on은 불변
적이어서 다른 전치사로 대체되지 않는다. 또는 "compare one thing
to/with another"에서도 전치사는 to나 with로 정해져 있다.

        4-7번 유형에 쓰이는 동사들은 많다. 예컨대, 사전의 단어들은 "take
somebody by surprise" (아무를 놀하게 하다)와 같은 숙어를 유용하게 설
명하고 있고, 또 이 동사구를 비슷하게 대체할 동사구로서 "inspire
confidence into someone/inspire someone with confidence" (아무에게
자신을 불어 넣다)와 같은 표현도 잘 설명되어 있다.

        이 문형에서 동사의 어순은 바뀔 수 있다. 만일 직접목적어가 길면, 전
치사구가 앞으로 나올 수도 있다. 이때 직접목적어가 to-부정사 이거나, 절
이거나, 또는 종속 의문절일 때에는 가목적어 it가 동사 뒤에 나타날 수도
있다. 이와 같이 변형된 예문은 Onions 4-9번 유형에 제시되어 있다.

Subject + vt +	noun/pronoun (DO)	preposition + noun/ pronoun (phrase)
1. We congratulated	him	on his success.
2. They accused	him	of stealing the jewels.
3. He spends	a lot of money	on records.
4. Don't waste	your time	on that nonsense.
5. Thank	you	for your kind help.
6. What prevents	you	from coming earlier?
7. I explained	my difficulty	to him.
8. She speaks	English	to her husband
	and Swedish	to her children.
9. Add	these vegetables	to the stew.
10. Compare	the copy	with the original.
11. He compared	the heart	to a pump.
12. He admitted	his guilt	to the police.
13. She reminds	me	of her mother.
14. Have I asked	too much	of you?
15. I put	the question	to him.
16. He told	me	of his intention to resign.
17. They played	a trick	on their young sister.

9. stew: 육류고기와 야채 및 과일을 넣어서 끓인 영국식 요리: 우리의 찌개와 비슷함.

4-7   예문표 53의 해석

1. 우리는 그의 성공을 축하했다.
2. 그들은 그를 보석절도 죄로 고발했다.
3. 그는 레코드를 사는데 많은 돈을 사용한다.
4. 그런 실없는 일에 너의 시간을 낭비하지 마라.
5. 너의 친절한 도움에 (너에게) 감사한다.
6. 무엇이 너를 일찍 못 오게 하는 것이냐?
7. 나는 그에게 나의 어려움을 설명했다.
8. 그녀는 남편에게는 영어를, 아이들에게는 스웨덴 말을 한다.
9. 그 스튜우 (stew)에 이 야채를 넣어라.
10. 복사본을 원본과 비교해보라.
11. 그는 우리의 심장을 펌프에 비유했다.
12. 그는 경찰에게 그의 죄를 시인했다.
13. 그녀는 그녀의 어머니를 생각나게 한다.
14. 내가 너에게 너무 많은 것을 요구했나?
15. 나는 그에게 그 질문을 했다.
16. 그는 나에게 그가 사직하겠다는 의향을 밝혔다.
17. 그들은 그들의 여동생에게 장난을 걸었다.

54

Onions 4-8　　(VP 14)의 변형 1

61:　이 유형에서는 전치사구가 직접목적어 앞에 오는 예문을 제시한다.
이것은 직접목적어가 길거나, 또는 that-절일 때 나타난다.

예문표 54　　　　　　　　　　　　　　　　　　　Hornby (1975: 56)

Subject + vt +	preposition + noun/pronoun	noun phrase / clause (DO)
1. He spends	on books	much more than he spends on clothes.
2. I explained	to him	the impossibility of granting his request.
3. Add	to the stew	all the meat and vegetables. left over from last night.
4. She expressed	to her husband	her conviction that buying a new car was an unnecessary extravagance.
5. He confessed	to me	that he had fallen asleep during the meeting.
6. He admitted	to himself	that what he really needed was peace and quiet.

4-8　　　예문표 54의 해석

1. 그는 옷에 돈을 쓰는 것 보다 책에 훨씬 더 많은 돈을 쓴다.
2. 나는 그의 요구를 들어줄 수 없는 이유를 그에게 설명했다.
3. 그 스튜우 (stew)에 어제 밤부터 남아있는 모든 고기와 체소를 넣어라.
4. 그녀는 남편에게 새 차를 구입하는 것은 불필요한 낭비라는 그녀의 소신을 밝혔다.
5. 그는 회의 중에 잠이 들었다는 것을 나에게 고백했다.
6. 그는 그가 정말로 필요했던 것은 평화와 안정이었다는 것을 자인했다.

55

Onions 4-9   (VP 14)의 변형 2

62: 이 문형에서는 직접목적어 자리에 "가목적어 it"를 두고, "진목적어" 자리에는 to-부정사구나, 종속절 등을 둔다.

예문표 55   Hornby (1975; 57)

Subject + vt + it +	preposition noun/pronoun	+	to-infinitive phrase, that-clause, etc
1. I must leave	it to your own judgement		to decide whether you should offer your resignation.
2. Do we owe	it to society		to help in the apprehension of criminals?
3. Why don't you bring	it to his attention		that you're too ill to go on working?
4. You mustn't take	it upon yourself		to spend such a large sum without the Treasurer's approval.
5. I put	it to you		that this man could not possibly have been so cruel and heartless.

4-9   예문표 55의 해석

1. 너의 사표 제출여부는 너 자신의 판단에 맡겨야 하겠다.
2. 범인 채포에 협력하는 것이 사회에 대한 우리의 의무인가요?
3. 몸이 아파서 일을 계속할 수 없다는 것을 왜 그에게 알리지 않았는가?
4. 그런 많은 돈을 회계인의 승인 없이 너 멋대로 사용해서는 안 된다.
5. 나는 이 사람이 그렇게 잔인하고 무정한 짓을 했을 리가 없다는 것을 너에게 분명히 말해 둔다.

해석: 4. 그와 같이 많은 돈을 제무 담당자의 승인 없이 마음대로 사용해서는 안 된다.
   5. 나는 이 사람이 아마 그렇게 잔인하고 무정한 짓을 했을 리가 없었다는 것을 분명히 밝혀둔다.

해석: 5번의 "put"은 "말하다/표현하다"의 의미.

Onions의 5형식 문형 (VP 5-25)

56

63: 이 Onions의 5형식에서는 동사가 부사보어나 또는 부사보어 어구와 함께 사용된다. 이 유형은 (VP 15A, B)로 세분화 된다.

64: 이 유형에서는 전치사구로 된, 부사보어어구가 자유롭게 형성된, 예들을 볼 수 있다. 앞 3형식에서는 부사나 부사구가 사용된 예를 제시했는데, 그것은 그 문형에서 없어서는 안될 요소는 아니었다. 예컨대, "She plays tennis."는 3형식 문장이다. 부사적인 표현을 사용해서, "She plays tennis well/badly."라던가, "She often/seldom plays tennis."라 말할 수 있다. 그러나 아래 예문표 56의 1번의 동사 put은 3형식 동사가 아니다. "*I put the book."는 영어가 아니다. 동사 put은 "I put the book <u>on the table</u>."이나, "I put the book <u>down</u>."처럼 <u>부사나, 부사구가 반드시 필요하다</u>. 따라서 "on the table"이나, "down"은 이 문장의 "<u>부사보어</u>"이다.

Onions 5-1　　　부사보어 1 (VP 15A)

예문표 56　　　　　　　　　　　　　　　　　　Hornby (1975: 58)

Subject + vt +	noun/pronoun(DO)	adverb adjuncts (phrase)
1. Please put	the milk	in the refrigerator.
2. Ask David to move	these chairs	next doors.
3. Don't let the child put	his head	into the plastic bag/ out of the car window.
4. The secretary showed	me	into the manager's office.
5. The detective followed	the suspected man	for two hours/ all afternoon.
6. This bicycle has carried	me	500 miles.
7. They kept	the child	indoors.
8. Don't get	that girl	into trouble.
9. When I called on, I found	Tom	in / out/ at his desk/ in the garden / in the bed with flu.

　　　예문표 56의 해석

1. 그 우유를 냉장고에 넣어 두어라.
2. 이 의자들을 옆집에 옮기도록 David에게 예기해라.
3. 애기가 그의 머리를 프라스틱 백 속에 / 차 창문 밖에 내밀지 않도록 해라.
4. 그 비서는 나를 지배인의 사무실로 안내했다.
5. 그 형사는 용의자를 두 시간 동안 / 오후 내내 미행했다.
6. 이 자전거로 나는 500 마일을 달렸다.
7. 그들은 그 애기를 집 안에 있게 했다.
8. 그 소녀를 난처하게 만들지 마라.
9. 내가 방문했을 때, Tom은 집에 있었다 / 집에 없었다 / 그의 책상에 있었다 / 정원에 있었다 / 독감에 걸려 침대에 누워 있었다.

해설: 이 유형의 부사는 보통 문장의 끝에 온다. "*Please put <u>on the table</u> the book."은 영어가 아니다.

　　그러나 부사적 어구가 대조를 나타내기 위해서는 동사와 직접목적어 사이에 올 수도 있다.

Please put <u>in these packing cases</u> all the books from the shelves in my study, and <u>in those large packing cases</u>, all the books from the shelves in the living room.
　　(이 포장 상자에 나의 서제의 서가에 있는 모든 책을 넣고, 저 큰 포장상자 에는 거실 서가에 있는 모든 책을 넣어라)

위 9는 "when I called on Tom"이라는 부사구를 문장의 뒤에 둘 수도 있다:

Tom was <u>in</u> / <u>out</u> , ___
at home / <u>not</u> at home , ___
<u>not</u> at his desk / <u>in</u> the garden , ___
<u>in</u> the bed with flu, <u>when I called on Tom</u>.

57

Onions 5-2　　　　부사보어　2　(VP 15B)

65:　　이 (VP 15B) 유형에서는 "부사적 불변화사 (adverbial particle)"가
　　　 쓰이고 있다. 이 부사적 불변화사는 대부분 부사이면서도 또한 전치사의
역할을 한다. 예컨대, on/off, in/out, up/upon, back, away 등등이 그러하다.
동사의 목적어가 명사나, 짧은 명사구일 때, 부사적 불변화사가 목적어 명사
앞/뒤에 나타날 수 있다. 만일 명사구가 길 다면, 뒤에서 제시되는 5-4의 부
사보어 형식처럼, 부사적 불변화사는 그 명사구 앞에 나타난다. 그러나 5-2에
서는 부사적 불변화사가 문장의 맨 뒤에 나타나는 예를 먼저 보기로 하자.

예문표 57　　　　　　　　　　　　　　　　　　Hornby (1975: 58-60)

Subject + vt +	noun/pronoun (DO)	adverbial particle
1. Put	your shoes	on.
2. Take	your coat	off.
3. Lock	your room	up.
4. Did you wind	the clock	up?
5. She gave	them all	away.
6. Please bring	them	in.
7. He cleared	the rubbish	away.
8. Switch	the radio	on/off.
9. Don't throw	that old hat	away.
10. The mob broke	the doors	down.

5-2　　　　예문표 57의 해석

　1. 너의 신을 벗어라.
　2. 너의 외투를 벗어라.
　3. 너의 방을 잠그라.
　4. 시계의 태엽을 감았니?
　5. 그녀는 그들을 (다른 사람에게) 다 주어버렸다.
　6. 그들을 대리고 들어오세요.
　7. 그는 쓰레기를 말끔히 치웠다.
　8. 래디오의 스위치를 켜라 / 끄라.
　9. 그 헌 모자를 버리지 마라.
　10. 폭도들은 그 문들을 부숴버렸다.

해설: 위 4, 7, 10은 수동문이 가능하다:

　　4. Was the clock wound up?
　　7. Was the rubbish cleared away?
　　10. The doors were broken down by the mob.

58

Onions 5-3   부사보어 3 (VP 15B)의 변형 1

66: 이 부사적 불변화사는 직접목적어가 "명사"이거나, "짧은 명사구"일 때에는 그 목적어 명사 앞에 나타난다. 이 유형은 부사보어 5-2가 변형된 유유형이다. 그런데, 아래 11-12의 예는 고정된 표현으로 사용된다.

예문표 58   Hornby (1975: 59)

Subject + vt	adverbial particle	noun/pronoun (DO)
1. Put	on	your shoes.
2. Take	off	your coat.
3. Lock	up	your room.
4. Did you wind	up	the clock?
5. She gave	away	her old books.
6. Please bring	in	those chairs.
7. He cleared	away	the rubbish.
8. Switch	on/off	the radio.
9. Don't throw	away	that hat.
10. The mob broke	down	the doors.
11. You mustn't <u>lay</u>	down	the law.
12. How did they <u>bring</u>	<u>about</u>	these reform?

5-3   예문표 58의 해석

1. 너의 신을 신어라.
2. 너의 외투를 벗어라.
3. 너의 방을 잠그라.
4. 그 시계의 태엽을 감았니?
5. 그녀는 그녀의 헌 책을 (다른 사람에게) 주었다.
6. 저 의자들을 안으로 들어 넣어라.
7. 그는 쓰레기를 말끔히 치웠다.
8. 래디오의 스위치를 켜라 / 끄라.
9. 그 헌 모자를 버리지 마라.
10. 폭도들은 그 문들을 부숴버렸다.
11. 너는 독단적인 말을 해서는 안된다.
12. 그들은 어떻게 이 계획들을 수행했을까?

4. 4번의 "wind up"은 "태엽을 감는다"는 의미로 사용되었는데, 요사이 시계는 전지를 교체하고 있다. 그래서

Did you replace the old batteries by new ones in the clock? 이 좋을 것이다.

해설: 11, 12는 부사적 불변화사가 "보통" 동사 바로 다음에 고정된 표현으로 쓰이는 예이다. 그 의미는 다음과 같다:

해석: 11. lay down the law (독단적인 말을 하다 / 법을 무시하다),
12. bring about (야기시키다. 해내다. 수행하다)

59

Onions 5-4　　　부사보어　4　(VP 15B)의 변형 2

67:　"직접목적어"가 "길 때에는" 부사적 불변화사는 "보통" 직접목어 앞
에 온다. 앞의 부사보어 5-3은, 그 앞의 5-2의 변형이다. 그런데 부
사보어 5-4는 부사보어 5-3, 5-4와는 상관없이 일반적으로 목적어가
길면 나타나는 유형이다.

예문표 59　　　　　　　　　　　　　　　　　　　　　Hornby (1975: 59-60)

Subject + vt +	adverbial particle	+ noun phrase (DO)
1. Why don't you put	on	those green shoes you bought a week ago?
2. You'd better take	off	your wet overcoat and those muddy shoes.
3. Lock	up	all the valuables in your room before you go away.
4. Did you wind	up	the clock in the dining room?
5. She gave	away	all the school books she no longer needed.
6. Please bring	in	those chairs we left out on the lawn.
7. He cleared	away	all the rubbish that had accumulated in front of the garden.
8. Don't forget to switch	off	the lights in the rooms downstairs.
9. Don't throw	away	anything that might be useful later on.
10. The mob broke	down	the doors guarding the main entrance.

　　　예문표 59의 해석

1. 일주일 전에 산 저 녹색 신을 신으면 어떤가?
2. 너는 젖은 외투와 저 흙투성이의 신발을 벗는 것이 좋겠다.
3. 네가 떠나기 전에 모든 귀중품을 너의 방에 넣고 방을 잠그라.
4. 식당에 있는 시계의 태엽을 감았니?
5. 그녀는 더 이상 필요 없는 모든 학교 교과서를 (다른 사람에게) 주어버렸다.
6. 잔디밭에 내 버려 둔 저 의자들을 안으로 들여 넣어라.
7. 그는 정원 앞에 쌓인 모든 쓰레기를 말끔히 치워버렸다.
8. 아래층 방의 전등을 끄는 것을 잊지 마라.
9. 후에 쓰게 될지 모르는 어떤 것도 버리지 마라.
10. 앞 정문 출입구 방호문을 폭도들이 부셔버렸다.

해설: 어떤 동사구에서는, 부사적 불변화사가 고정된 위치를 갖는다.

　　　예: to find in / out (at home / not at home)에서, in과 out는 목적어 뒤에 온다.

　　　We <u>found</u> him <u>in</u> at home.
　　　We <u>found</u> him <u>out</u> at home.
　　　We <u>found</u> him <u>not</u> at home.

Verb Pattern 16

68:   이 문형에서는 직접목적어 다음에 "부사보어 (adverbial adjunct)"
      가 뒤따라온다. 이 유형은 (VP 16A, B)로 하위분류된다.

Onions 5-5   부사보어 5 (VP 16A)

69:   이 동사문형 (VP 16A)에서는 직접목적어 다음에 "부사보어"가 뒤
      따라 온다. 다음 예문표 60의 예문과 또 다음 예 a는 "부사보어"이다.
이 동사 유형은 다시 두 가지로 세분화 된다. a의 부사보어는 to-부정사인
데, 이 to-부정사는 in order to나 so as to의 뜻으로 나타나고, 이것은 목
적 또는 의도된 결과를 나타낸다. 어순으로 보면, 뒤에서 제시되는 "5형식
명사보어 (to-부정사) 1"과 같으므로, 거기서는 동사 뒤에 나타나는 목적어
명사/대명사와 to-부정사 전체가 함께 명사 목적어인 점이 다르다. 즉, 다음
예 b와 같은데, 이것은 명사구이다. 그래서 아래 b의 to-부정사는 이 문장의
목적어 명사보어이다.

예: a. I sent Tom <u>to buy some fruit</u>. 5-5 부사보어   (VP 16A)
              (부사보어)
     b. I want Tom <u>to buy some fruit</u>. 5-7 명사보어 1.   (VP 17)
              (명사구)

예문표 60   Hornby (1975: 60-61)

Subject + vt +	noun/pronoun (DO)	to-infinitive (phrase)
1. He brought	his brother	to see me.
2. I'm taking	this magazine	to read on the plane.
3. They gave	a party	to celebrate their success.
4. I shall need	at least two weeks	to finish the job.
5. They left	me	to do all the dirty work.
6. He opened	the door	to let the cat out.
7. We make	our shoes	to last.
8. He took	the medicine	(in order) to please his wife.
9. You must do	what the doctor tells you	(so as) to get well quickly.

예문표 60의 해석

1. 그는 나를 만나려고 그의 동생을 대리고 왔다.
2. 나는 비행기 안에서 읽으려고 이 잡지를 가지고 간다.
3. 그들은 그들의 성공을 축하하려고 파티를 열었다.
4. 내가 이 일을 끝내기 위해서는 적어도 2주일이 필요하다.
5. 그들은 모든 더러운 일은 (내가) 하도록 나에게 맡겼다.
6. 그는 고양이가 나가도록 문을 열었다.
7. 우리들은 구두를 오래 신도록 만든다.
8. 그는 그의 부인을 즐겁게 하기위해 약을 먹었다.
9. 네가 빨리 회복하기 위해서는 의사가 네가 말 대로 해야 한다.

해설: 7은 "We make our shoes so that they <u>will last</u>."이다. 즉,
"not wear out quickly"이다.
Cf You must make these shoes <u>last</u>.도 같은 의미의 예이다.

그러나 위 Cf의 예와 비슷한, 뒤에서 제시되는, (VP 18A)도 목적어 다음에 원형부정사가 나타나지만, 이것은 명사보어이다.

예: Did you hear John <u>leave</u> the house?

"부사보어"로 설정한 이유

이제 왜 Hornby는 위 예문표 60에서 to-부정사구를 "부사보어"로 인정했는지, 예문표의 1번의 예를 보면서, 그 이유를 살펴보자.

1. He brought his brother <u>to see me</u>.
(그는 그의 동생을 나를 만나도록 데려왔다.)

위에서 He brought his brother.만으로는 문장이 완전하지 못하다. 즉, 그의 동생을 데려온 이유를 보충해 주어야 완전한 문장이 된다. 따라서 to see me는 의미를 보충해 주는 "부사보어"이다. 만일 Hornby가 to see me를 부사수식어로 인정했다면, 이 문장은 5형식 문장에 포함시키지 않고, 3형식 문장에 포함시켰을 것이다. 그러나 이 문장이 5형식 문장에 포함된 것으로 보아서, 이 to see me는 "부사보어"이다.

61

Onions 5-6　　　부사보어 6 (VP 16B)

70:　이 동사문형 (VP 16B)에서는 직접목적어 다음에 전치사 as, like, for 등
　　　이 따라오기도 하고, 또는 as if, as though로 유도되는 절(clause)이
　　　따라온다.

예문표 61　　　　　　　　　　　　　　　　　　　　Hornby (1975: 61)

Subject + vt +	noun/pronoun (DO)	as/like/for + noun phrase/ clause
1. They've hired	a fool	as our football coach.
2. He carries	himself	like a soldier.
3. He began	his career	as a teacher.
4. I can't see	myself	as a pop singer.
5. He imagined	himself	as the saviour of his country.
6. Don't accept	everything you see on the TV	as true/as if it were the truth.
7. Put	it	like this.
8. Will you take	this woman	as your wife?
9. Can we take	this document	as proof of his guilt?
10. She mistook	me	for twin sister.

| 5-6 |　예문표 61의 해석

1. 그들은 바보를 우리들의 축구코치로 채용했다.
2. 그는 군인처럼 행동한다.
3. 그는 선생으로서 그의 경력을 시작했다.
4. 나는 내 자신을 대중가요 가수로 보지 않는다.
5. 그는 자기 자신을 그의 나라의 구세주로 생각한다.
6. TV에서 네가 보는 모든 것을 진실로 / 진실인 것처럼 받아들여서는
　　안 된다.
7. 그것을 이와 같이 표현 (말) 해 보라.
8. 당신은 이 여성을 당신의 부인으로 맞이할 것인가?
9. 우리들은 이 문서를 그의 범죄 증거로 받아들일 수 있을까?
10. 그녀는 나를 나의 쌍둥이 언니로 잘못 알았다.

이 Onions 5-6도 앞의 Onions 5-5와 동일한 이유로 부사보어가 된다.

해석: 2의 carry (행동하다).
　　　7의 put (표현하다)

해설: 목적어가 길 때에는, 예컨대, 아래 c와 같이, 목적어가 to-부정사로
　　　된 구조일 때에는, 가목적어 it를 가진 구조로 나타난다. 다음 예를
　　　보자:

a.　We regard this as wasteful.
b.　We regard this process as wasteful.
c.　We regard it as unnecessary to use such expensive machinery
　　 for only eight hours a day.

　　　(그렇게 비싼 기계를 하루 8 시간만 가동시킨다는 것은 비-경제적이라
　　　고 생각한다.)

as와 함께 사용되는 동사들 중에는, accept, acknowledge 등 15 개 정도가
된다. 앞 (20)의 동사 유형 표 (VP 16B)를 참조하라.

10번의 mistake와 동사 take (=think, assume)는 "....을 잘못 생각 하다,
　　　잘못 가정하다"의 의미로 사용할 때에는 전치사 for와 함께
　　　사용한다.

Verb Pattern 17

71: 이 유형에서는 동사 뒤에 명사, 대명사가 따라오고, 또 to-부정사가
뒤따라온다. 이 유형은 (VP 17A, B)로 하위분류된다.

Onions 5-7　　　　목적어 명사보어 1. (to-부정사 사용) (VP 17A)

72: 동사 유형 (VP 17A)에서는 동사 뒤에 명사/대명사가 따라오고, 또
to-부정사가 함께 따라온다. 이 동사 유형은 다음과 같이 두 유형으로
세분화 된다. "5-7 명사보어 1 (VP 17A)"에서는 다음과 같이 수동구
문이 가능하다.

a. They warned <u>us</u> not to be late.
b. We were warned not to be late.　　　　(수동형)

c. They persuaded <u>the drunken man</u> to leave.
d. The drunken man was persuaded to leave.　(수동형)

뒤에서 제시되는 "5-8 명사보어 2 (VP 17B)"에서는 다음 예와 같이 수동구문
이 불가능하다.

a. They liked us to visit them.
b. *We were liked to visit them.
c. This event decided me to resign.
d. *I was decided by this event to resign.

Subject + vt +	noun/pronoun	(not) + to-infinitive (phrase)
1. I warn	you	not to believe a word he says.
2. The barrister urged	the judge	to be merciful.
3. We can't allow	them	to do that.
4. Didn't I ask	you	not to make so much noise?
5. He dared/challenged	me	to jump across the stream.
6. They advised	him	to accept the offer.
7. Did he mean/intend	us	to share the cost of the dinner?
8. The officer ordered	the men	to advance.
9. His salary enabled	him	to have a holiday abroad.
10. They persuaded	me	to go with him.
11. I've never known	her	to tell lies.
12. They led	me	to believe there was no danger.
13. He gave	me	to understand that he could help me.

2. barrister (BrE) / lawyer (AmE): 변호사

5-7   예문표 62의 해석

1. 그가 말하는 말 한마디도 믿지 말 것을 너에게 경고한다.
2. 변호사는 재판관에게 관대히 처분해줄 것을 촉구했다.
3. 우리들은 그들이 그런 짓을 하는 것을 허용할 수 없다.
4. 그렇게 시끄럽게 하지 않도록 내가 너에게 말하지 않았던가?
5. 그는 내게 그 개울을 감히 건너뛸 수 있으면 뛰어보라고 했다.
6. 그들은 그가 그 제안을 받아들일 것을 충고했다.
7. 그는 저녁식사 비용을 우리들 각자가 부담하게 할 작정이었던가?
8. 그 장교는 병사들이 전진할 것을 명령했다.
9. 그의 봉급이 그가 해외에서 휴가를 보낼 수 있게 했다.
10. 그들은 내가 그와 함께 갈 것을 설득했다.
11. 나는 그녀가 지금까지 거짓말을 결코 하지 않는 것으로 알고 있다.
12. 그들은 내가 위험성이 없다는 것을 믿게 했다.
13. 그는 (그가) 나를 도울 수 있다는 것을 믿게 했다.

위에서 to-부정사는 모두 명사구가 된다. 해석은 우리의 표현에 맞게 부사(구)로 해석해도 "명사(구)임을" 알아두어야 한다.

해설: 다음은 위의 예를 수동태로 바꾼 것이다.

1. I was warned not to believe a word he says.
2. The judge was urged to be merciful.
3. They can't be allowed to do that.
4. Weren't you asked not to make such a noise?
5. I was dared / challenged to jump across the stream.
6. He was advised to accept the offer.
7. Were we meant / intended to share the cost of the dinner?
8. The men were ordered to advance.
9. He was enabled to have a holiday abroad.
10. I was persuaded to go with him.

12/13은 고정된 동사구의 예이다:

12. "lead someone to believe" (누구에게 ...을 믿게 하다)와

13. "give somebody to understand" (누구에게 ....을 이해시키다)의 의미를 갖는다. 그리고 이들의 수동문도 가능하다:

12. I was led to believe there was no danger.
13. I was given to understand that he could help me.

(VP 17A)에 쓰이는 주된 동사들은 advise, allow 등 40여 개의 동사들이 있다. 앞 (20)의 동사 유형 표 (VP 17A)를 참조하기 바란다.

63

Onions 5-8　　목적어 명사보어 2. (to-부정사 사용) (VP 17B)

73: 　이 동사 유형에서는 수동변형이 나타나지 않는다. 즉, 주절의 구조만
　　으로는 수동형이 나타나지 않는다.

예문표 63　　　　　　　　　　　　　　　　　　　　Hornby (1975: 63)

Subject + vt +	noun/pronoun	(not) + to-infinitive (phrase)
1. He doesn't want	anyone	to know that he's going away.
2. He likes	his wife	to dress colorfully.
3. Do you wish	me	to stay?
4. Would you prefer	me	not to come tomorrow?
5. She can't bear	me	to be unhappy.
6. Will you help	me	to carry this box upstairs?
7. You wouldn't want	another war	to break out.
8. I got	him	to prepare for our journey.

5-8　　　예문표 63의 해석

1. 그는 아무도 그가 떠나는 것을 알기를 원하지 않는다.
2. 그는 그의 부인이 화려하게 옷을 입는 것을 좋아한다.
3. 너는 내가 (여기에) 머물기를 원하니?
4. 너는 내가 내일 오지 않는 것이 좋으냐?
5. 그녀는 내가 불행한 것을 참지 못한다.
6. 내가 이 상자를 2층으로 옮기는 것을 네가 도와줄 수 있니?
7. 너는 또 다른 전쟁이 터지는 것을 원하지 않겠지.
8. 나는 그에게 우리들의 여행을 준비하는 것을 시켰다. ==>
　　(우리들의 여행준비를 하도록 시켰다).

해설: 　8번의 get은 사역동사인데, 다른 사역동사와 달리, to-부정사를 보어
　　로 선택하기 때문에, 이 문형에 포함시킨다.

　　이 동사유형의 문장에서는 수동태를 사용할 수 없다고 했지만, to-부
　　정사를 사용하면 수동형이 가능한 경우도 있다.

1의 문장에서는 가주어 it를 사용해서, 수동형의 to-부정사를 사용할 수도 있다.
He doesn't want it <u>to be known</u> that he's going away.

2에서도 to-부정사의 수동형을 만들 수 있다.
He likes his wife <u>to be dressed</u> colorfully.

to-부정사가 to be일 때에는, 유도부사 there가 쓰인다.
You wouldn't want <u>there</u> <u>to be another war</u>.

이 외에 there를 사용한 예문은 다음과 같다.

I don't want <u>there</u> <u>to be any trouble</u>.
He meant <u>there</u> <u>to be no indiscipline</u>.
(그는 규율이 해이해지는 일이 없도록 다짐했다)

Would you like <u>there</u> <u>to be a meeting</u> to discuss the problem?
    (당신은 그 문제를 논의할 회의를 여는 것이 좋겠지요?)

I expect <u>there</u> <u>to be no argument</u> about this.
    (이것에 대해서는 논쟁이 없기를 기대한다)

I should prefer <u>there</u> <u>to be no discussion</u> of my private affairs.
    (나는 내 사적인 문제에 대한 논의가 없기를 바란다)

    이 유형에 사용되는 동사는 많지 않으나, 이들은 "좋다," "싫다," 또는
"선호" 등을 나타내는 동사들이며, 동사 help도 여기에 속한다. 동사 like나
want가 가장 흔하게 사용된다. 동사 help는 원형부정사나, to-부정사와 함
께 사용된다.

Will you help me (to) carry this box upstairs?

동사 like는 또 뒤에서 제시되는 <u>(VP 19C)</u>의 유형에서 다음 b, c와 같은 유
형으로 함께 사용된다.

a. We don't <u>like</u> them <u>to come</u> late.
b. We don't <u>like</u> them <u>coming</u> late.
c. We don't <u>like</u> <u>their coming</u> late.

이 세 가지 유형은 (VP 19C) 예문표 70에서 다룬다.

Verb Pattern 18

　　이 유형에서는 동사가 명사, 대명사와 함께 쓰이고, 또 뒤에 원형 부정사가 함께 사용된다. 그러나 수동문에서는 to-부정사가 나타난다. 이 유형은 (VP 18A, B, C)로 세분화 된다.

| Onions 5-9 | 목적어 명사보어 3. (감각동사 사용) (VP 18A) |

74:　　이 동사유형 (VP 18)에서는 동사 뒤에 명사/대명사와 함께 "원형 부정사 (bare infinitive)"를 사용한다. 그러나 수동형 구문에서는 to-부정사가 나타난다. 이 동사유형은 다시 세 가지로 세분화 된다. 이 유형의 동사는 감각동사 see, watch, hear, feel, notice 등을 사용하며, 이 감각동사는 명사보어를 두는데, 뒤에서 제시되는 5-11의 <u>명사보어 5</u>에도 쓰인다.

a. I saw the man cross the road.　(5-9) (명사보어 3), (감각동사) (VP 18)
b. I saw the man crossing the road. (5-12) (명사보어 6), (감각동사) (VP 19)

　　5-9 "명사보어 3"의 감각동사는 동작이 완결되었음을 나타내는 것이지만, "<u>5-12의 감각동사</u>"는 진행중인 동작을 나타낸다. 위 a는 그 남자가 길을 건너간 것을 의미하며, 그가 길을 건넜는데, 나는 그것을 보았다는 것을 의미한다. b의 문장은 그 남자가 길을 건너가고 있을 때, 그를 보았다는 것을 의미하므로, 그는 횡단을 시작한다던가, 횡단을 끝낸 것을 보았다는 것은 아니다.

예문표 64　　　　　　　　　　　　　　　　　　　　Hornby (1975: 64)

Subject + vt +	noun/pronoun +	bare infinitive (phrase)
1.　Did anyone hear	John	leave the house?
2.　Did you see/notice	anyone	go out?
3.　We felt	the house	shake.
4.　I once saw	Oliver	act the part of Othello.
5.　I have heard	people	say that.....
6.　Watch	that boy	jump.

　예문표 64의 해석

　　1.　누군가 John이 집을 나가는 소리를 들었나?
　　2.　너는 누가 나가는 것을 보았니?
　　3.　우리는 집이 흔들리는 것을 느꼈다.
　　4.　나는 언젠가 Oliver가 Othello의 역을 하는 것을 보았다.
　　5.　나는 사람들이 "....라고 하는 것을 들었다."
　　6.　저 소년이 점프(jump)하는 것을 주목해 보라.

해설:　위의 예문을 수동형으로 바꾼 예:

1.　Was John heard <u>to leave</u> the house?
2.　Was anyone seen <u>to go out</u>?
5.　People have been heard <u>to say that</u> ....
　　(or) I have heard it said that ....

　　동사 see, feel이 <u>"감각"</u>이 아닌, <u>"지각"</u>의 뜻 "(알다/이해하다)"으로 쓰일 때에는 <u>"5-9의 명사보어 3"</u>이 아닌, 아래 b, d와 같이 동사유형 (VP 9)로 나타날 수 있다.

a.　I <u>saw</u> him hit the cat.　　　　　　　(VP 18)
　　(나는 그가 고양이를 때리는 것을 <u>보았다</u>)

b.　I <u>saw</u> (that) he disliked the cat.　　(VP 9)
　　(나는 그가 고양이를 싫어하는 것을 <u>알았다</u>)

c.　I <u>saw</u> him leave the room.　　　　　　　　　(VP 18)
　　(나는 그가 방을 나가는 것을 <u>보았다</u>)

d.　I <u>saw</u> (that) he disapproved of what was happening. (VP 9)
　　(나는 그가 일어난 일을 못마땅해 한 것을 <u>알았다</u>)

(VP 18)에 사용되는 동사들은 feel, hear 등이 있는데, 앞 (20)의 동사 유형 표 (VP 18A)를 참조하기 바란다.

65

Onions 5-10   명사보어 4. (사역동사 make/let 사용)
(VP 18B)

75:   이 동사유형에 사용되는 동사는 감각을 나타내지 않는 소수의 동사
들이다. 사역동사 make와 이 사역동사와 비슷한 의미를 지닌
force/compel을 비교해보라. 그리고 사역동사 let와 이 let와 비슷하게 허락
을 나타나내는 allow/permit 등과도 비교해보라. 아래에서 사역동사 (18B)와
일반 동사 (VP 17)와의 차이점을 살펴보자:

They made me <u>do it</u>.   (VP 18B)
They forced/compelled me <u>to do it</u>. 앞 (VP 17)

Please let me <u>go</u>.   (VP 18B)
Please allow/permit me <u>to do it</u>.   앞 (VP 17)

사역동사 다음에는 목적어 명사가 오고, 그 다음 원형동사가 오지만, force,
compel, allow, permit 다음에는 to-부정사가 오는 것이 다르다.

그러나 아래 예문표 65는 사역동사와 동사 help, 그리고 동사 know가 완료형
에서는 목적어 다음에는 사역동사와 같이, 원형동사를 사용한다.

예문표 65   Hornby (1975: 65)

Subject + vt +	noun/pronoun +	bare infinitive (phrase)
1. What <u>makes</u>	you	think so?
2. <u>Let</u>	justice	be done.
3. We can't <u>let</u>	the matter	rest here.
4. She <u>bade</u>	Sir Lancelot	rise.
5. Shall I <u>help</u>	you	carry that box upstairs?
6. I've never <u>known</u>	him	sing so beautifully before.
7. Have you ever <u>known</u>	her	lose her temper?
8. I've <u>known</u>	experts	make this mistake.
9. Can we <u>make</u>	the murder	look like an accident?
10. Can we <u>make</u>	the scheme	appear/seem practicable?

영어숙어

7. lose one's temper: 화내다

　　예문표 65의 해석

1. 무엇이 너를 그렇게 생각하게 하니?
2. 공정하게 하라.
3. 그 문제를 여기서 쉬게 할 (그대로 둘) 수는 없다.
4. 그녀는 Lancelot 경을 앞장설 (분발할) 것을 요청했다.
5. 제가 그 상자를 2층으로 옮기는데 도와 드릴까요?
6. 나는 그가 그렇게 아름답게 노래하는 것을 전에는 알지 못했다.
7. 그녀가 화내었다는 말을 들어본 적이 있느냐?
8. 나는 전문가들도 이런 실수를 한다는 것을 알고 있습니다.
9. 우리는 그 살인사건을 사고처럼 보이게 할 수 있을까?
10. 그 계획을 실행 가능한 것으로 보일 수 있게 만들 수 있을까?

해설: 수동문의 예: 수동으로 변형시키면 to-부정사가 나타나다.

7. Has she ever been known <u>to loose</u> her temper?
8. Experts have been known <u>to make</u> this mistake.
9. Can the murder be made <u>to look</u> like an accident?

　　현대 영어에서는 위 예문표 65의 5번 bid는 별로 쓰이지 않으며, (VP 17)의 tell, order, command 등이 잘 쓰인다.

She told/ordered/commanded Sir Lancelot to rise.

　　Let는 "Let me go."나 "Let just be done." (공정하게 하라)에서는 명령의 조동사로 사용되었다. 이것의 수동구문은 없다. "* The matter cannot be let to rest here."라고는 하지 않으며, allow를 사용해서, "The matter cannot be allowed to rest here."라고는 말한다. Let는 go, fall, slip과 함께 쓰일 때, 어순이 규칙대로 안되는 수도 있다. "인칭대명사"는 let 바로 뒤에 와서 제대로의 어순이 된다.

Let it/him/her/them <u>go</u>.
Don't let it/him/her/them <u>fall/slip</u>.

　　그러나 명사의 경우는 "<u>명사가</u>" go, fall, slip 등의 뒤에 온다.

a. Let <u>go</u> the rope.　(줄을 놓아라)
b. The ship <u>let go</u> its anchor. (배는 닻을 내렸다)

c. He <u>let fall</u> a hint of his intention. (let fall: 무심코 입에서 튀어나오다)
　 (그는 깜박 잊고 자기 속셈을 무심코 말해버렸다)

d. Don't <u>let slip</u> any opportunity of practising your English.
　 (영어를 익힐 어떤 기회도 놓치지 말아라.)

위의 c나 d처럼 명사가 길 때에는, let와 뒤따르는 동사의 연결이 긴밀하다. 이것에 반해, 위 a에서는 "Let the rope go."도 가능하다. 특히, 동사 know가 (VP 18B)에 쓰일 때는, 앞 예문표 65의 6, 7, 8에서처럼 주로 완료시제, 때로는 과거시제로 쓰인다. 그리고 종종, 빈도를 나타내는 부사 (seldom, often, never 등)를 수반한다.

(VP 18B)에 쓰이는 동사는 bid, help, know, let, make 등 5개 이다.
앞 (20)의 동사 유형표 (VP 18B)에도 동일하게 나타나 있다.

66

목적어 명사보어 5 (사역 동사 have 사용)
(VP 18C)

76: 동사 have는 ① "...를 해주기 바란다"의 wish의 의미나, ② "....를 경험하다"의 (experience) 의미나, 또는 ③ "...시키다 (cause)"의 의미를 나타낼 때, 이 동사유형이 사용된다.

예문표 66   Hornby (1975: 66)

Subject + have +	noun/pronoun +	bare-infinitive (phrase)
1. What would you have	me	do?
2. Would you have	the Government	control our lives completely?
3. We would like to have	our friends	visit us on Sunday.
4. Please have	the porter	take these suitcases to my room.
5. I had	a most extra-ordinary thing	happen to me yesterday.

5-11   예문표 66의 해석

1. 제게 무엇을 시키려고 하십니까?
2. 당신은 정부가 우리들의 생활을 완전히 통제하기를 바라는 것입니까?
3. 우리는 우리 친구가 일요일에 우리를 (방문해 주는 것을) 방문해 주었으면 합니다.
4. 짐꾼이 이 가방들을 내 방으로 나르도록 해주십시오.
5. 나는 어제 가장 특별한 일을 (경험했다) 당했습니다.

해설: 위 1, 2, 4는 다음과 같이 말하는 것이 보통이고, 구어체 적이다.

1. What do you want me to do?
2. Would you like the Government to control.....
4. Please tell the porter to take....
   (or) Please have these suitcases taken....

67

Verb Pattern 19

77: 이 유형에서는 동사 뒤에 명사, 대명사가 뒤따라오고, 그 뒤에 "......ing"
형의 동사가 온다. 이 목적어와 "동사의....ing"형이 함께 직접목적어
를 형성한다. 이 유형은 동사유형 (19 A, B, C)로 세분화 된다.

Onions 5-12 목적어 명사보어 (현재분사 "....ing" 사용) 6. (VP 19A)

78: 이 동사유형에서는 동사 뒤에 명사/대명사가 오고, "...ing"의 현재분
사형이 온다. 이 "명사/대명사 + ...ing"의 전체가 직접목적어가 된
다. 이 동사유형은 또 세 가지 유형으로 세분화 된다. (VP 19A)의
"....ing" 형은 "현재분사"이다. 이 유형에 사용되는 동사는 (VP 18A)에도
쓰이는데, 시각, 청각, 촉각 등 물리적 감각을 나타내는 동사와 화학적 감각
인 냄새를 맡는 smell도 포함된다. 그러나 smell은 (VP 18A)에는 쓰이지
않는다. 예컨대, "* I see/feel something smell/smelling."은 앞 (VP 18A)
에서는 허용되지 않는다.

예문표 67 Hornby (1975: 67)

Subject + vt +	noun/pronoun +	present participle (phrase)
1. They saw	the thief	running away.
2. They heard	voices	calling for help.
3. Can you smell	something	burning?
4. She could feel	her heart	beating wildly.
5. Did you notice	anyone	standing at the gate?
6. We saw	two of the students	being carried off by the police.
7. We watched	them	being bundled into the police van.
8. She doesn't like to see	animals	being treated cruelly.

6. be carry off: 실려가다.
8. be bundle into: 묶여 넣어지다.

예문표 67의 해석

1. 그들은 도둑이 달아나는 것을 보았다.
2. 그들은 (누가) 도와 달라고 외치는 소리를 들었다.
3. 당신은 무엇인가 타는 냄새를 맡을 수 있지?
4. 그녀는 심장이 심하게 뛰는 것을 느낄 수 있었다.
5. 누구인가 문간에 서 있는 것을 보았습니까?
6. 우리는 두 학생이 경찰에 연행되어 가는 것을 보았다.
7. 우리는 그들이 경찰차에 실려지는 것을 지켜보았다.
8. 그녀는 동물들이 잔인하게 다루어지는 것을 보기 싫어한다.

해설: (VP 19A)와 (VP 18A)의 차이점은 이미 앞에서 언급되었다. (VP 18A의 해설 참조). 또 다른 예를 든다면 다음과 같다:

I saw Paul <u>go into</u> a shop.   (VP 18A)
I saw Mary <u>looking into</u> a shop window.   (VP 19A)

수동태 구문의 예:

1. The thief was seen <u>running away</u>.
2. Voices were heard <u>calling for help</u>.

동사구 look at, listen to도 (VP 19A)에 쓰인다.

Just <u>look at</u> the rain <u>pouring down</u>!
We <u>listened to</u> the band <u>playing in the park</u>.

(VP 19A)에 자주 쓰이는 동사는 feel, glimpse, hear, notice 등이 있는데, 앞 (20)의 동사 유형 표 (VP 19A)를 참조하기 바란다.

68

Onions 5-13

목적어 명사보어 (현재분사 "....ing" 사용) 7.   (VP 19B)

79: 이 동사의 유형에는 "감각을 나타내지 않는 동사", 예컨대, find, awake, leave 등이 사용되며, 어순이 (VP 19A)와 동일하고, "....ing"의 현재분사가 쓰인다.

예문표 68   Hornby (1975: 67)

Subject + vt	+ noun/pronoun	+ present participle (phrase)
1. I found	him	dozing under a tree.
2. When he awoke, he found	himself	being looked after by a pretty young nurse.
3. They found	the lifeboat	floating upside down.
4. We mustn't keep	them	waiting.
5. Keep	the ball	rolling.
6. They left	me	waiting outside.
7. They left	me	wondering what would happen next.
8. This set	me	thinking.
9. My clumsy mistake set	the girls	giggling.
10. Don't let me catch	you	doing that again.
11. Please start/get	the clock	going.
12. How can we get	things	moving?
14. The explosion sent	things	flying in all directions.
15. A phone call sent	him	hurrying to London.

　　　예문표 68의 해석

1. 나는 그가 나무 밑에서 졸고 있는 것을 발견했다.
2. 그가 깨어났을 때, 예쁘고 젊은 간호원의 보살핌을 받고 있는 자신을 발견했다.
3. 그들은 구명보트가 전복되어 뜨 있는 것을 발견했다.
4. 우리는 그들을 기다리게 해서는 안된다.
5. 공이 계속 굴러가도록 해라.
6. 그들은 나를 밖에서 기다리게 내버려 두었다.
7. 그들은 내가 그 다음에 무엇이 일어날까 생각하게 내버려 두었다.
8. 이것이 나를 계속 생각을 하게 했다.
9. 나의 어설픈 실수가 그 소녀들을 킬킬 웃게 만들었다.
10. 네가 다시 그 짓을 하는 너를 잡지 않게 하라. ==>
　　그런 짓을 다시 하면 그만두지 않겠다.
11. 그 시계가 가도록 해주세요.
12. 어떻게 일들을 굴러가게 할 수 있을까?
13. 그 폭발은 물건들을 사방으로 날려 보냈다.
14. 한통의 전화가 그를 London으로 달려가게 했다.

해석: 　8. 이 일로 나는 생각에 잠겼다.
　　　10. 다시 그와 같은 일을 하면 그만 두지 않겠다.

해설: 위 1의 동사 find 뒤에, "명사/대명사 + 현재분사" 대신에 that이 유도하는 절이 올 경우가 있는데, 그렇게 되면 (VP 9)가 된다.

　　　I found that he was dozing under a tree.

　더 자세한 것은 다음 Cf (참조)와 (VP 15A) 및 앞 예문표 56이나 (VP 15)의 해설을 보라.

Cf　find somebody in / out the office.
　　find somebody at home / not at home.
　　find somebody at his desk / in bed.

(VP 19B)에 주로 사용되는 동사는 bring, catch, depict 등이 있는데, 앞 (20)의 동사 유형 표 (VP 19B)를 참고하라.

69

80:   동사 have는 "<u>허용하다/허락하다 (allow/permit)</u>"의 뜻으로 사용되며, 예문표 69의 1, 2, 3에서 can't, won't와 함께 이 유형에서 쓰인다. 또 have는 다른 예문이 보여주듯, "<u>결과나 경험</u>"을 나타내기 위해서 이 유형에서 사용된다.

예문표 69   Hornby (1975; 69)

Subject + have +	noun/pronoun +	present participle (phrase)
1. I can't have	you	doing that.
2. We can't have	them	forcing their views on everyone else.
3. I won't have	you	<u>banging away</u> at your drum in my study, David.
4. He soon had	them all	laughing.
5. I'll have	you all	speaking English well.
6. We should soon have	the mists	coming down on us.
7. While he had	this threat	hanging over him, he was quite unable to work.

5-14   예문표 69의 해석

1. 나는 네가 그 일을 하는 것을 허용하지 않겠다.
2. 우리는 그들의 견해를 다른 사람에게 강요하는 것을 허용하지 않겠다.
3. 나는 David가 내 서제에서 북을 열심히 치는 것을 허용하지 않겠다.
4. 그는 곧 그들 모두를 웃게 했다.
5. 나는 여러분들 모두가 영어를 잘 하게 (만들 것이다) 할 것이다.
6. 곧 안개가 우리 쪽으로 내려올 것이다.
7. 그가 이 협박에 휘말리고 있는 동안에, 그는 아주 일을 할 수 없었다.

해석: 3의 bang away: "열심히 ....을 하다".

해설: 위의 예문을 다음처럼 표현을 바꿀 수도 있다.

1. I can't allow you to do that.
3. I won't allow you to bang away....
4. Soon they were all laughing as the result of what he had said,
   he had done, etc.
6. The mists will soon be coming down on us.
7. Because of this threat which was hanging over him, he was quite
   unable to work. (그에게 엄습해오는 불안 때문에, 그는 아주 일을
   할 수 없었다.)

70

Onions 5-15   목적어 명사보어 9.   (VP 19C)

81:     (VP 19A)나 (VP 19B)와 동일한 어순을 가진 동사유형, 즉 "동사 +
명사/대명사 + ...ing"이라는 어순으로 사용되는 많은 동사들이 있다.
다음 예들을 비교해 보자:

a. I caught <u>him</u> <u>stealing</u> apples from my garden.
b. Can you imagine <u>these fat men</u> <u>climbing</u> Mt. Kenya?
위의 b 대신에 다음과 같이 말할 수도 있다.

c. Can you imagine <u>their climbing</u> Mt. Kenya?
위 c의 climbing은 동명사이다. 그런데 또 다음과 같이 말할 수도 있다.

d. Can you imagine <u>them</u> <u>climbing</u> Mt. Kenya?

위 d에서 climbing은 "<u>현재분사</u>"이며, (VP 19B)와 비슷하다.
인칭대명사의 경우, 그 대명사를 소유격으로 바꾸는 것은 간단하다.

(a). Do you remember <u>him</u> <u>telling</u> us about it?
(b). Do you remember <u>his</u> <u>telling</u> us about it?

위 (b)는 (VP 6C)의 유형이다.

또 "고유명사인 사람의 이름"의 경우도 소유격으로 바꾸는 것은 간단하다.
(c). Do you remember <u>Tom</u> <u>telling</u> us about it?
(d). Do you remember <u>Tom's</u> <u>telling</u> us about it?

그런데, 목적어가 단순한 명사/고유명사나 인칭대명사가 아닌 두 서너
개의 낱말로 되었을 경우에는, 소유를 나타내는 어퍼스트로피 (')를 사용할
수 없다. 따라서 다음과 같은 하나의 유형만 사용된다.

(e). Do you remember <u>Tom and Mary</u> <u>telling</u> us about it?

위 (e)의 문장에서 "....ing"은 동명사로서, 앞에 소유격이 와야 한다고 주장
하는 문법학자도 있다. H. Sweet는 그의 책 New English Grammar에서 이
런 "...ing" 형을 "half gerund (반 동명사)"라 부르고 있다. 그러나 이와 같
은 "...ing" 형을 동명사로 보느냐, 반-동명사로 보느냐, 또는 현재분사로 볼
것이냐 하는 것은 실제로는 중요한 일이 아니다. 아래 예문표 70에서는 소
유격으로 쓰이는 경우의 예문도 있다. "...ing" 형에 대해서는 "동사의 ..ing
형"이라 부르겠다.

(VP 19C)에 사용되는 동사는 (VP 19B)와 동일하다.

Subject + vt +	noun/pronoun + (possessive)	...ing form of the verb
1. I can't understand	him/his	leaving so suddenly.
2. Can you imagine	me/my	being so stupid?
3. Does this justify	you/your	taking legal action?
4. I love this place and I want to stop	it/its	being turned into a tourist trap.
5. We'll fight to prevent	these houses	being torn down.
6. I can't remember	my parents	ever being unkind to me.
7. Do you mind	my brothers and sisters	coming with us?
8. I can't understand	anyone	treating children cruelly.
9. Do you favor	boys and girls of sixteen	being given the right to vote?
10. These radicals contemplate	people of all classes	being reduced to the same social level.
11. Can you imagine	anyone	being so silly?
12. She can't bear	her husband	making fun of her.

5-15   예문표 70의 해석

1. 나는 그가 그렇게 갑자기 떠나는 것을 / 그의 갑작스러운 출발을 이해할 수 없다.
2. 너는 내가 그렇게 어리석다고 / 나의 그런 어리석음을 생각할 수 있니?
3. 이것이 네가 소송을 제기하는 것을 / 너의 소송제기를 정당화 할 수 있니?
4. 나는 이곳을 사랑하고, 이곳이 관광객의 올가미로 변화되는 것을 / 이곳의 관광객 올가미로의 변화를 / 중지하기를 (막아주기를) 원합니다.

5. 우리는 이 가옥들이 철거되는 것을 막기 위해 싸울 것입니다.
6. 나는 부모님들이 나에게 불친절 했던 것을 기억할 수가 없습니다.
7. 나의 형제 자매들이 우리와 함께 가도 상관하지 않겠니?
8. 나는 어떤 사람이 어린이들을 잔인하게 다루는 것을 이해할 수 없습니다.
9. 당신은 16세의 소년 소녀들에게 투표할 권리를 주는 것을 찬성하십니까?
10. 이 극단주의자들은 모든 계층의 사람들을 동일한 사회 계층으로 하향 조정하는 것을 구상하고 있다.
11. 누군가가 그렇게 어리석을 수 있다고 생각하니?

12. 그녀는 남편이 그녀를 놀리는 것을 참지 못한다.

해설:

위 1-4의 예문에서는 him/his, me/my, it/its에서처럼 목적어나 소유격 중 어느 것이나 사용할 수 있는 예이다. 다른 예문의 경우는, "명사/대명사 (anyone)나 또는 명사구 만을 사용하는 것이," 소유격을 쓰는 것보다 더 선호된다고 했다.

해석: 10. 이 과격적인 사람들은, 모든 계층의 사람들이, 동일한 수준의 사회적 계층으로 격하시키는 것을 구상하고 있다.

Verb Pattern 20

82: 이 유형에서는 동사 뒤에 명사, 대명사가 오고, 그 다음에 의문대명사나, 의문부사, 또는 whether가 나타나서 to-부정사를 유도한다. 이 유형은 4형식 문형인 (VP 12A)와 비슷하다. 다음 예를 비교해보자.

Tell me your name.　　　(VP 12A) (4형식: Onions 4-2)
Tell me where to put it. (VP 20)　 (5형식: Onions 5-16)　명사보어

Onions 5-16　　　목적어 명사보어　10.　(VP 20)

이 동사유형에서는 동사 뒤에 명사/대명사, 또는 의문대명사, 의문부사, 또는 whether가 유도하는 to-부정사가 온다.

예문표 71　　　　　　　　　　　　　　　　　　Hornby (1975: 71)

Subject + vt +	noun/pronoun +	interrogative + to-infinitive (phrase)
1. I showed	them	how to do it.
2. Tell	me	whether to trust him or not.
3. Ask	your teacher	how to pronounce the word.
4. They told	us	where to shop cheaply.
5. I don't like people to tell	me	what to do and what not to do.
6. I wonder who taught	Jane	how to manage her husband so cleverly.
7. Will you advise	me	which of them to buy?
8. Ask	him	what to do next.

예문표 71의 해석

1. 나는 그들에게 그것을 어떻게 하는지 (하는 방법을) 보여주었다.
2. 그를 믿어야 할지 어떨지 내게 말해 주세요.
3. 그 단어를 어떻게 발음하는지 너의 선생님에게 물어보라.
4. 그들은 우리가 어디에서 싸게 살 수 있는지 알려주었다.
5. 나는 "무엇을 하라," "무엇을 하지 말라"고 나에게 말하는 사람들을 좋아하지 않는다.
6. 누가 Jane에게 그녀의 남편을 그렇게 영리하게 다루도록 가르쳐 주었는지 궁금하다.
7. 그들 중에서 어느 것을 사야할지 나에게 충고해주시겠어요?
8. 그 다음에 무엇을 하면 좋은지 그에게 물어보세요.

해설: 위 (VP 20)을 다음 (VP 21)로 바꾸어 말할 수 있는 경우가 종종 있다.

1. I showed them how they should do it.
4. They told us where we could shop cheaply.

72

목적어 명사보어 11. (VP 21)

Verb Pattern 21

83:    이 동사 유형은 (VP 20)과 비슷하나, (VP 21)에서의 의문사는 to-
부정사가 아니고, "의문 종속절을 유도한다는 점이" (VP 20)과 다르
다. 이 유형에서는 if가 조건절을 유도하는 if와 혼동할 우려가 없는
한, whether와 같은 의미로 바꾸어 사용할 수 있다.

예문표 72   Hornby (1975: 71)

Subject + vt +	noun/pronoun +	dependent clause/question
1. Tell	me	what your name is.
2. Ask	him	when the next plane leaves.
3. Can you tell	me	how high it is?
4. They asked	me	whether/if I had ever been there before.
5. Show	me	where you used to live.
6. She told	me	why she had come.

5-17   예문표 72의 해석

1. 너의 이름이 무엇인지 알려주세요.
2. 다음 비행기가 언제 떠나는지 그에게 물어봐.
3. 그것이 얼마나 높은지 내게 말해줄 수 있니?
4. 그들은 내가 전에 그곳에 가본 적이 있는지 내게 물었다.
5. 당신이 옛날 살고 있었던 곳을 내게 보여주십시오.
6. 그녀는 왜 왔나 그 이유를 내게 말했다.

해설: 이 유형은 (VP 20)과 마찬가지로, (VP 12A)와 비슷하다. 다음 두 문
장을 비교해 보자.
a. Tell me your name.   (VP 12A) (4형식: Onions 4-2)
b. Tell me what your name is.   (VP 21) (5형식: Onions 5-17)

"종속 의문절이 (VP 12A)"와 다르다.

(VP 12A)는 (VP 13A)로 바꿀 수 있으나, (VP 20), (VP 21)은
(VP 13A)로 바꾸어 말할 수는 없다.
왜냐하면 (VP 13A)는 직접목적어 다음에 to-전치사구가 나타나는데,
의문종속절을 전치사구로 변형할 수 없기 때문이다.

73

Verb Pattern 22

84:　이 유형의 동사는 직접목적어로 명사 / 대명사 / 동명사가 오고
　　형용사가 보어로 뒤에 따라온다.

예문표 73　　　　　　　　　　　　　　　　7Hornby (1975: 72)

Subject + vt	noun/pronoun/gerund (DO)	+ adjective
1.　We painted	the ceiling	green.
2.　Could you push (keep)	the door	shut?
3.　She flung	all the windows	open.
4.　The cat licked	the saucer	clean.
5.　The Governor set	the prisoners	free.
6.　The workmen hammered	the metal	flat.
7.　She boiled	the eggs	hard.
8.　She dyed	her hair	green.
9.　They beat	the poor boy	black and blue.
10.　The drunken men shouted	themselves	hoarse.
11.　They later slept	themselves	sober.
12.　The barber cut	your hair	very short.
13.　Have I made	my meaning	clear?
14.　The news struck	me	dumb with amazement.
15.　The blister on my heel made	walking	painful.
16.　I want to see	you	happy.
17.　He wished	himself	dead.
18.　They found	the birdcage	empty.
19.　He likes	his coffee	strong.
20.　He bores	me	stiff.
21.　Sing	it	loud and clear.
22.　It's better to leave	somethings	unsaid.
23.　I drank	the milk	hot.
24.　The speaker held	his audience	spellbound.
25.　Don't let	your dog	loose.
26.　We proved	him	wrong.
27.　How did you get	yourself	so dirty?

예문표 73의 해석

1. 우리는 천장을 녹색으로 칠했다
2. 문을 밀어서 닫아 주시겠습니까?
3. 그녀는 모든 창문을 활짝 열었다.
4. 고양이는 접시를 깨끗이 핥았다.
5. 지사는 죄수들을 석방시켰다.
6. 직공들은 그 금속을 두들겨 평평하게 (납작하게) 폈다.
7. 그녀는 달걀을 딱딱하게 삶았다.
8. 그녀는 머리를 녹색으로 염색했다.
9. 그들은 불상한 소년을 시퍼렇게 멍들도록 때렸다.
10. 그 술 취한 사람들은 목이 쉬도록 외쳤다.
11. 나중에 그들은 자면서 술이 깼다.
12. 이발사는 너의 내 머리를 아주 짧게 깎았다.
13. 내 말 뜻을 알아들었습니까?
14. 그 소식을 듣고 나는 놀라서 말문이 막혔습니다.
15. 발뒤꿈치의 물집이 걸을 때 나를 아프게 했다.
16. 나는 네가 행복한 것을 보고 싶다.
17. 그는 (자신이) 죽고 싶었다.
18. 그들은 새장이 빈 것을 발견했다.
19. 그는 진한 커피를 좋아한다.
20. 그는 나를 아주 지루하게 했다.
21. 크게 분명한 소리로 노래를 불러라.
22. 어떤 일은 말하지 않고 내버려 두는 것이 더 좋다.
23. 나는 우유를 데워서 마셨다.
24. 연사는 청중을 마법으로 매혹시켰다.
25. 너의 개를 풀어놓지 말아라.
26. 우리는 그가 틀렸다는 것을 입증했다.
27. 어떻게 해서 너는 그렇게도 더러운가?

해설: 직접목적어가 긴 명사구이면, 형용사가 앞에 올 수도 있는데, 그것
이 보통이다. 다음을 문장을 비교해 보자:

The Governor <u>set</u> the prisoners <u>free</u>.
The Governor <u>set free</u> all the prisoners whose offences were
purely political.

He made his views <u>clear</u>.
He made <u>clear</u> his views on this unusual proposal.

주어가 to-부정사구 일 때, 가주어 it를 사용해서, to-부정사구를 뒤로 돌릴 수 있다.

To see animals being cruelly treated makes her furious.
It makes her furious to see animals being cruelly treated.

직접목적어가 명사나 대명사가 아닌, to-부정사구, 동명사 구, 종속 의 문절, 또는 that이 유도하는 절이 사용될 경우는, 가목적어 it를 사용해서 형용사가 바로 그 뒤에 온다.

He made his objection clear.
He made it clear that he objected to the proposal.
You have not made it clear whether financial help will be forthcoming.

The blister on my heel made it painful to walk.
Do you find it pleasant to live in a small village?
Jane found it dull working at the kitchen sink all day.

10/11에서 동사 shout, sleep는 재귀대명사를 목적어로 택하고 있다.
10은 They shout until they were hoarse.
11은 They became sober during sleep.의 뜻이다.

18의 의미는 다음과 같은 어구를 더하면 분명해 진다: when they came down to breakfast. 즉, "They found the birdcage empty when they came down to breakfast." (아침을 먹으려 내려왔을 때, 새장은 비어 있었다). 18을 "They found the empty birdcage. (아무 것도 없는 새장을 발견했다)"와 비교해보라.

22의 동사 leave는 "unsaid"와 같이, un-이 붙은 동사의 과거분사와 함께, 이 동사문형에서 사용된다.

22처럼 "Some things are better left unsaid."라는 수동형 문장으로 나타내는 것이 보통이다.

(VP 22) 문형에서처럼 형용사가 언제나 문장 끝에 오는 것은 아니다. 예컨대, "make good one's escape (도망에 성공하다 = succeed in one's attempt to escape)," 또 "make good a claim (주장, 요구를 관찰하다 = be successful in one's claim)," 등의 make good은 형용사 good이 동사와 목적어 중간에 놓인다. 이와 같은 관용구는 사전에 나와 있다.

(VP 22)에 주로 사용되는 동사들은 bake, beat, burn 등 28 개 정도가 있는데, 앞 (20)의 동사 유형 표 (VP 22)를 참조하라.

74

Onions 5-19   목적어 명사보어 13.   (VP 23A)

Verb Pattern 23

85:   이 동사유형에서는, 동사 뒤에 명사/대명사가 직접목적어로 오고, 다시 명사/대명사가 목적보어 (VP 23A)로, 또는 주격보어 (VP 23B)로 온다. (VP 23B)의 경우는 동사 바로 뒤에 오는 명사나 대명사는 목적어가 아니라, <u>부사구 (for + 명사, 또는 to + 명사로 된)</u>로 해석된다. 우선 주격보어가 아닌, 목적격 보어로 나타나는 동사 유형부터 보기로 한다.

예문표 74   Hornby (1975: 74)

Subject + vt +	noun/pronoun (DO)	noun(phrase) (object complement)
1. They made/declared elected/appointed	Newton	President of the Royal Society.
2. Do you want to make	acting	your career?
3. She's made	the job	a success.
4. I make	the total	sixty.
5. It's Andrew who made	the group	what it was.
6. He seduced the girl but later made	the girl	his wife.
7. They wanted to crown	Caesar	King.
8. They named but unusually call	the baby him	Richard Dick.
9. The team have voted	me	their new captain.
10. She has dyed	her hair	a beautiful shade of green.
11. The invaders found and left	the place it	a prosperous village a scene of desolation.

1. 그들은 Newton을 영국 학술원 회장으로 선언했다 / 선출했다 / 임명했다.
2. 너는 배우노릇을 평생 직업으로 하고 싶은가?
3. 그녀는 그 일을 성공시켰다.
4. 나의 계산으로는 총계가 60이다.
5. 그 그룹을 그렇게 만든 것은 바로 Andrew이다.
6. 그는 그 소녀를 유혹해서 후에 그녀를 그의 부인으로 만들었다.
7. 그들은 Caesar를 왕위에 앉히기를 원했다.
8. 그들은 그 아기를 Richard로 이름을 지었으나 평소에는 Dick라 부른다.
9. 그 팀은 나를 그들의 새 주장으로 선출했다.
10. 그녀는 그녀의 머리를 아름다운 녹색의 색조로 염색했다.
11. 침범자들이 왔을 때에는 그 곳이 번창한 마을이었으나, 떠날 때에는 황폐한 모습으로 남겨두었다.

해설: 위 1의 elect, declare 등의 동사 다음에 목적보어의 명사가, 예컨대, president, chairman처럼 하나뿐인 직책을 말하는 경우, 그 앞에 정관사를 생략한다.

직접목적어가 명사나 대명사가 아니고, to-부정사구나 that이 유도하는 절이면, 가목적어 it를 사용한다.

a. They have made <u>it</u> an offence <u>to drive</u> a motor vehicle with more than a certain percentage of alcohol in the blood.
(혈액 중에 일정비율 이상의 알콜 성분을 가지고 운전하는 것을 위법으로 했다)
b. They have made <u>it</u> a condition <u>that</u> only the best materials shall be used. (최고의 재료만 사용한다는 것을 조건으로 했다)

수동문으로 바꾼 예:

1. Newton was made President of the Royal Society.
8. The baby was named Richard but is usually called Dick.

어떤 동사는 (VP 23A)에도 (VP 25)에도 사용된다. 차이는 to be를 생략하는가, 않는가에 달려있다.

He declared himself (to be) the leader of the organization.
You consider yourself (to be) a genius, don't you?

75

86:　문의 5형식에서의　"유일한 주격 명사보어"

예문표 75　　　　　　　　　　　　　　　　　　　　　　　Hornby (1975: 74)

Subject + vt +	noun/pronoun +	noun (phrase) (subject complement)
1. This wool should make	me	a good thick sweater.
2. Jill has made	Jack	an excellent wife.

5-20　　　　예문표 75의 해석

1.　이 양털은 나에게 좋은 두꺼운 sweater를 만들어줄 것이다.
2.　Jill은 Jack에게 훌륭한 부인이 될 것이다.

해설:　위 1/2는 다음과 같이 다른 말로 표현할 수 있다.
　　　　1.　This wool should make a good thick sweater <u>for me</u>.
　　　　2.　Jill has been an excellent wife <u>for Jack</u>.

76

Verb Pattern 24

87: 이 유형에서는 동사 뒤에 명사, 대명사가 오고, 그 뒤에 과거분사가 온다. 이 유형에서는 have를 별도로 다루어야 하기 때문에, (VP 24 A, B, C)로 세분화 된다.

88: **Onions 5-21** 목적어 형용사 보어 (과거분사) 15 (VP 24 A)

예문표 76　　　　　　　　　　　　　　　　　　　　Hornby (1975: 75)

Subject + vt +	noun/pronoun + (DO)	past participle (phrase)
1. Have you ever heard	a pop song	sung in Japanese?
2. Have you ever seen	the mountain	covered in snow?
3. You must make	yourself	respected.
4. He couldn't make	himself	heard.
5. You should make	yourself	known.
6. We found	the house	deserted.
7. They found	themselves	stranded at the airport.
8. We want	the work	finished by Saturday.
9. I'll see	you	dammed first.

해설:

위 (VP 24)의 Onions 5-21은 목적어 다음에 동사의 과거분사가 나타나므로, 이 과거분사를 형용사로 인정해서, 목적어의 형용사 보어로 본다. 그러나 의미상으로 보면, 5번의 예는 부사적으로 해석되고, 나머지는 모두 명사적으로 해석된다.

예문표 76의 해석

1. (영어의) 대중가요가 일본어로 불러지는 것을 들은 적이 있니?
2. 그 산맥이 눈으로 덮인 것을 본적이 있니?
3. 당신은 자신을 존경받도록 해야 한다.
4. 그는 그의 목소리를 상대가 듣도록 할 수 없었다.
5. 당신 자신을 알리도록 해야 한다. ==>
   자신의 명성이나 견해를 타인들이 알도록 해야 한다.
6. 우리는 그 집이 버려져있는 (사람이 살고 있지 않은) 것을
   알게 되었다.
7. 그들은 공항에서 좌초된 (오도 가도 못하는 / 꼼짝 못하는) 처지가
   되었다
8. 우리는 그 일을 토요일까지 끝내기를 원합니다.
9. 네가 먼저 지옥에 (가는 것을 볼 것이다) 갈 것이다.

해석: 9: 나는 네가 먼저 지옥에 떨어지는 것을 볼 것이다

77

89:　동사 have가 이 유형에 사용되면, 아래 예문표 77의 1-9에서처럼, 주어가 받는 "경험, 고통, 손해"를 나타낸다. 또 10/11에서처럼, "준비, 소유"를 나타내기도 한다.

예문표 77　　　　　　　　　　　　　　　　　　　　　　Hornby (1975: 75)

Subject + vt +	noun/pronoun + (DO)	past participle (phrase)
1. She's had	her handbag	stolen.
2. King Charles I had	his head	cut off.
3. The pilot had	his plane	hijacked.
4. The soldier had	his left leg	amputated.
5. I've recently had	my appendix	removed.
6. I've not yet had	a street	named after me.
7. Last week we had	all our windows	broken by hooligans.
8. This week we've had	the house	broken into by thieves.
9. She's having	her eyes	tested.
10. We have	your medicine	prepared now.
11. I've	no money	left.

5-22　　　예문표 77의 해석

1. 그녀는 핸드백을 도둑맞았다,
2. Charles I세의 왕은 목이 잘렸다.
3. 그 조종사는 그의 비행기를 공중에서 납치당했다.
4. 그 군인은 그의 왼쪽 다리를 (수술에서) 절단했다.
5. 나는 나의 맹장을 최근에 제거했다.
6. 나는 아직 내 이름이 붙여진 거리는 없다.
7. 지난 주에 우리 집의 모든 창문이 깡패들에 의해서 깨져버렸다.
8. 이번 주에 우리 집에 도둑이 들어왔다.
9. 그녀는 그녀의 눈을 검사받고 있다.
10. 우리는 지금 당신의 약을 준비했습니다.
11. 나는 돈이 한푼도 남아있지 않다.==> 없다.

해설: 위 예문에 나타난 have 동사와 be 동사 간에, 다음 예와 같이,
     의미상의 연관이 있음을 보여주고 있다.

She has blue eyes.
= Her eyes are blue. (위의 예문에 제시되지 않은 예)

9는   Her eyes are being tested.로 말할 수 있다.

10은   Your medicine is prepared now.
      = We have prepared your medicine now.

11은   There's no money left.
      = I don't have any money left.

Onions 5-23   목적어 형용사 보어 (과거분사) 17. (VP 24C)

90: 동사 have, get도 (VP 24) 유형에 사용되며, 사역의 뜻을 나타낸다.

예문표 78   Hornby (1975: 76)

Subject + have/get +	noun/pronoun + (DO)	past participle (phrase)
1. I must have/get	my hair	cut.
2. Let's have/get	our photograph	taken.
3. I'll just get	myself	tidied up.
4. Why don't we have/get	the house	painted?
5. You'll have to get	the tooth	filled.
6. I'll have/get	the matter	seen to.
7. Can we have/get	the program	changed?

5-23   예문표 78의 해석

1. 나는 나의 머리를 깎아달라고 해야겠다.
2. 사진을 찍자. <== 사진을 (다른 사람에 의해) 찍히도록 하자.
3. 나는 (나 자신의) 몸단장을 좀 해야겠다.
4. 왜 집에 패인트 칠을 해달라고 하면 어떻나?
5. 너는 그 충치를 치료해 채워 넣어야 한다.
    (요사이 치과에서는 흔히 " 보충" 치료라 부른다)
6. 그 문제를 어떻게 처리하도록 할 것입니다.
7. 우리는 그 프로그램을 변경시킬 수 있습니까?

get은 사역의 의미를 가지고 있는데, 목적보어로 to-부정사를 선택한다:
My parents got my drean <u>to come true</u>.
(앞 Onions (5-8): 예문표 63의 8 참조)

해석: 3. tidy up 몸단장을 하다
       6. see to 처리하다

Onions 5-24　　　목적어 형용사/명사 보어.　18　(VP 25)

Verb Pattern 25

91:　　이 동사유형에 사용되는 대부분의 동사는 "의견, 판단, 신념, 추측,
　　　선언" 또는 "지적지각 (mental perception)"을 나타낸다. 이 유형의
동사 뒤에는 "명사/대명사 (직접목적어) + to be + 형용사/명사"가 따른다.
아래 보기에서처럼 이 to be는 생략되는 경우가 있다. 단 완료부정사 (to
have been)일 때에는 생략되지 않는다.

　　　이 유형은 격식을 차린 문체로 특별한 것인데, 구어체보다는 문어체로
사용되는 것이 일반적이다. 구어체에서는 that이 유도하는 절(VP 9)을 사용
하는 것을 더 선호한다. 아래에 두 가지 예문이 제시되었다: 두 번째의 예문
표 80은 목적어 자리에 가목적어 it를 사용하고, 진목적어 자리에 명사/대명
사가 아닌, 긴 어구가 사용된 유형의 예가 나타난다. 즉, 가목적어 it를 사
용하고, 진목적어는 that-절, to-부정사구, 전치사구 이하가 된다. 먼저 가목
적어를 사용하지 않은 (VP 25)의 첫째 유형부터 보기로 하자.

Subject + vt +	noun/pronoun + (DO)	(to be) adjective/noun (phrase)
1. Most people considered him		(to be) innocent.
2. They all felt	the plan	to be unwise.
3. We believe	it	to have been a mistake.
4. Everyone reported	him	to be best man for the job.
5. I should guess	her	to be about fifty.
6. He declared	himself	(to be) the leader of the organization.
7. All the neighbors supposed	her	to be a widow.
8. I considered	what he said	(to be) unimportant.
9. I know	this	to be a fact.
10. I have always found	Jonathan	friendly/a good friend.
11. They knew	the man	to have been a spy.
12. The weather bulletin reports	the roads	(to be) clear of snow.
13. In Britain we presume	a man	(to be) innocent untill he is proved guilty.

5-24   예문표 79의 해석

1. 대부분의 사람들은 그가 무죄라고 여기고 있습니다.
2. 그들은 모두 그 계획이 현명치 못하다고 느꼈다.
3. 우리는 그것이 잘못이었다고 믿는다.
4. 모든 사람들은 그가 그 일에 적격자라고 보고했다.
5. 나는 그녀가 50세쯤 되었다고 생각한다.
6. 그는 스스로 그 조직의 지도자로 선언했다.
7. 모든 이웃 사람들은 그녀가 과부라고 생각했다.
8. 나는 그가 말한 것은 중요하지 않다고 생각한다.
9. 나는 이것을 사실로 알고 있다.
10. 나는 Jonathan을 친한 친구 / 좋은 친구로 알고 있다.
11. 그들은 그 남자를 스파이였었다는 것을 알고 있었다.
12. 일기예보는 도로의 눈이 깨끗이 치워졌다고 보도했다.
13. 영국에서는 사람이 유죄로 입증될 때까지는 죄가 없는 것으로
    생각한다.

해설: (VP 9)로 바꾼 예:

1. Most people considered (that) he was innocent.
7. All the neighbor supposed (that) she was a widow.

수동형으로 바꾼 예문:

2. The plan was felt to be unwise.
13. In Britain a man is presumed (to be) innocent until he is proved guilty.

직접목적어를 절(clause)로 표현하면 다음과 같이 된다:

The custom, which I think barbarous,....
(내가 야만적이라고 생각하는 이 관습은....)

The accused man, whom I considered (to be) innocent....
(나는 무죄라고 보았던 그 피고는......)

The visitor, who(m) I guessed to be about thirty....
(30세 정도로 보이는 그 방문객은........)

She is not so young as I supposed her to be.
(그녀는 내가 생각했던 것 만큼 젊지 않다)

92: 직접목적어가 명사나 대명사가 아니고, that이 유도하는 절, to-부정
사구, 동명사, 또는 "for/of + 명사/대명사 + to-부정사"일 때에는 직
접목적어 자리에 가목적어 it를 둔다.

Onions 5-25   형용사 / 명사가 "가목적어 보어"로 된 19.
(VP 25)의 변형

예문표 80   Hornby (1975: 80)

Subject + vt +	it adjective +/noun	clause/phrase, etc.
1. Do you think	it odd	that I should live alone?
2. Do you think	it odd	for/of me to live alone?
3. People no longer consider	it strange	for men to let their hair grow long.
4. Everyone thought	it very foolish	of you to climb the mountain without a guide.
5. I think	it a scandal	that there's so much racial prejudice still about.
6. Don't you consider	it wrong	to cheat in examinations?
7. One day they may think	it right	to thank us for all we've done.

5-25   예문표 80의 해석

1. 너는 내가 혼자 사는 것이 이상하다고 생각하나?
2. 너는 내가 혼자 사는 것이 이상하다고 생각하니?
   (2번은 1번과 의미는 동일하나, "for me / of me"라는
   의미상의 주어가 나타는 것이 1번과 다를 뿐이다.)
3. 사람들은 남자들이 그들의 머리를 길게 기르는 것을 이제는 이상하게
   여기지 않는다.
4. 모든 사람들은 네가 안내원 없이 등산을 하는 것을 바보스럽게
   생각했다.
5. 아직도 그렇게 인종적 편견이 있다는 것은 수치스러운 일이라
   생각된다.
6. 시험에서 부정행위를 하는 것을 나쁘다고 생각하지 않나?
7. 어느 날 세상 사람들이 우리 모두가 한 일에 대해서 감사하다고
   생각하는 것이 옳다고 생각하게 될지도 모른다.

지금까지 문의 5형식의 분석에서 다음과 같은 분석결과가 나타났다. 전체 25개 유형 중에서,

1. 목적어 부사보어: 6
2. 목적어 명사보어: 13
3. 주격명사 보어: 1
4. 목적어 형용사 보어: 3
5. 목적어 형용사 / 명사
   공용보어: 2
                         계 25

지금까지 논의된 내용을 요약하면, 문의 5형식에서도 목적어 보어로, "**부사보어**"가 나타났다. 그러나 종전의 Onions의 5형식에서는 "목적어 부사보어"가 전혀 제시되지 않았다. "목적어 부사보어"는 한 가지 유형만 존재하는 것이 아니라, 5형식에서는 Onions 5-1, 5-2, 5-3, 5-4는 "put 동사 유형"과 "부사적 불변화사 (adverbial particles)"에서 나타난 것이고, Onions 5-5, 5-6은 5형식 문장구조에서, 부사수식어가 부사보어의 역할을 하기 때문에 "부사보어"로 나타난 것이다. 5형식에서는 모두 6개의 "부사보어" 유형이 있다. 이들 중에서 부사수식어인가, 부사보어인가, 애매한 경우가 바로 Onions 5-5와 5-6이다. 앞에서도 설명했지만, 아래에 그 예를 다시 인용한다.

Onions 5-5   예문표 60의 1번
              He brought his brother to see me.

Onions 5-6   예문표 61의 1번
              They've hired a fool as our football coach.

앞 Onions 5-5에서 이미 설명이 되었지만, 부사보어 to see me를 보충하지 않으면, 문장의 의미가 완벽하지 못하다. 즉, "그는 그의 동생을 데려왔다."는 의미상으로 완벽하지 못하다. 왜 데려왔느냐 하는 이유를 보충해야 완벽하다고 보았다. 그래서 "to see me"를 "부사보어"로 인정했다. 5-6의 경우도 "as our football coach"가 보충되어야 문장의 의미가 완전하게 된다. 즉, 바보를 채용했는데, 바보를 어떤 직위에 채용한 것인가를 보충설명해야 하기 때문에 "부사보어"이다.

만일 이들을 동사를 수식하는 "부사수식어"로 본다면 이 유형들은 3형식 문장이 되어야 한다. 그러나 Hornby는 이 문장들을 5형식 문장에 포함시키고 있는 이상, 이 유형들은 목적보어로 "부사보어"를 갖는 유형임에 틀림없다. 따라서 이들을 영어문법에 당연히 추가시키고, 이 이론을 인정해야 한다고 주장한다. 그리고 종전의 문의 5형식에서는 목적격 보어만 있다고 기술했으나, 앞 Onions 5-20과 같이, 5형식에서도 "주격 명사보어"가 존재한다는 것도 포함시켜야 할 것이다.

Onions의 문의 5형식이 Hornby의 25개 형식으로 확장되어 완벽하다고 할 수 있다. 6개의 부사보어 구조를 제외하고, 명사보문 구조가 14개, 형용사 보문 구조가 2개, 그리고 형용사/명사 공용 보문구조가 2개, 5형식에서 주격 명사보어 유형이 1개, 전체 25개의 문유형으로 확인 되었다. 형용사 보문구조와, 형용사/명사 공용보문 구조는, 그 전의 문의 5형식과 동일함을 확인할 수 있으나, 명사보문 구조는 14개라는 Hornby의 분석이 더욱 구체적임을 알 수 있다.

　　　그러나 앞 본론 (18)에서 언급한 것 같이, Hornby의 전체 80개 유형을 요약하면, Onions의 문의 5형식으로 압축할 수 있다. 따라서 이점에 있어서는 Onions의 5형식 이론의 타당성을 인정한다. 그렇지만 현재의 5형식은 그 내용으로 보면, 각 형식마다 몇 개의 동사유형이 있는지 확실한 유형의 수가 없었고, 또 앞에서 본 것같이 잘못된 것도 있었다.

　　　이제 동사 유형에 이어서 다음 제2부에 제시된 7개의 형용사 유형을 보기로 하자.

제2부 Onions의 새로운 형용사의 7개 유형 (Adjective Patterns):

81 에서부터 87 까지

아래에서 7 가지 형용사 유형을 제시한다.

1. AP1A (형용사 + to-부정사) (easy to deceive: John is easy to deceive.)
2. AP1B (형용사 + to-부정사) (eager to please:
                                        Jim is eager to please everyone.)
3. AP1C (형용사 + to-부정사) (wrong to leave: It's wrong of Jim to leave.)
4. AP1D (형용사 + to-부정사) (likely to be fine:
                                        The weather is likely to be fine.)
5. AP1E (형용사 + to-부정사) (first to arrive: Jim was first to arrive.)

6. AP2 (형용사 + 전치사 + 명사/대명사) (be afraid of the dog.)
7. AP3 (형용사 (+ 전치사) + 절) (I'm sure that he'll come soon.)

81

형용사 유형 (AP 1A)

이 유형에서 사용되는 형용사는 to-부정사 앞에 나타난다. 그런데 "(형용사 + to-부정사)"의 구조에서, 형용사가 변화됨에 따라, 5 가지 유형으로 분류될 수 있다: 즉, (AP1 A, B, C, D, E) 유형으로 변형된다.

먼저 (AP 1A) 유형에 나타나는 대표적인 형용사는 easy, difficult, hard (=difficult), safe, dangerous 등이 있다. 다음 예를 보자.

a. John is <u>easy</u> <u>to deceive.</u>　　　(John을 속이기가 쉽다)
b. It is easy to please John.
c. The house was <u>difficult</u> <u>to find.</u> (그 집을 찾기가 어려웠다)
d. It was difficult to find the house.

위 a, c 문장에서 "be + 형용사 + to-부정사"의 외형적인 주어, (John, The house)는 사실은 to-부정사의 목적어이다. 그러나 이들이 외적으로는 주어의 위치를 차지하고 있다. 위 a, c가 이와 같이 특수한 형용사 구조를 갖기 때문에, 이 구조를 학생들에게 가르치는 것을 회피할 필요는 전혀 없다고 본다. 오히려 학생들에게 이 특별한 유형을 반드시 가르쳐야 한다고 생각되어 여기에 제시하는 것이다. 영어 동사 중에서 어형변화를 보면, 불규칙적으로 변화하는 동사들이 대단히 많다.

이와 동일한 현상으로, 위에서 제시한 형용사들은 정상적으로 주어, 동사, 목적어의 위치를 유지하지 않고, 가주어 It가 나타나면, 목적어가 가주어의 위치로 이동하는 변화를 허용하는 유형이다. 이런 이유 때문에 이 형용사 유형을 반드시 여기에서 제시하고 가르칠 필요가 있다고 본다. 그래서 오히려 학생들에게 이런 구조를 설명해주고, 이 구조에 호기심을 갖도록 하는 것이 중요하다고 본다. 이런 특수한 구조는 언어마다 나타날 수 있다.

한국어는 예컨대, 외형상으로는 이중 주어구조를 갖는 문의 구조가 있는데, 두 번째 주어는 사실 목적어이다. 다음 예를 보자. 한국어에서는, "좋다," "싫다" 와 같은 형용사, 또 완전 자동사인 "있다" 등은 이중 주어를 선택하는 동사들이다.

①. 나는 순이<u>가</u> 좋다.　　②. 나는 순이<u>가</u> 싫다.
　　(나는 순이를 좋아한다)　　　　(나는 순이를 싫어한다)

③. 내가/나는 돈<u>이</u> 있다.　　④. 내가 복<u>이</u>/행운<u>이</u> 있다.
　　(나는 돈을 가지고 있다)　　　　(내가 복을 가지고 있다)

위 ①, ②의 두 가지 예에서, "순이가"는 목적어이면서도 주격조사 "가"를 갖고 주어가 되었고, ③, ④에서도 "돈<u>이</u> / 복<u>이</u> / 행운<u>이</u>"는 주격 조사 "이"를 갖고 주어의 역할을 하고 있다. 이 네 가지 예는 위 a, b의 영어의 구조와 동일하지 않지만, 목적어가 주격을 갖고, 주어의 역할을 한다는 점에서는 동일하다. 이와 같은 우리말의 예를 인용하면서, 이 문장을 분석한 Chomsky (1954)의 분석 결과를 우리의 영어문법에서 활용하기로 한다. 다음 예를 보자.

Ⓐ. It is easy to deceive John.   (John을 속이기가 쉽다)
Ⓑ. To deceive John is easy.   (John을 속이기가 (속이는 것이) 쉽다)
Ⓒ. John is easy to deceive.   (John을 속이기가 쉽다)

Ⓓ. It was difficult to find the house.   (그 집을 찾기가 쉬웠다)
Ⓔ. To find the house was difficult.   (그 집을 찾기가 (찾는 것이) 어려웠다)
Ⓕ. The house was difficult to find.   (그 집을 찾기가 쉬웠다)

위 Ⓐ, Ⓓ는 "It---to---구조"로 된 문장이기 때문에 진주어를 가주어 It의 자리에 옮기면, Ⓑ, Ⓔ가 자동적으로 나타난다. 그런데 위 Ⓒ, Ⓕ와 같은 문장은 어떻게 유도되어 나온 것일까? 그것은 Ⓐ, Ⓓ 문의 동사의 목적어, John과 the house가 가주어 It의 자리로 이동해서, 그 It 대신에 그 자리를 차지한 결과로 나타난 것이다. 이 형용사 (AP 1 A)의 유형에서만은

---

①. "It--to--의 구조"에서 위와 같이 목적어가 가주어의 위치로 이동하여 주어가 되는 것을 허용한다.
②. 이 유형의 "It--to--의 구조"에서 "전치사의 목적어"도 주어위치로 이동한다. 다음 쪽 a, b번의 예문을 참조하라.

이것이 형용사 (AP 1A)의 영어문법이다. 앞에서 제시된 (AP 1A)의 "3 가지 다음 예문이 구조적으로 서로 어떤 관련이 있는 지 살펴보기로 하자." 다음 예를 보자:

Ⓐ. It is easy to deceive John.   (John을 속이기가 쉽다)
Ⓑ. To deceive John is easy.   (John을 속이기가 (속이는 것이) 쉽다)
Ⓒ. John is easy to deceive.

위 Ⓑ의 John은 Ⓐ에서 진주어인 to-부정사 이하의 구조가, 가주어 It의 자리로 이동한 결과로 나타났다. 그런데 Ⓒ는 Ⓐ 문에서 동사의 목적어가 가주어 it의 자리로 이동한 결과로 나타난 것이다. 동사의 목적어 뿐만 아니라, 전치사의 목적어도 가주어 it의 자리로 이동된다. 다음 예를 보자.

a. It was painful to listen to the story of her sufferings.
   (그녀의 고통스러운 이야기를 듣는 것은 괴로웠다.)
b. The story of her sufferings was painful to listen to.

그리고 how를 이용하여 앞 182 쪽의 Ⓐ, Ⓓ 유형의 문장을 다음 C, D와 같은 감탄문으로 변형시킬 수도 있다.

C. How easy it is to deceive John! (John을 속이는 것이 얼마나 쉬운가!)
D. How difficult it was to find the house! (그 집을 찾는 것이 얼마나 어려웠던가!)

앞 182 쪽의 Ⓐ, Ⓓ 유형을 E, F와 같은 부정 감탄문으로 변형시키는 것도 가능하다.

E. Isn't it easy to deceive John! (John을 속이는 것이 쉽지 않은가!)
F. Wasn't it difficult to find the house? (그 집을 찾는 것이 어렵지 않았던가?)

이제 위에서 언급한 Ⓐ, Ⓑ, Ⓒ 문장이 서로 구조적인 관련성을 갖고 있기 때문에, 다음 ①에서부터 ⑨까지, 변형된 문장으로 나타나는 예를 살펴보기로 하자.

①. It is pleasant to work in this room.에서 전치사의 목적어 this room이 it 의 자리로 이동하면, 아래 1번과 같은 문장으로 나타나고, to-부정사나 동명사로 된 주어를 선택하면, 2번과 같은 문장으로 나타난다. 또 how를 사용해서 3번과 같은 감탄문, 4번과 같은 부정형 감탄문으로도 표현할 수 있다.

1. This room is pleasant to work in.   (이 방은 일하기가 쾌적하다)
   1번 문장의 this room은 문장 끝에 있는 전치사 in의 목적어인데, 가주어 it 자리로 이동하여 나타난 주어이다.

2. To work / Working in this room is pleasant.
   위 1번 문장의 기저 구조가 "it---to--- 구조"이므로 to-infinitive 구조 자체나, 또는 to-infinitive 구조를 동명사의 형태로 변형시켜 주어로 만들 수 있다.

3. How pleasant it is to work in this room!
   (이 방에서 일하기가 얼마나 쾌적한가!)

4. Isn't it pleasant to work in this room!

②. 아래 1번의 문장에서 전치사 to의 목적어를 가주어 It의 위치로 이동시 키면, 2번의 문장이, to-부정사나 동명사를 주어로 하면, 3번의 문장 이, 1번의 문장을 감탄문으로 변형시키면, 4번의 문장이 나타난다.

1. It was painful to listen to the story of her sufferings.
   (그녀의 고통스러운 이야기를 듣는 것은 괴로웠다)
2. The story of her sufferings was painful to listen to.
   (전치사의 목적어를 가주어 It의 자리로 이동시킨 문장)
3. To listen to the story of her sufferings was painful.
   (그녀의 고통스러운 이야기를 듣는 것은 괴로웠다)
   ("It--to--의 구조"에서 진주어를 가주어 It의 위치로 이동시킨 문장)
4. How painful it was to listen to the story of her sufferings!
   (그녀의 고통스러운 이야기를 듣는 것은 얼마나 괴로운가?)

③. 아래 1번의 문장에서 전치사의 목적어를 주어로 나타내면, 2번의 문장 이, to-부정사나, 동명사를 주어로 나타내면, 3번의 문장이 나타난다.

1. It's dangerous to bathe in this river.
2. The river is dangerous to bathe in.

(이 강은 수영하기에 위험스럽다)
3. To bathe / Bathing in this river is dangerous.

④. 아래 1번의 문장에서 동사의 목적어인 some people을 주어로 하면, 2번 의 문장이, to-부정사나, 동명사를 주어로 하면, 3번의 문장이, 1번 문장 을, 부정 감탄문으로 변형하면, 4번의 문장으로 나타난다.

1. It's hard to please some people.
2. Some people are hard to please.
   (어떤 사람들은 기쁘게 하기가 어렵다)
3. To please / Pleasing some people is hard.
4. Isn't it hard to please some people!
   (어떤 사람들은 기쁘게 하기가 참 어렵지 않은가!)

⑤. 아래 1번의 문장에서 전치사 with의 목적어를 주어로 하면, 2번의 문장 이, to-부정사나, 동명사를 주어로 하면, 3번의 문장이, 1번의 문장을 감탄문으로 변형하면, 4번의 문장이 나타난다.

1. It's impossible to work <u>with</u> that man.
2. That man is impossible to work with.
   (그 사람과 함께 일하기는 불가능하다)
3. To work / Working with that man is impossible.
4. How impossible it is to work with that man!
   (그 사람과 함께 일하기란 얼마나 어려운가!) = (...함께 일하기는 불가능 하다!)

⑥. 아래 1번의 문장에서, to 전치사의 목적어를 주어로 하면, 2번의 문장 이, to-부정사를 주어로 하면, 3번의 문장이, 감탄문으로 변형하면 4번 의 문장이 나타난다.

1. It was exciting / thrilling, etc, to listen <u>to</u> the story of his adventures.
2. The story of his adventures was exciting / thrilling / fascinating / interesting to listen to.
3. To listen / Listening to the story of his adventures was exciting / thrilling, etc.
   (그의 모험의 이야기는 듣는 것은 흥분하게 / 마음을 죄게 / 황홀하게 / 흥미를 갖게 했다)

4. How exciting / thrilling, it was to listen to the story of his adventures! (그의 모험담을 듣는 것은 얼마나 흥분하고 / 마음 죄게 하는가!)

⑦. 아래 1번의 문장에서 목적어를 주어로 하면, 2번의 문장이, to-부정사 나, 동명사를 주어로 하면, 3번의 문장이 나타난다.

1. It's difficult to heat these big rooms.
   (이 큰 방들은 난방하기가 어렵다)

2. These big rooms are difficult to heat.
3. To heat / Heating these big rooms is difficult.

⑧. 아래 1번의 문장에서, 전치사의 목적어를 주어로 하면, 2번의 문장이,
    1번의 문장을 감탄문으로 변형하면, 3번의 문장이 생성된다.

1. It has always been easy to get along <u>with</u> her.
2. She has always been easy to get along with.
    (그녀는 항상 사귀기 쉬운 사람이었다)
3. How easy it has always been to get along with her!
    (그녀는 항상 얼마나 사귀기 쉬운 사람이었던가!)

⑨. 아래 1번의 문장에서, to-부정사나, 동명사를 주어로 하면, 2번의 문장
    이, 전치사 to의 목적어를 주어로 하면, 3번의 문장이, 1번의 문장을 부
    정감탄문으로 변형하면, 4번의 문장이 생성된다.

1. It is pleasant <u>to talk</u> <u>to</u> <u>that girl</u>.
2. To talk / Talking to that girl is pleasant.
3. That girl is pleasant to talk to.
    (그 소녀는 말하기가 즐거운 사람이었다)
4. Isn't it pleasant to talk to that girl!
        (그 소녀에게 말하기란 즐거웠지 않았던가!)

    위와 같은 방법으로, 학생들이 당황하지 않고, John is easy to
deceive.라는 문장을 논리적으로 설명할 수 있는 길을 열어두었다고 본다.

    Chomsky (1954)의 분석결과로 위 (AP 1A)의 형용사 문법을 앞 Ⓐ,
Ⓑ, Ⓒ와 같이 제시하게 되었는데, 어떻게 그와 같이 분석했는지, 그 과정을
보기를 원하는 독자께서는 별첨 부록 4장을 참조하기 바란다.

해설:
    이 유형에서는 easy / difficult와 같이 서로 반대되는 뜻의 형용사가
사용되지만, 항상 그렇다고는 할 수는 없다.

a. That man is impossible to work with.는 허용되나,
    (그 사람은 함께 일하기란 불가능하다)

b. *That man is possible to work with.는 허용되지 않는다. c라야 한다.
    (그 사람은 함께 일하기란 가능하다)

c. <u>It</u>'s possible <u>to work with that man</u>.
    (그 사람과 함께 일하는 것은 가능하다)

d   Our team is impossible to defeat.나

(우리 팀을 패배시키는 것은 불가능하다)

e. To defeat our team is impossible.은 허용되나,
　(우리 팀을 패배시키는 것은 불가능하다)

f. *Our team is possible to defeat.는 허용되지 않는다. 다음 g라야 한다.
　(우리 팀이 패배시키는 것은 가능하다)

g. It's possible to defeat our team.
　(우리 팀을 패배시키는 것은 가능하다)

　위에서 defeat 대신에 win, lose를 사용하면, team이라는 명사는 쓰이지 않는다. win, lose, be defeated의 경우에는 team을 사용하면 의미상 team이 주어가 되어야 한다.

h. Our team cannot win / lose / be defeated.는 허용되나,

i. *To win / lose our team is (im)possible.과

j. *It's (im)possible to win / to lose our team.은 허용되지 않는다.

　위의 g번처럼, 바꾸어 말할 수는 있다.

k. It's (im)possible to defeat our team.
(AP 1A) 형용사는 명사 앞에 와서 그 명사를 수식하는 용법에도 사용된다.

This nut is hard to crack.　(이 호두는 깨기가 어렵다)
This is a hard nut to crack.
This question is difficult to answer.　(이 문제는 답하기가 어렵다)
This is a difficult question to answer.
She is impossible to live with.　(그 녀는 함께 살기란 불가능하다)
She's an impossible woman to live with.

82

형용사 유형 (AP 1B)

(AP 1A)에서는 다음 a, b에서 주어(S)와 목적어 (O)가 동일한 사람이다.

a. John (S) is easy to deceive.
b. To deceive John (O) is easy.

그러나 (AP 1B)에서는 그러한 동일성이 없다.

c. Mary (S) is anxious to please. (someone / O).

위 예문에서 please의 목적어가 표시되어 있지 않으나 보충할 수 있다. 다음 예는 (AP 1A)와 (AP 1B)의 차이를 더 분명하게 표시하고 있다.

d. Mary (S) is eager to introduce John (O) to her parents.

이 유형에 쓰이는 형용사는 희노, 애락, 공포 등의 감정을 표시하는 것, 또는 마음이 내킨다든지, 내키지 않는다든지, 놀람, 좋다, 싫다 등과 같은 심적 상태를 표시한다. 또 "--ed" 어미를 갖는 분사적인 형용사로서 종종 very, rather, quite 등 정도를 나타내는 부사와 함께 잘 사용된다.

이 유형에 사용되는 형용사는 많다. 다음 예들은 이러한 형용사를 사용해서 문장을 형성한 것이다. <u>아래 예에서 줄친 부분은 동사유형에는 나타나지 안 는다</u>. 그러므로 형용사 유형이 꼭 필요하다.

1. We're all <u>sorry to hear</u> of your illness.
    (네가 아프다는 것을 듣고 우리는 모두 미안하다)

2. We're all <u>glad / happy / relieved to know</u> that you're safe.
    (우리는 네가 안전하다는 것을 알고 기뻤다/행복했다/마음이 놓였다)

3. You should <u>be proud to have</u> such a clever and beautiful wife.
    (너는 그렇게 영리하고 아름다운 부인을 둔 것을 자랑으로 생각해야 한다)

4. He was <u>angry / upset / mortified to learn</u> that he had been left out of the team. (mortify: 억제하다, 굴욕감을 느끼다)
    (그는 팀에서 빠졌다는 것을 알고 화냈다/당황했다/ 굴욕감을 느꼈다)

5. We're immensely <u>delighted / amazed / excited / thrilled to learn</u> of your success.
    (우리는 너의 성공을 듣고서 대단히 기뻐했다/놀라웠다/흥분했다/감격했다)

6. She was <u>afraid / frightened / to go</u> near the big dog.
   (그녀는 그 큰 개 가까이에 가는 것을 무서워했다 / 두려워했다)

7. You were <u>lucky / fortunate to get</u> such a well-paid job.
   (너는 그렇게 보수가 좋은 일자리를 얻어서 행운이었다 / 다행했다)

8. You were <u>unlucky / unfortunate not to win</u> the prize.
   (너는 상을 받지 못해 불행했다 / 받을 운이 없었다)

9. Jane's father was <u>alarmed / shocked / infuriated to see</u> his daughter smoking. (Jane의 아버지는 그의 딸이 담배피우는 것을 보고 놀랐다/충격을 받았다/격노했다)

10. The children were <u>impatient to start</u>.
    (어린이들은 출발하고 싶어서 안달했다)

11. I was <u>curious to know</u> what he would say about me.
    (나는 그가 나에 대해 무엇이라 말할지 몹시 알고 싶었다)

12. Some people are <u>prone / inclined / disposed to jump</u> to hasty conclusions. (어떤 사람들은 속단을 내릴 경향이 있습니다)
    (prone: 수그린, 납작해진/<u>..하기 쉬운/...의 경향이 있는</u>)
    (disposed: 배치된/<u>...의 기질/자질을 가진</u>)

13. He is / seems <u>reluctant / loath / disinclined / unwilling / hesitant to talk</u> about the matter.
    (그는 그 문제에 대해 말하기를 꺼리는/덜 좋아하는/ 탐탁치 않은/싫어하는/ 주저하는 것 같다)

14. The boys are <u>determined / eager / keen / anxious to have</u> a bicycle like those of the children next door.
    (그 소년들은 이웃 아이들과 같은 자전거를 갖기를 결심했다/열열이 바랐다/ 간절히 바랐다 / 열망했다)

15. I should be quite <u>happy / content / satisfied / willing to live</u> in the south of France.
    (나는 남부 프랑스에 산다면 아주 행복 하겠다 / 만족하겠다/ 기꺼이 살겠다)

16. You're <u>welcome / free to use</u> my library.
    (너는 나의 장서를 사용하는 것을 환영한다 / 자유롭게 사용해라)

17. These clothes <u>are not fit / are unfit to wear</u>.
    (이 옷들은 맞지 않아 입지 못 하겠다 / 입기에 적당치 않다)

18. The train <u>is due to arrive</u> at 2. 30.

(그 열차는 2시 30분에 도착할 예정이다)

19. He's <u>quick / slow to make up his mind</u>.
    (그는 재빨리 결심했다 / 그는 결심하는데 느리다)

20. I shall be <u>able / unable to come</u> to the office tomorrow.
    (나는 내일 사무실에 올 수 있을 것이다 / 올 수 없을 것이다)

해설:

(AP 1A)의 경우와 같이, (AP 1B)에서도 happy / unhappy, lucky / unlucky, / willing / unwilling, glad / sorry처럼 서로 상반되는 뜻의 형용사가 쓰인다. 그러나 그러한 형용사가 전부 이 유형으로 쓰이는 것은 아니다.

The children were <u>impatient to start</u>. (어린이들은 출발하고 싶어서 안달했다)는
  허용되나
*Children were patient to start.는 허용되지 안 는다.

to-부정사의 주어가 앞 주절의 정형동사의 주어와 다를 때, 다음 b, d, f, h와 같이 to-부정사의 주어가 "(for + 명사 / 대명사)"로도 나타난다.

a. Harry is anxious to receive a good education.
   (Harry는 좋은 교육을 받기를 열망하고 있다)

b. Harry's parents are <u>anxious</u> <u>for him to receive</u> a good education.
   (Harry의 부모님들은 그가 좋은 교육을 받기를 열망하고 있다)

c. The children were impatient to start.
   (어린이들은 떠나고 싶어서 안달했다)

d. The children were <u>impatient</u> <u>for the holidays to start</u>.
   (어린이들은 휴가가 시작되기를 초조히 기다리고 있다)

e. I'm quite willing to come with you.
   (나는 기꺼이 너와 함께 가겠다)

f. I'm quite <u>willing</u> <u>for your brother to join us</u>.
   (나는 너의 동생이 기꺼이 우리와 함께 동참해줄 것을 바라고 있다)

g. We're anxious to get off.
   (우리는 빨리 내리기를 / 출발하기를 바라고 있다)

h. We're <u>anxious</u> <u>for everything to be settled</u>.
   (우리는 모든 일이 해결되기를 열망하고 있다)

이 유형을 사용한 표현법은 다음과 같이 여러 가지로 바꾸어 말할 수 있다.

1. "--ed"의 어미를 가진 분사가 있을 때에는, 능동태를 사용해서 바꾸어 말할 수 있다.

   To see Jane smoking alarmed / shocked / infuriated her father.
   (아버지는 Jane이 담배피우는 것을 보고, 놀랐다 / 충격을 받았다 / 격노했다)

2. "make"를 사용해서 바꾸어 말할 수도 있다.

   To hear Jane swearing made her father angry / furious.
   (Jane이 욕을 하는 것을 듣고, 그녀의 아버지는 화가 났다 / 격노했다)

3. to-부정사로 된 "동사를 사용함으로 서" 예컨대, 다음과 같은 말을 유도할 수도 있다. 이와 같은 유형은 동사 유형에는 나타나지 않는다.

   I am sorry to learn....   (나는...라고 하는 것을 알고 유감으로 여긴다)

   I regret to learn... (나는...라고 하는 것을 알고 후회 한다 / 유감으로 여기고 있다)

   We're glad to see.... (우리는...을 만나서 기쁘다)

   We rejoice to see.... (우리는 ...을 만나서 / 보고서 기쁘다)

   We were eager / anxious to know.... (우리는 ...을 알고 싶었다)

   We wanted/longed/yearned to know.... (우리는 ...을 꼭 알고 싶었다)

   She was sad to hear.... (우리는 ...을 듣고서 슬펐다)

   She grieved to hear....   (우리는 ...을 듣고서 슬펐다)

   이런 경우에 형용사를 사용한 표현법이 훨씬 일반적이다. 동사 grieve, rejoice, yearn은 구어체에서는 쓰이지 않는다.

83

형용사 유형 (AP 1C)

①. 이 유형은 "(of + 주어)"를 사용해서, "it---of + 주어--to--"의 구조로 나타나는 긍정문이나, how로 시작되는 감탄문이나, 부정의문문 등으로 나타낼 수도 있다.

a. You were silly to make such a mistake. (a에서 b로 바꿀 수 있다)
      (너는 그런 잘못을 해서 바보스러웠다)

b. It was **silly of you** to make such a mistake.
      (너는 그런 잘못을 해서 바보스러웠다)

②. 이 유형에서는 주어가 "유생물"이어야 한다. 또한 "(of / for + 주어)"는 삭제되는 일이 있다.

c. It was **silly to makes** a mistake. 이 유형을 (AP 1A)와 비교해보라.
      (실수를 하는 것은 바보스러운 일이다)   **(of + 주어삭제)**

d. The house was difficult to find.   **(for + 주어삭제)**
      (그 집은 찾기가 어려웠다)

e. It was difficult to find the house. **(for + 주어삭제)**
      (그 집을 찾는 것은 어려웠다)

　　(AP 1A) 유형의 형용사 easy, difficult 등은, "of"가 사용되는 (AP 1C)에는 사용될 수 없다. of는 사람의 성격에 관한 형용사 뒤에 나타나므로, difficult, easy는 허용되지 않는다. (AP 1A)에서는 전치사의 목적어와 동사의 목적어가 다를 경우에는 "(for + 명사 / 대명사)"가 삽입된다. 위 d, e와 아래 g의 예문에는 for가 쓰인다.

f. *It was difficult <u>of you</u> to find the house.
g.　It was difficult <u>for me</u> / <u>anyone</u> to find the house.
      (내가 / 누군가가 그 집을 찾는 것은 어렵다)

　　(AP 1C)에 쓰이는 형용사는 많이 있다. 가능한 한 많은 예를 들기 위해, 아래 예문에서는 대체될 수 있는 형용사를 나열했다. 때로는 impudent에 대해서 saucy와 같이 구어체에 쓰이는 단어를 제시하는 일도 있다. (impudent: 경솔한 / 철면피한) (saucy: 건방진 / 뻔뻔한)

You're kind / good / decent / civil/ to say so. (civil: 정중한/친절한)
(네가 그렇게 말하는 것은 친절하다/ 좋다/정중하다)

(여기서 decent는 구어체의 형용사이고, kind나 tolerant의 의미를 갖는다.)

It's <u>kind / good / decent / civil of you</u> to say so.
(네가 그렇게 말하는 것은 친절하다/좋다/정중하다)

How <u>kind / good / decent / civil of you</u> to say so!
(네가 그렇게 말하다니 얼마나 친절한가/좋은가/정중한가!)

Jane was <u>naughty / cruel / spiteful / ill-mannered to pull the kittens's tail</u>. (Jane이 새끼 고양이의 꼬리를 잡아당기는 것은 심한 장난이었다/잔인했다/짖꿏었다)

It was <u>naughty / cruel / wrong / spiteful / ill-mannered of Jane to pull the kitten's tail</u>.
(Jane이 새끼 고양이의 꼬리를 잡아당기는 것은 심한 장난이었다/잔인했다/짖꿏었다)

You were <u>wrong/ impudent / rude / impolite / saucy/ cheeky</u> to say that to your mother. (cheeky: 건방진/뻔뻔스러운)
(네가 어머니에게 그렇게 말하는 것은 잘못이었다/건방졌다/버릇이 없었다/불손했다/무례했다/뻔뻔스러웠다)

It was <u>wrong / impudent / rude / impolite / saucy / cheeky of you</u> to say that to your mother.
(네가 어머니에게 그렇게 말하는 것은 잘못이었다/건방졌다/버릇이 없었다/불손했다/무례했다/뻔뻔스러웠다)

<u>How wrong / impudent / rude / impolite / saucy / cheeky (it was) of you</u> to say that to your mother!
(네가 어머니에게 그렇게 말하는 것은 얼마나 잘못이었나/건방졌나/버릇이 없었나/불손했나/ 무례했나 / 뻔뻔스러웠나!)

The boys were clever to solve the problem so quickly.
(그 소년들은 그 문제를 그렇게 빨리 풀다니 머리가 영리했다)

It was <u>clever of the boys</u> to solve the problems so quickly.
(그 소년들은 그 문제를 그렇게 빨리 풀다니 머리가 영리했다)
(It---of + 의미상의 주어 + 진주어)

<u>How clever of the boys</u> (they are) to solve the problem so quickly!
(그 소년들은 그 문제를 그렇게 빨리 풀다니 얼마나 머리가 영리한가!)

부정의문문으로 바꾸어 말할 수도 있다.

Wasn't it clever of the boys to solve the problems so quickly?
(그 소년들은 그 문제를 그렇게 빨리 푼 것은 머리가 영리했던 것이 아니었던가?)

다른 대체유형을 제시하지 않고, 더 많은 예를 아래에 제시한다.

You were right / wise to give up smoking.
(네가 담배를 끊은 것은 옳은 일이다 / 현명한 일이다)

84

형용사 유형 (AP 1D)

　　이 유형은 뒤에 to-부정사가 따라오기는 하나, (AP 1A / B / C)의 유형에 들어가지 않은 소수의 형용사가 있다. 미래의 일에 대해서 무엇인가 서술하거나, 질문을 할 때, likely, certain, sure가 이 유형에 쓰인다. probable은 이 유형에 쓰이지 않는다. 이 형용사들은 <u>예언, 예견의 뜻을 나타내는 형용사이다.</u>

The weather is likely to be fine.
(날씨가 좋을 것 같다)

Our team is (un)likely to win.
(우리 팀이 이길 것 같다 / 이길 것 같지 않다)

Your team is certain to win.
(너의 팀이 이기는 것이 분명할 것이다)

We're sure to need help.
(우리는 분명히 도움이 필요할 것이다)

　　위의 문장을 it---that의 구조로 바꾸어 쓸 수 있다.

It's likely that the weather will be fine.
(날씨가 좋을 것 같다)

It's (un)likely that our team will win.
(우리 팀이 이길 것 같다 / 이길 것 같지 않다)

It's certain that our team will win.
(너의 팀이 이기는 것이 분명할 것이다)

　　sure는 가주어 it 뒤에 그다지 쓰이지 않는다. 단, 다음과 같은 표현에는 적절하다.

We shall need help, that's sure.
(우리는 도움이 필요할 것이다. 그것은 확실하다)

　　그런데, probable은 뒤에 to-부정사가 따라오는 용법은 없고, it--that-절의 형식으로 쓰인다. 또 부사 probably를 쓰는 일도 있다.

It's probable that the weather will be fine
(날씨는 아마 좋을 것이다)

The weather will probably be fine.
(날씨는 아마 좋을 것이다)

*The weather is probable to be fine.은 허용되지 않는다.

85

형용사 유형 (AP 1E)

이른바 특정화(specification)한 to-부정사가 서수사, next/last 앞/뒤에 쓰이는데, 보통 이러한 형용사 앞에는 정관사를 붙인다.

He's often (the) first to arrive and (the) last to leave.
(그는 종종 맨 먼저 와서 맨 나중에 떠난다)

Who will be (the) next to go?
(다음에 갈 사람은 누구냐? = 누가 다음에 갈 것인가?)

The second to draw a ticket in the lottery is Mr. Robinson.
(복권 뽑기에서, 복권을 뽑을 두 번 째 사람은 Mr. Robinson이다)

또 서수사나 next / last 뒤에 명사가 올 수도 있다. 그 경우에는 형용사 앞에 반드시 정관사를 붙인다.

Who was the first man to walk on the moon?
(달 표면에 걸어 다닌 최초의 사람은 누구인가?)

86

AP 2: (형용사 유형 2)

형용사의 의미가 종종 전치사(구)를 사용함으로서, 명확하게 완성되는 경우가 있다. 그 때의 전치사는 뒤에 오는 명사/대명사/동명사/절을 지배하게 된다. 많은 과거분사가 이 유형에 나타난다. 이 전치사는 예컨대, fond of처럼 관용적으로 고정된 것도 있다. 그런데, angry <u>with</u> someone, angry <u>at/about</u> something, anxious <u>for</u> news, anxious <u>about</u> somebody' health 와 같이 의미에 따라 전치사의 선택이 다를 수 있다.

대부분의 형용사는 하나 이상의 유형에서 사용되고 있다. 예컨대, anxious는 (AP 1)에서 "<u>anxious to know</u>"로도 쓰이고, (AP 2)의 "<u>anxious for/about</u>"로도 쓰인다. 또 어미가 "--ed"인 과거분사의 대부분도 (AP 1)에서 "<u>amazed / delighted at</u>"로도 사용된다.

형용사와 함께 쓰이는 전치사를 기억하려면 실제로 문장이나 회화체의 글에서 용법을 관찰하거나, 용법이 나와 있는 사전을 보는 것이 제일 좋다.

다음 예문은 여러 가지 형용사나 과거분사가 여러 가지 (전치사 + 전치사의 목적어)와 함께 쓰이는 예를 제시한 것이다.

1. Are you <u>afraid of</u> the dog/<u>afraid of</u> being bitten by the dog/ <u>afraid of</u> what people will think if you run away from the dog?
   (너는 개가 무서운 가 / 개에 물릴까 두려운 가 / 개를 피해 도망간다면 사람들이 어떻게 생각할 것인가 걱정인 가?)

2. The doctors say that milk is <u>good for</u> you/<u>good for</u> your health.
   (의사들은 우유가 너에게 / 너의 건강에 좋다고 한다)

3. <u>What's he looking so <u>happy / pleasant / angry / worried / aggrieved</u> about</u>? (aggrieve: 학대하다. aggrieved: 괴롭혀진, 기분이 상한)
   (그는 무엇 때문에 저렇게 행복한가/기쁜가/화났는가/걱정하는가/기분이 상했는가?)

4. Aren't you <u>ashamed of</u> yourself / of your behavior / of what you did / of having behaved so badly?
   (너는 너 자신에 대해서/너의 행동에 대해서/네가 한 것에 대해서/아주 나쁘게 행동한 것에 대서 부끄럽다고 생각하지 않는가?)

5. You must be more <u>accurate in</u> your work.
   (너는 너의 일에 더 정확해야 겠다)

6. He was not <u>aware of</u> having done wrong / of his failure.
   (그는 잘못한 것을 깨닫지 못하고 있었다 / 그는 그의 실패를 깨닫지 못했다)

7. Haste may be <u>productive of</u> errors.
   (서두르면 일을 그르치는 수가 있다)

8. The supply is not <u>adequate to</u> the demand.
   (공급이 수요에 대해서 부족하다 / 적절하지 못하다)

9. I'm <u>unaware of</u> / quite <u>ignorant of</u> their intentions / <u>ignorant of</u> what they intended to do?
   (나는 그들의 의도를 알지 못했다 / 나는 그들이 의도했던 것을 전혀 모르고 있다)

10. She was angry <u>with</u> him <u>for</u> having broken his promise.
    (그녀는 그가 약속을 어긴 것에 대해서 그에게 화를 냈다)

이 유형에서 쓰이는 형용사의 대부분은, 아래 예와 같이 괄호 속의 동사로, 바꾸어 말하는 편이 좋은 경우가 종종 있다. (형용사 + 전치사)는 격식을 차린 표현법이 되는 경우가 많으며 때로는 과장된 느낌마저 준다.

1. You <u>are forgetful of</u> the fact (You <u>forget</u>) that we have very little money.
   (너는 우리가 돈이 없다는 사실을 잊고 있다)===>
   (너는 우리가 돈이 없다는 것을 잊었다)

2. I <u>am ignorant of</u> (I do not know) what they intended to do.
   (나는 그들이 의도했던 것을 알아차리지 못했다)===>
   (나는 그들이 의도했던 것을 모른다)

3. Your work <u>is deserving of</u> (<u>deserves</u>) praise.
   (너의 일은 칭찬을 받을 만하다)

4. Do not <u>be envious of</u> (<u>envy</u>) your neighbours.
   (너의 이웃을 부러워하지 마라)

5. Haste may <u>be productive of</u> (may <u>produce</u>) errors.
   (서두르면 실수를 할 수도 있다)

6. The old man <u>is dependent upon</u> (<u>depends on</u>) the earnings of his children. (그 노인은 아이들의 벌이에 의존하고 있다)

7. He <u>was successful</u> (<u>succeeded</u>) <u>in his efforts</u>.
   (그는 그의 노력으로 성공했다)

8. He <u>is desirous of</u> obtaining (<u>desires / wishes / wants to obtain</u>) a position in the Civil Service.
   (그는 공무원의 지위를 얻는 것에 열망적이다)=(그는 공무원의 지위를 얻기를 열망한다 / 소원한다 / 원한다)

87

AP 3: (형용사 유형 3)

이 유형에서 전치사의 지배를 받는 목적어 명사/대명사는 문장의 구조가 바뀌어 문법상의 주어가 되는 경우도 있다.

1. He was shocked at her smoking / Her smoking shocked him.
   (그는 그녀가 담배 피우는 것을 알고 충격을 받았다
   /그녀가 담배피우는 것이 그에게 충격을 주었다)

2. He was overcome with horror / Horror overcame him.
   (그는 공포에 휩싸였다)=(공포가 그를 휩쌌다)

3. We were enchanted with the performance of the opera / The performance of the opera enchanted us. (enchanted: 매혹시키다)
   (우리는 opera의 공연에 매혹되었다/ 그 opera의 공연은 우리를 매혹시켰다)

(AP 2)에서는 보통, 많은 형용사 뒤에 (for + 명사/대명사 + to-부정사)를 사용하지 않는다. 그러나 (AP 1B)는 쓰이는 일도 있다. 예컨대, delighted는 보통 at나 by를 수반하지만, for--to--를 뒤에 쓸 수도 있다.

We were delighted at/by your success.
(우리는 너의 성공에 기뻤다)

We shall be delighted for you to come.
(=delighted at/by your coming, / delighted if you will come).
(네가 오면 우리는 기쁠 것이다)

형용사의 의미가 절이나 구를 사용함으로서, 분명해지는 경우가 있다. 전치사를 사용해서 (AP 3)형으로 사용되는 형용사의 경우에는, 전치사가 접속사로 유도되는 절이나 부정사구 앞에 남는 일도 있다. 그러나 대개의 경우는 생략된다. 단, that-절의 경우에는 전치사가 앞에 나타나는 일은 없다.

She was not aware of the facts.
(그녀는 그 사실을 알지 못했다)

She was not aware (of) how much her husband earned.
(그녀는 그녀의 남편이 얼마나 돈을 버는지 알지 못했다)

She was not aware that her husband earned $ 50 a week.
(그녀는 그녀의 남편이 한 주에 50 달라의 돈을 버는 것을 알지 못했다)

가능한 경우에는 다른 대체구문을 제시하면서, 형용사 뒤에 that-절이 나·타나는 예를 보기로 하자. <u>afraid와 sorry 뒤에는 that-절의 that이 생략된다.</u>

They were <u>anxious</u> <u>that you should return.</u> / <u>for your return.</u>
(그들은 네가 돌아오는 것을 열망하고 있었다)

They were <u>disappointed</u> <u>that you were unable to come</u>/ <u>you were</u> <u>at</u> <u>your inability to come.</u>
(그들은 네가 올 수 없게 되어 실망하고 있었다)

I'm <u>afraid</u> I shall have to leave now.
(미안하지만 나는 지금 떠나야겠다)

I'm <u>sorry</u> you can't come.
(네가 올 수 없어서 유감이다)

Are you <u>aware</u> that you're sitting on my hat?
(네가 내 모자를 깔고 앉은 것을 알고 있나요?)

She's <u>glad / delighted / surprised / astonished / alarmed / disappointed</u>
(that) you're going abroad.
(그녀는 네가 외국으로 간다는 것을 기뻐하고/놀라워하고/불안해하고/실망하고 있다)

Be <u>careful</u> (that) you don't drop it / how you hold it.
(그것을 떨어뜨리지 않도록 주의하라 / 그것을 쥐는 방법에 주의하라)

Are you <u>sure / certain / confident</u> (that) he's honest / of his honesty?
(그가 정직하다는 것을 확신하십니까?)

형용사 뒤에 that-절 이외의 절이 계속되는 예를 보기로 하자.

I'm not quite <u>sure</u> how to do it/how it is done.
(나는 그것을 하는 방법을 확실할 수 없습니다)

Be <u>careful</u> how you cross the street.
(길을 건너가는 데 주의하라)

I'm not <u>sure</u> why he wants it.
(왜 그가 그것을 원하는지 잘 모르겠다)

We were <u>worried</u> about where you had to go.
(우리는 네가 어디에 도착했는가를 걱정하고 있었다)

He's <u>doubtful</u> (about) whether he can afford it.
(그는 그것을 살만한 여유가 있는지 의심스럽다)

He's very <u>fussy</u> (about) how his meals are cooked.

　　(fussy: 떠들기 좋아하는 / 까다로운)

　　(그는 그의 식사가 어떻게 요리되어야 하는지에 대해서 매우 까다롭다)

　　= 자신의 요리에 대해 까다롭다

They were <u>uncertain</u> whether they ought to go/whether to go or not.

　　(그들은 가야할지 안 가야 할지 확신이 없었다)

　　이 외에 가주어 **"It + BE + 형용사 / 명사 보어 + to-부정사(구)"** 로 된 유형은 "동사유형"에서 다루어지고 있다. 제2형식 동사유형 Onions 2-7 을 참조하라.

결론: Conclusion

① 앞 Onions의 2형식에서는, "부사보어"가 "5개"; 즉, Onions 2-4, Onions 2-6, Onions 2-14, Onions 2-15, Onions 2-21이 제시되었고, 5 형식에서는 "6개," Onions 5-1, Onions 5-2, Onions 5-3, Onions 5-4, Onions 5-5, Onions 5-6이 제시되었으므로, 전체적으로 11 개의 "부사보어" 유형이 있다는 것을 확인할 수 있다.

위의 분석은 원어민 영문법 학자인 Hornby (1975)에 근거한 것이므로, 현재 사용되고 있는 문의 5형식에서는 2형식과 5형식에서 "부사보어"를 당연히 포함시켜야 한다는 결론을 내린다.

② 동사 유형이 아닌, 7개의 형용사 유형을 인정해야 한다고 본다. 이 형용사 유형은 (Hornby 1975: 139-148)에서 인용한다. 왜냐하면 가장 평범하게 사용되는 I am glad to meet you.나 I am very happy to see you again.은 동사유형이 아니라, 형용사 유형에 속하기 때문이다. 그래서 동사유형 80 개와 형용사 유형 7 개를 합쳐서, 전체 87개 유형을 인정해야 한다. 그리고 앞에서 본 것 같이 영어에서 가장 특별한 형용사 유형인 "John is easy to deceive."도 (AP 1A)의 형용사 유형에 포함되어 있기 때문이다.

③ 그 다음 앞에서 논의된 "be + to-infinitive 구조"는 분명하게, "명사보문" 구조이다. 결코 형용사(구)는 될 수 없다는 것을 확인한 것이다. 앞 서론에서 제시된 예문 (5), (7), (8), (9) 및 (10)이 이를 증명하고 있다. 또 Hornby (1975)도 이 구조가 형용사(구)라고 한적이 없다. 우리들의 해석과 이해가 잘못된 것으로부터 형용사(구)로 본 것이다. 우리들의 영문법책에서 "be + to-infinitive 구조"가 형용사(구)가 될 수 있다는 표현은 모두 수정할 것을 주장한다. 특히, Practical English Usage (2005: 265) (Oxford University Press)의 저자 Michael Swan 도 필자와 동일한 주장을 하고 있다.

④ 그리고 Onions의 5형식 동사유형에서, "목적어 보어"만 존재하는 것이 아니라, "주격보어"도 나타나 있다. 앞 Onions 5-20은 5형식에 나타나는 유일한 "주격 명사보어"의 예이다. 이것도 우리들의 학생들에게 알려주어야 할 하나의 유형이다.

⑤ 마지막으로 우리는 앞 2-32 유형에서 나타난 "변칙정형동사"를 새롭게 발견하게 된 것이다. 즉, "부정축약의 경우," 이 축약형을 풀어서 말하지 않는 것이 사실이다. 앞에서 예를 제시했지만, 다시 한 번 제시하면, 자동사의 경우, You live in Seoul, don't you?에서, 부가의문문을 풀어서 do not you?라고 말하지 않고, 타동사의 경우도 They do like it, don't they?에서, 부가의문문을 풀어서, do not they?라고 말하지 않는다. 풀어서 말하면, 그것은 영어가 아니다. 이 예들은 지금까지 어떤 원어민 학자도 제안한 적이 없는 유형이다.

⑥　　Onions의 5형식은 Onions 자신의 논문의 내용이 구체적으로 우리에게 알려지지 않고 있는 현 시점에서, 지나치게 모호한 5형식으로 제시되고 있기 때문에, Hornby의 25형식 80개 동사 유형에, 형용사 유형 7개를 합쳐서, 전체 87 개의 유형으로 대체하는 것은 너무나 타당하고, 당연하다고 본다. 우리나라에서는 문의 5형식이 전국적으로 뿌리를 내리고 있는 현 시점에서, Hornby의 이론으로 바꾸기 보다는, 종전의 문의 5형식을 이와 같은 방법으로 개선하는 것이 더욱 효과적이라고 믿기 때문에, 이 책을 발간하게 되었다. 지금까지 우리가 알고 있는 범위 내에서 문의 5형식을 만들어 가르쳤으나, 이제는 원어민들이 사용하는 영어문형을 그대로 가르쳐야 할 것으로 본다.

이미 위 결론에서 언급한 것 같이 앞 5형식의 80 개 "동사유형"으로는 영어의 모든 문의 형식을 나타낼 수 없기 때문에, 7개의 "형용사 유형"을 첨가시켜야 한다고 주장했다. 이 형용사 유형 중에서, 가장 많이 사용되는 문장과 또 문법적으로 설명해야할 중요한 문장이 어떤 것인가 다시 한번 생각해 보자:

a.　I am glad to meet you.
b.　I am happy to see you again here.
c.　It is easy to deceive John.
d.　John is easy to deceive.

위의 a, b의 문장은 우리가 매일 사용하는 평범한 표현인데, 이것은 앞 80 개 동사유형 내에는 나타나지 않은 형용사 유형이다.

또 이 유형의 위 c, d번은 Noam Chomsky의 변형생성 문법을 탄생하게 만든 문장이며, c번에서 동사의 목적어가 가주어 It의 자리로 이동한 결과로 d번 문장이 나타난다. d번은 deceive 동사의 목적어가 가주어 It의 위치로 이동되어 나타난 문장이다.

위 d와 같은 특별한 문장은 Chomsky의 변형 생성문법 이론으로 분석한 결과를 이용해서, Hornby의 전통 문법적인 방법으로도, 아무 어려움 없이, 학생들에게 논리적으로 설명할 수 있는 길을 개척했다고 생각된다.

부록: 제1장 정의 및 변칙정형동사 (Definition and Anomalous Finites)

1.1

"동사라는 용어"의 정의는 유용하지도 않고, 그것에 대한 적절한 정의도 없다. 그러나 동사의 "정형(finite)"과 "비-정형(non-finite)"의 형태를 구분하는 것은 유용하다. "비-정형"에는 부정형(不定形: the infinitive=시제가 없는 현재형), 완료형, to가 있거나, to가 없는 동사형, 현재분사, 과거분사 및 동명사가 여기에 속한다. "정형동사 (finite)"는 비-정형동사 이외의 모든 동사가 여기에 속한다. 따라서 be 동사의 비-정형은 (to) be, (to) have been, being, been이다. 반면, be 동사의 정형은 am, is, are, was, were이다. 동사 see의 비-정형은 (to) see, (to) have seen, seeing, seen이며, 정형은 see, sees, saw이다.

"시제가 없는 현재형 동사(the infintive)"가 to-부정사로 나타날 때, 예컨대, I want to go, I ought to have gone (나는 갔어야 했다)에서 줄친 부분을 "to-부정사(the to-infinitive)"라 부른다. to를 수반하지 않을 때, 예컨대, I must go.나, I should have gone. (나는 가야 했었다)에서, 줄친 부분을 "원형부정사 (the bare infinitive)"라 한다. 현재분사와 동명사는 형태가 동일하다. The boys are swimming.의 swimming은 현재분사이고, The boys like swimming.은 동명사이다.

1.2

조동사 (auxiliary)는 여러 가지 동사들과 함께 사용되는데, 이 조동사는 다양한 기능을 가지고 있다. 정형조동사인 do는 의문문과 부정문을 형성하는데 사용된다. 정형동사 be는 진행형과 수동문을 만드는데 사용된다. 또 정형동사 will/would, shall/should, can/could, may/might, must, ought, need, dare와 used (to)를 조동사라 하여, 다른 조동사와 구별된다.

1.3 "변칙 정형동사 (anomalous finite = 이하 AF라 함)"란 아래 조동사 표에 제시된 정형 조동사 24개를 말한다.

1.4 "결여동사 (defective verb)"란 "동사의 접사부분이 없는 동사"를 말한다. 예컨대, must는 부정사(infinitive)도, 분사(participle)도 없다. will, shall, can, may, ought는 결여동사이다.

1.5 "불규칙 동사(irregular verb)"란 과거 및 과거분사의 어미에 -ed가 없는 동사들이다. 예컨대, went/gone, begin/began/begun, take/took/taken, mean/meant, put/put/put와 같은 접사가 없는 동사를 말한다.

조동사

비-정형 동사			24 개의 정형 동사	
부정사	현재분사	과거분사	현재시제	과거시제
be have do	being having doing	been had done	am, is, are have, has do, does shall will can may must ought need dare	was, were had did should would could might used

1.6 "변칙적인 (anomalous)"이란 용어는 위 도표에서 24 개의 정형동사를 말한다. 이 변칙 정형동사가 특히 다른 정형동사와 다른 것은 isn't, weren't, haven't, don't, didn't, can't, shouldn't, oughtn't 처럼 not 의 축약형과 결합된다는데 있다. (단 * amn't라는 경우는 없다. 또 ain't도 사전에 나타나 있으나 사용되지 않고 있다). 변칙이란 말은 이 처럼 not와 결합되는 정형동사에 한하여 쓰인다. 따라서, I haven't finished it. I haven't time to do it now.의 have는 변칙이지만, I have breakfast at half past seven.에서 have는 변칙정형동사가 아니다. (여기서 have는 정동사가 되며, 부정문은 I don't have breakfast at half past seven.이다). * I haven't breakfast at half past seven.은 정문이 아니다. 뒤에서 제시되는 1.21에서 왜 이 문장 이 정문이 아닌지 그 이유를 찾아보라.

이 "24개의 변칙 정형동사"가 반드시 "조동사로 쓰이는 것은 아니다." 다 다음의 be 정형동사는 조동사가 아닌, 본동사인데, "연결동사 (linking verb)"라 고도 한다.

Miss. Green is a teacher.
The men are busy.

다음 have의 정형동사도 조동사가 아니며, 또한 비-변칙정형동사이다.

Have you any money? (BrE) / Do you have any money? (AmE)
Jane has two brothers.
They had a good holiday.

위에서 언급한 것 같이, 변칙정형동사 중에서, "am not"의 촉약형으로 "amn't / ain't"라 하지 않는다. 그리고 used가 뒤에 to-부정사를 첨가하여, used to로 되면, 이것은 과거의 규칙적인 습관, 행동, 상태 등을 나타낸다. 그런데, 이것의 부가 의문문으로, You used to live in Leeds, use(d)n't you? 라고 했으나, 공식적인 표현을 제외하고는, 지금은 거의 부가 의문으로 사용되지 않고 있다. 오히려 You used to live in Leeds, didn't you?로 표현하고 있다.

그리고 이 변칙 정형동사의 기능은, ① 부정형 형성, ② 의문문 형성, ③ 부정 의문문 형성, ④ 부가 의문문 형성 등, 기타 여러 가지 부정형 구조 형성에 절대적인 영향을 미치는 기능을 갖는다. 부가의문에서 한 가지 예만 든다면, He is coming, isn't he?에서 축약된 "isn't he?"는 반드시 필요한 부정형 구조이다. 이것을 풀어서 is not he?라고 하면, 영어가 아니다. 따라서 이 "변칙적 정형동사의 이론이" 문형형성에 필요하게 된다.

이 변칙정형동사는 앞에서 제시된 Onions 2-31에서 그 필요성이 언급되었고, 하나의 문형형성 이유로 밝혀졌음으로, 더 이상 논의하지 않기로 한다.

제2장 서법 조동사 (Modal Auxiliary Verbs)

2.1

　　서법 조동사에는 shall/should, will/would, can/could, may/might, must, ought, need, dare, used (to)가 있다. 이들을 결여동사의 정형이라고 한다. 이들 중에서, shall/should, will/would, can/could, may/might, must는 항상 변칙 정형동사가 된다. <u>ought는 항상 to를 수반하고, 표준용법에서 변칙 정형동사가 된다.</u>

You <u>oughtn't</u> to stay up so late. (그렇게 늦게 있어서는 안 된다.)
<u>Ought</u> you to drink so heavily? (그렇게 많이 마셔야만 하니?)

need

2.2

　　그런데,　이 서법조동사 중에서, need와 dare는 조동사의 역할도 하고, 동시에 본동사의 역할도 하기 때문에, 혼돈되는 경우가 많다. 따라서 이 두 가지 서법조동사의 용법을 구체적으로 살펴보기로 한다.

2.3 need가 "서법 조동사"로 사용될 때에는 to를 수반하지 않고, 변칙 정형동사로 사용된다. 조동사로서 과거형 시제는 없으나, "We needn't have hurried."와 같은 완료형에서 부정어 (not)와 함께 쓰기도 한다. 조동사이기 때문에, 3인칭 단수에도, needs가 아닌, need이며, need는 주로 부정문과 의문문에 쓰인다. 간혹 긍정문에도 쓰인다.

　　그러나, "일반동사의 문형"인 (VP 6E), 예문표 41에서 "직접목적어로 명사나 동명사를 선택하고," (VP7B), 예문표 43에서는 to-부정사를 선택한다. 이때 need는 "require"나 "be in need of," 즉, "...을 필요로 한다"의 의미를 갖는다. 아래 예는 "<u>규칙적 본동사</u>"로서의 need의 용법이다.

(VP 6A) (Onions 3-1)

Tom <u>needs</u> a new coat.
He doesn't <u>need</u> new shoes.
Does he <u>need</u> any new shirts?
The work <u>needed</u> time and patience.
That blind man <u>needs</u> help.
That blind man needs somebody to help him across the street.

(VP 6E) (Onions 3-5)
My shoes <u>need</u> mending (= needed to be mended).

(VP 7B) (Onions 3-7)

Do you <u>need</u> to work so late?
He doesn't <u>need</u> to work so late, does he?

　　본동사 need나, 서법조동사의 need나, 다 같이 "필요와 의무"를 나타내는
데 사용되므로, 다음 두 글에서는 의미상으로 거의 차이가 없다.

Do you <u>need</u> to work so late?
<u>Need</u> you <u>work</u> so late?

He doesn't <u>need</u> to work so late, does he?
He <u>needn't</u> work so late, need he?

　　　변칙 정형동사 need는 미래시제에도 쓰인다. 그 미래시제는 시제부사
Saturday로 나타난다.

You <u>needn't</u> come to the office Saturday.

　　의무나 필요를 나타내는 본동사 need는 must나 have to로 바꾸어 쓰일
때도 있다.

Do you <u>need</u> to work so hard?
Do you <u>have to</u> work so hard?
<u>Must</u> you work so hard?

You'll <u>have to</u> start early if you want to get back before dark.
He'll <u>need</u> to hurry if he wants to catch the 2. 15 train.
He'll have <u>to hurry</u> if he wants to catch the 2. 15 train.

　　부정형의 needn't는 의무나 필요가 없다는 의미이며, 긍정의 must, have
to에 대응하는 표현이다.

He needn't start yet, need he?
He must start at once, mustn't he?
<u>Need</u> you go <u>yet</u>?---Yes, I must. (벌써 가야 하나?)

　　"변칙 정형동사 need"는 "<u>문장 속에 부정의 의미가 있을 때</u>"에는, "조동사
로서" 서술형 문장에 쓰이는 경우도 있다.

1. He <u>need have no hesitation</u> about asking for my help.
2. No one <u>need go hungry</u> in our Welfare State.

3. All you <u>need do</u> is give me a ring (call) and
   I'll come at once.
4. He <u>need have</u> no fear of losing his job.

위의 3번의 예는 "You need do <u>nothing</u> except .... (....이외는 할 일이 없다)"는 "You need only ..... (....만 하면 된다)"의 의미이다.

변칙 정형동사 need는 과거시제는 없으나, 완료형에서 부정어 (not)와 함께 사용될 수도 있다.

We needn't have hurried. (서둘러야 했을 필요는 없었다.)

이 "needn't have + 과거분사"와 본동사의 need를 사용한 "didn't need to"를 아래의 예에서 비교해 보자.

a. We <u>needn't</u> have hurried. (We have hurried, but now see that this hurry was unnecessary.) (서둘렀었지만, 그럴 필요는 없었다.)

b. We didn't <u>need</u> to hurry.
   (There was no necessity for hurry whether we did so or not)
   (서두를 필요는 없었다) (=우리가 서둘렀거나 아니었거나 간에)

a. They <u>needn't</u> have gone.
   (Although they did go or have gone, it was unnecessary.)
   (갔었지만, 갈 필요가 없었다.)

b. They didn't <u>need</u> to go.
   (Whether they did go or did not go, it was unnecessary)
   (갈 필요가 없었다) (갔거나 가지 않았거나 간에)

---

dare

2.3

dare도 need와 마찬가지로, 본동사로도 사용되고, 서법조동사로서 변칙 정형조동사로도 사용된다. 변칙 "정형조동사"의 경우는, 조동사이므로 당연히 3인칭 단수 현재시제에도 dares가 아닌, dare이다. 변칙 정형조동사의 dare는 to 없는 원형동사와 함께 쓰고, 주로 의문문과 부정문에 사용되나, 특히 의문사 how와 함께 잘 쓰인다.

How <u>dare</u> you speak to me so rudely?
How <u>dare</u> he say such rude things about me?
She <u>daren't</u> leave the baby in the house alone.
---she's frightened of the danger of fire.
<u>Dare</u> he admit it?

위에서처럼 dare는 how 뒤에서 변칙 정형동사로 쓰이나, 부정문에서는 간혹 변칙이 아닌 일반 정형동사로도 사용된다.

I don't <u>dare</u> to speak about what happened.
He doesn't <u>dare</u> to speak about what happened.

Need의 경우처럼, dare도 문장 속에 부정의 뜻이 들어있을 때에는 서술형 문장에서도 쓰인다.

No one <u>dare</u> question the orders of this savage dictator.
No one <u>dare</u> disobey the orders of this savage dictator.
Would anyone <u>dare</u> predict when this dictatorship will end?

변칙 정형동사 dare의 부정형 daren't는 현재, 과거, 미래의 어느 시제에도 쓰인다.

a. Harry <u>met</u> Mr. Green yesterday but <u>daren't tell</u> him
    that he had wrecked the car we had borrowed from him. (과거시제)
b. Will you tell Mr. Green that we've wrecked his car?   (미래시제)
c. I <u>daren't tell</u> him.   (현재시제)

<u>본동사로서</u> dare는 (VP 7A), (Onions 3-6)으로 쓰이며, 그 때에는 흔히 to-부정사를 수반하며, 원형부정사를 수반할 때는 드물다.

Does anyone <u>dare</u> (to) call me a liar?
Do they <u>dare</u> (to) suggest that we have been dishonest?0

본동사에서 "대담하게 맞서다 (face boldly)"의 의미로는 (VP 6A), (Onions 3-1)이다.

He was ready to <u>dare</u> any danger.

⎡ used to ⎤

2.4

used to는 /jústu/ 또는 /jústə/로 발음하며, 부정형 use(d)n't to는 /júsntu/ 또는 /júsntə/라 발음한다. 동사 use/juz/의 과거형 used/juːzd/와 철자는 같으나 발음이 다르기 때문에 주의해야 한다. 그리고 He is not used to hard work. (힘든 일에는 익숙하지 않다)와는 의미가 다르다. 즉, 아래 줄친 a, b의 발음은 동일하나, 의미는 다르다.

a. He <u>is</u> not <u>used to</u> hard work. (be used to)   /justu/jústə/
b. He <u>used to</u> live in Leeds.   (used to)   /justu/jústə/
c. This brush <u>is used</u> <u>to</u> paint big pictures.   /juːzd/tu/

위 a,b,c에서, a와 b는 발음이 /jústu/나 /jústə/로 동일하게 발음되고, c만이 /juːzd/로 발음된다. a와 c는 "be used to"라는 어휘는 동일하나, c에서 used의 발음은 /juːzd/이다. 즉, 수동문에서 동사 use의 과거분사로 사용되었다.

위 a에서, be used to의 "to는 전치사"이고, b에서 "used to"의 "to는 to-부정사"이기 때문에 의미가 달라지는 것이다.

또 위 b의 used to는 "과거의 의미"로만 쓰인다. 그래서 옛 관용적 용법에서는 변칙정형동사였다. 지금도 격식을 차리는 글에서는 변칙정형동사로 쓰인다고 했다. 그러나 현대 구어체에서는, 특히 부가의문문이나, 응답문에서는 변칙이 아닌, 일반 정형동사로도 사용된다.

You used to live in Leeds, use(d)n't you / didn't you?
There used to be a cinema here, didn't there?

다음 a와 같이, used to 구조에, 수동형이 적용되면, 가주어 it가 문장의 앞에 나타나고, 진주어로 that-절이 뒤따라올 수도 있다. 수동구조가 아니면 b와 같은 구조로 나타난다.

a. It used to be thought that flying was dangerous.　수동구조
b. People used to think that flying was dangerous.　능동구조

"Brown used to live in Hull." --Oh, did he?
Did he used to play football at school?
　　(일반 정형동사 did를 사용한 의문문)

Used he to play football at school?
　　(변칙정형동사를 그대로 사용해서 만든 의문문)

not 대신 never가 쓰일 때도 있다.
You never used to grumble all the time.

제3장 기동(起動)동사(Inchoative Verbs)

　　"기동동사"라는 말은, 동작의 시작을 표현한 것인 데, 한문으로 생각해 보면, 일기(起), 움직일 동(動), 즉, 동작을 일으키는 동사를 말한다. 그러므로 움직임의 시작, 진전과정, 또 최종단계 (즉, 결과)나 상태의 변화를 나타내는 동사를 말한다. 기동동사의 가장 일반적인 것으로는 get, become, grow 등이 있다.

　　그런데, 이 기동동사는 일반적으로 원어민들이 관용적인 표현으로 많이 사용하기 때문에, 그 용법을 잘 알아두는 것이 필요하다고 본다. 그리고 이 기동동사의 용어를 우리 국내 학자들은 거의 언급하지 않고 있는데, 반드시 강조해야할 동사들이라고 본다. 다음 예들을 차례로 살펴보자:

a.　The old man is <u>getting</u> weaker.
b.　Green has <u>become</u> the richest man in the town.
c.　It is <u>growing</u> dark.

　　이 외에도 come, go, fall, turn, run, wear 등의 동사가 있다.
d.　Will her dream come true?
e.　Everything has gone wrong.
f.　The leaves are turning brown.
g.　He soon fell asleep.
h.　Our supplies are running low.
j.　The carpet is wearing thin.

3.1

　　이 기동동사는 (VP 2C), (VP 2D), 예문표 19, 20 및 (VP 4A) 예문표 29의 동사유형으로 사용된다. 서술어 형태로는 형용사 (grow fat), 명사 (become a lawyer), 전치사구가 이끄는 (fall to pieces), 또는 to-부정사가 이끄는 (come to believe that....)로 나타난다.

　　이런 종류의 주된 동사들을 아래에서 다루고, 예를 제시해 둔다. come true, fall asleep와 같은 동사가 관용적으로 정해져 있어서, 선택의 여지가 없는 경우도 있는 반면, 선택의 여지가 있는 경우도 있다. 예컨대, grow dark/ get dark / become dark와 같이, 둘 또는 둘 이상의 동사가 허용될 때, 어느 것을 사용해도 좋은 경우도 있다. 이런 경우 예문에서 몇 개의 동사를 제시하고 있으나, 최초에 제시된 동사가 문체적으로, 또 관용적으로 가장 잘 쓰이는 동사가 된다.

3.2

　　get은 가장 보편적인 기동동사이며, 중립적이고 특별한 색깔이 없는 동사이다. 또 이 동사는 전형적인 구어체의 동사이며, 형용사 및 그 비교급, 또한 형용사로서 사용되는 분사와 함께 쓰인다. get은 또 이와 같은 동사 중에서 가장 흔히 진행시제로 사용되는 동사이다.

a. It's getting dark.
b. Eggs are getting scarcer.
c. It's getting near tea-time.
d. He often gets quarrelsome when he's been drinking.
　　We become quarrelsome when he's been drinking.
e. We're all getting older.
　　We're all growing older.
f. Do you know any get-rich-quick methods?

　　get은 또 (get + to-부정사)로도 사용된다. 진행시제에서는 이 (get + to-부정사)가 become과 같은 뜻이 된다. 단순과거 시제에서는 (get + to-부정사)는 일의 진전 후의 단계, 또는 최종의 단계를 나타낸다. 예컨대, get to know는 "arrived at the stage of knowing" (....알게 되었다)의 의미이다. (VP 4A)의 예문표 29를 보라.

a. The children didn't like living in the country when they first moved from London, but they're getting to like it. (= becoming fond of it now).
b. He's getting to be quite a good pianist.
　　He's becoming to be quite a good pianist.
c. They got to be friends.
　　They became to be friends.
d. He got to be my best friend.
　　He became to be my best friend.
e. He soon got to know (=learned) the wisdom of being patient.
f. They got to words and then to blow. (= began arguing and then fighting). (그들은 말 다툼을 했다가 곧 주먹다짐을 시작했다).
g. Does she often get/fall ill?

　　또 get rid of (....을 제거하다), get clear of (...에서 떨어지다 / 벗어나다 /,....을 피하다), get out of (=escape from) doing something (...하는 것을 면하다 / 점차 빠져 나오다) 와 같은 관용구에 get이 잘 쓰이고 있다.

3.3

　　become은 형용사와 그것의 비교급 및 형용사의 역할을 하는 현재/과거분사와 함께 사용된다.

a.　How did they become acquainted?
　　How did they get acquainted?
b.　She became suspicious.
　　She grew suspicious.
c.　You will become accustomed to the climate.
　　You will get accustomed to the climate.
d.　Our work is becoming more interesting.
e.　The child became pale and thin.
　　The child grew pale and thin.
f.　When it became dark....
　　When it grew dark....
　　When it fell dark....
g.　When these sums / payments / bills become / fall due....
　　(이 금액 / 지불금 / 청구서의 지불기일이 될 때에.....)
h.　His mind is becoming unhinged.
　　(그의 마음이 / 정신이 이상해져 가고 있다:
　　unhinged = 돌쩌귀에서 벗어나다 / 흔들리다)

i.　The leaves become / turn red in autumn.
　　(autumn: BrE / fall: AmE)

　　become은 명사와 함께 사용된다.

a.　On leaving school he became an acrobat.
b.　He soon became the richest man in the town.
c.　Mr. Armstrong became a Director of the Company in 1942.
d.　He became Chairman of the Board of Directors in 1950.

　　위 c에서 Director 앞에 부정관사 a가 쓰이고 있으나, d의 Chairman 앞에는 관사가 없는 점에 주의하자. 보통 혼자서만 차지하는 직무나, 지위에 임명된 것이나, 또는 그것을 물려받은 것을 말할 때, 그 직무나, 지위명에 정관사를 붙이기도 하나, 관례상 붙이지 않는다.

a.　Are you likely to become a headmaster?
b.　When Arnold became Headmaster of Ruby....
c.　When Churchill became Prime Minister....

　　become이 전치사가 이끄는 구와 함께 사용되는 일은 거의 없다. become of age (성년이 되다) 보다는 come of age가 좋으며, become out of order (고장 나다) 보다는 get out of order가 좋다.

3.4

　　grow는 형용사와 그것의 비교급 및 형용사로 쓰이는 현재분사와 함께 사용된다.

a.　Time is growing / getting short.
b.　The air had suddenly grown / turned cold.
c.　She trembled and grew faint.
d.　It's growing / getting / becoming dark.
e.　The child is growing / getting thinner.
f.　The sea is growing calm.

　　grow는 to-부정사를 수반해서 사용되는 일도 있다. 단, (to be + 형용사)를 수반할 때는 to be가 흔히 생략되어 (grow + 형용사)가 된다. (VP 4A), 예문표 29를 보라.

a.　She's growing / getting <u>to be</u> more and more like her mother.
b.　She's growing / getting to like him better.
c.　He grew to believe that (=gradually formed the belief that)....
Cf　He came to believe that (=reached the state of believing that) ....

3.5

　　come은 형용사 및 그것의 비교급 및 특히 바람직하지 않은 상황을 나타내는 un-으로 시작되는 과거분사형의 형용사와 함께 쓰인다.

a.　Her dreams have <u>come true</u>.
b.　The hinge has <u>come loose</u>.
c.　Everything will <u>come right</u> in the end.
d.　When his first week's wage <u>fell / came due</u>....
e.　My shoelaces have <u>come undone</u>.
f.　The knot <u>came untied</u>.
g.　The seam <u>came unstitched / unsewn</u>.
　　(솔기: 맞춘 곳, 이음매, 접합선) (솔기가 터졌다)
i　The door came unhinged. (문의 돌쩌귀가 벗어났다)

　　come은 또 come of age (성년이 되다), come to pieces, come to grief (재난을 당하다)와 같은 소수의 전치사가 이끄는 동사구와 함께 사용된다. come은 또 to-부정사와 함께 사용되기도 한다.

a.　How did you <u>come to hear</u> the news?
b.　When the news <u>came to be known</u>,.... (그 소식이 알려졌을 때,...)
c.　She came to believe....
d.　When I came to know them better, ...
e.　Today <u>the streets have come to be used</u> as parking places for cars.

3.6

　　　go는 보통 결정적인 변화를 나타내기 위해서 형용사와 함께 사용된다. 그러나 그 변화는 항상 그렇다는 것은 아니나, 보통 나쁜 상태의 변화를 나타낸다. Cf　go wrong (잘못되다)과　come right (잘 되다)를 비교해 보라.

a. She went / turned pale at the news.
b. The milk went / turned sour.
c. The telephone has gone dead.
d. The engine went dead.
e. His hair has gone / turned white.
f. He's going bald.
g. Fruit quickly goes rotten in hot weather.
h. He went mad / insane.
i. Her cheeks went / turned a very pretty pink.

3.7

　　　turn은 형용사 및 그것의 비교급과 함께 사용되어진다.

a. The weather has turned/become much colder.
b. The apples are turning/becoming red.
c. This ink turns black when it dries.
d. The milk has turned sour.

　　　turn은 또 명사와 함께 사용된다. 명사는 부정관사 없이 쓰이고 또 이 문장은 보통 기대하지 못한, 바라지 않은 변화나 변천으로 나타난다.

e. I hope you will never turn traitor/become a traitor.
f. Is it wise for a great general to turn politician?
g. When her servant left to have a baby, Lady Susan had to turn cook.
　 (i.e. become the cook for the household).

　　　turn은 또 전치사구와도 함께 사용된다.

h. When it freezes, water turn to ice.
i. The snow soon turned to rain.
j. The snow turned (in)to slush.

3.8

　　　wear는 형용사 및 그것의 비교급과 함께 사용되어서, 사물이 사용된 결과로 나타난 변화를 나타낸다.

a. The stone steps have worn smooth. (i.e. have become smooth
　 through being trodden on) (돌 계단은 밟아서 반질 반질하게 되었다)

b. The material is wearing thin. (그 제료(천)는 입어서 낡아졌다)

"wear into holes"는 "닳아서 구멍이 났다"라는 숙어가 됨을 유의하라.

3.9

run은 형용사 dry, low, short와 함께 사용되어, 각 형용사가 나타내는 상태의 변화를 보인다.

a. The well has run dry.
b. The cows are running dry (=not giving milk).
c. Supplies are running short / low.

3.10

fall은 형용사와 함께 사용된다. (단 비교급과 함께 쓰이지는 않는다). 이 유형의 fall의 용법은 다음과 같은 표현법에 한정되어 있다.

a. He fell ill / sick.
b. When do the rates / taxes fall due? (지방세 / 세금의 납부 기일은
　　　　　　　　　　　　　　　　　　　　　　언제인가?)
c. The post of headmaster fell/became vacant.
d. He soon fell asleep.
e. At the president's entry, everyone fell / became silent.

(fall + to + 명사 / 동명사)로 동작 또는 상태의 시작을 나타낸다. 이것은 문어적 용법으로서 일상적인 문체에서는 begin을 사용한 표현법이 보통이다. 전치사 on의 용법이 옛 표현에서는 접두어 "a-"로도 표현했는데, 이것의 의미는 현대영어의 on, to, toward, in, into 등으로 나타낼 수 있다. 아래 예문 g에서는 현대영어 on과 동일하다. 그래서 fell on sighing (한숨쉬었고,) fell on sobbing(훌쩍 훌쩍 울먹였다)와 같다. 이 g번은 옛날 영국어린이들의 동화에 나온 이야기 이다.

f. He fell to speculating (=began to speculating) on the probable
　 reasons for her refusal to marry him.
g. All the birds of the air fell a-sighing and a-sobbing
　 when they heard of the death of poor Cook Robin.

fall은 또 fall out of favor (남의 눈총을 맞다 / 남으로부터 따돌림을 받다), fall behind the time (시대에 뒤지다), fall to pieces (산산 조각으로 깨지다)처럼 소수의 전치사와 함께 사용된다.

제4장 가주어, 가목적어 it의 성격

4.1 가주어 / 가목적어 it의 성격

영어 문법에서 유도부사 there는, 문장의 외부로부터 there를 어떤 주어진 문장에 부가시킨다. 보통 문장 앞의 주어의 위치에 둔다. 그러면 "there + 동사 + 주어"의 형태로 나타난다. 그러나 가주어 "it---to---구조"나 "it---that---구조"의 it는 문장의 외부로부터 가져오는 것이 아니라, 문장의 내부 구조에 숨어있는 요소인데, 주로 내포문을 외치변형을 시킬 때, 자동적으로 심층에서부터 표층으로 나타나는 요소이다.

앞 형용사 유형 (AP 1A)에 나타난, It is easy to deceive John.의 구조도 바로 이와 같은 구조이다. 그리고 이 "It---to---구조"의 가주어 it는 머리명사가 있는, 내포문의 머리명사와 동일한 위치에 나타난다. 이 예는 뒤에서 제시되는 D. a, b나 E. a, b의 실제의 예에서 확인 할 수 있다. 우선 다음 예를 보자.

a. It is easy to deceive John.   (John을 속이기가 (속이는 것이) 쉽다)
b. It is difficult to find the house. (그 집을 찾기가 (찾는 것이) 어렵다)

c. To deceive John is easy.   (John을 속이기가 (속이는 것이) 쉽다)
d. To find the house is difficult. (그 집을 찾기가 (찾는 것이) 어렵다)

e. John is easy to deceive.
f. The house is difficult to find.

그런데 위 a, b의 예문은 가주어 it를 설정하여, "It---to---의 구조"로 나타내었다. 그 다음 c, d는 to-부정사 이하의 구조가 가주어 it의 자리로 이동한 예이다. 위 a, b와 같은 문장에 왜 it를 가주어로 해서 문장의 앞에 두어야 하는냐 하는 점에 대해서, Hornby는 구체적인 이유를 제시하지 못했다.

그러나 Noam Chomsky는 it의 출현을 논리적으로 설명한다. 바로 위의 a, b, c, d, e, f의 예문들이 어떻게 나타나느냐를 설명하기 위해서, Noam Chomsky (1957)는 변형 생성문법을 제안했다. 즉, 위 a, b는 그 문장의 표층 구조이고, 기저구조 (심층구조)는 위 c, d라는 것이다. 왜냐하면, 주어의 위치에 to-부정사구의 형태로 된, 진주어명사가 나타나는 문장이 c, d이기 때문이다. 그런데, 위 c, d에서 어떻게 표층 구조인 e, f로 문장이 변형되어 나오는가 하는 것을, 설명하기 위해서 변형의 과정을 제시했다.

영어 문법에 관한 현상 중에서, 아마 가장 이상하고, 신비스럽고, 매력적인 연구 대상의 구조가, 바로 이 형용사 유형 (AP 1A)라고 생각한다. 이 유형 때문에 Noam Chomsky의 변형 생성문법이 나타나게 되었고, 세계에서 언어연구의 방향을 Hornby와 같은 전통적인, 외형적인, 언어 연구에서, 언어 구조의 내부에 어떤 기본 유형이 잠재하고 있는 가를 연구하는 방향으로 변천해왔다고 본다. 즉, 발화된 외부 구조의 분석을 통해서, 그 구조의 내부에 어떤 공통분모가 존재하는 가를 연구해 왔다고 생각된다. 이런 이유 때문에 잠시 이 유형의 분석을 감상하기로 한다.

　　　위 a, b가 c, d로 변형되는 문제는 좀 어렵기는 하나, 누구나 인정하고 이해할 수 있다. 그러나 c, d의 예문이 e, f로 변형되는 것은 그 이유와 변형과정을 이해하기 어려운 문제이다. 이 문제를 설명하기 위해, Chomsky의 변형생성문법 이론에서, "심층구조"로부터 "표층구조"로 변형되는 전 과정을 보여주는 것이 적절하리라 본다. 그래서 Hornby의 해설 대신에, Chomsky의 변형 생성 문법에서 유도하는 과정을 다음 A에서부터 보기로 하자.

위 문장 a의 심층구조:

A.

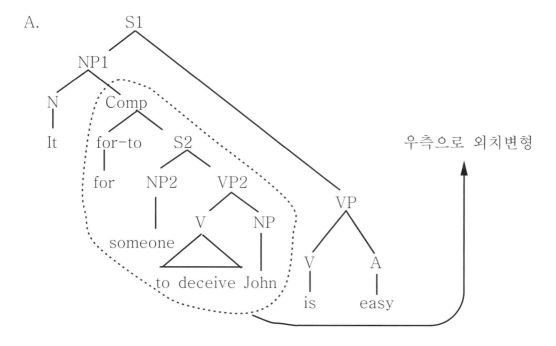

　　　위 A의 수형도에서, for someone은 내포문의 "의미상의 주어"이고, to deceive는 진주어이고, 가주어는 맨 앞의 It이다. 그러나 to deceive는 내포문 전체구조로 본다면, 동사의 역할을 하기 때문에, to deceive를 동사의 범주에 두는 것이다. 그래서 to deceive를 동사 V의 마디 아래에 둔다.

　　　위 A의 심층구조에서 점선으로 줄친 부분을 "내포문"이라 하는데, 이 내포문만 오른쪽으로 "외치변형"시키면, 다음 B와 같이 된다. **이때 가주어 it가 자동적으로 나타난다**. Hornby는 이 가주어 it의 성격을 설명하지 못했지만, Chomsky는 주절의 명사구나, 목적어의 명사구가 외치변형될 때, 자동적으로 나타난다고 했다. 그 다음 의미상의 주어 "for someone / of someone" 등의 삭제는 Chomsky의 변형문법에서만 나타나는 것이 아니라, Hornby의 전통분법에서도 나타난다. 그 예는 아래 (APC)에 제시되어 있는데, 그 예를 여기서 먼저 2개만 인용한다.

1. a. It was difficult <u>for someone</u> to find the house. (**for + 주어 삭제**)
   b. It was difficult to find **the house.**
   c. **The house** was difficult to find.

> 위 a에서 b로 변형되는 과정에서 의미상의 주어 "for + 명사구"가 삭제되면, b문이 유도된다. b문이 c로 유도되는 과정은 (AP 1A)의 형용사가 나타나는 구조에서는 동사의 목적어가 가주어 it로 이동해서 이 문장의 주어가 된다는 것이다.

이것을 형용사 (AP 1A)의 문법으로 받아들이면 된다. 그리고
(of + 주어) 삭제의 예를 보자.

2. d. **It** is silly of you **to make such a mistake**.
   e. To make such a mistake is silly **of you**.
   f. It is silly to make a mistake.
   (위 e는 d에서 to 이하의 진주어를 가주어 it의 자리로 이동시킨 결과이고, f는
   "of you"의 의미상의 주어를 생략한 결과로 나타난 문장이다.)
   이와 같이 의미상의 주어생략은 변형 문법에서만 나타난 것이 아니다.

  이제 위의 A의 수형도의 예와 같이 내포문이 우측으로 이동하면, 다음 B
의 수형도와 같이, 동시에 가주어 it가 나타난다. 이 B에서 위의 예와 같이 의
미상의 주어 "for / of + 명사"가 삭제되고, (AP 1A)의 형용사가 나타나면,
동사의 목적어가 가주어 it의 자리로 이동해서, 이 문장의 주어가 된다. 이것이
Chomsky의 분석의 결과인데, 이것을 문법으로 받아들이면 되는 것이다.

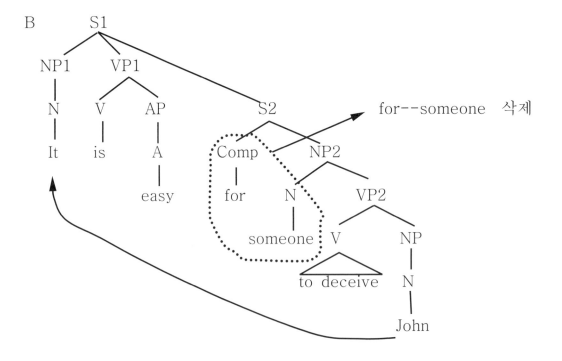

C

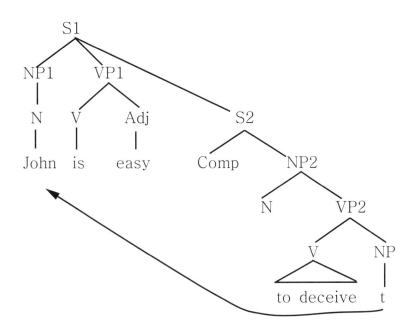

　　앞에서 Hornby는 문장의 앞에 나타난 가주어 it의 출현을 설명하지 못했지만, Chomsky는 외치변형이 적용되면, 자동적으로 it가 나타난다고 했다. 그 다음 위 B의 It is easy to deceive John.에서 to-부정사의 목적어 John이 가주어 It의 자리로 이동해서 이와 같이 주어가 되면, 이 변형을 Chomsky는 "It-Replacement (It-대체)"라 했다.

　　위 A, B, C의 예는 독립된 하나의 문장이고, "머리명사 (head noun)가 없는 내포문에서 외치변형된 것이다.

4. 2. 머리명사가 있는 내포문의 분석

　　이제 "머리명사"가 있는 내포문의 외치변형을 살펴볼 차례이다. 처음부터 머리명사가 나타나는 내포문이 제시되었다면, 이론의 전개가 논리적으로 제시될 수 있었지만, 먼저 제시된 예문이, 앞 a와 같은 머리명사가 나타나지 않은, 독립된 "John is easy to deceive."이기 때문에, 머리명사가 없는 문자으로부터 분석하게 된 것이다. 이제 다음 D의 a와 같이 머리명사가 나타나는 주격 내포문을 분석해 보기로 하자. 아래 D의 a가 b로 외치 변형된다.

D　a.　The fact that the U.S.S.R is being changed is obvious.
　　　　(소련이 변해가고 있는 사실이 분명하다)
　　b.　The fact is obvious that the U.S.S.R is being changed.
　　　　(소련이 변해가고 있는 사실이 분명하다)

위 D의 a에서 내포문이 그 앞의 머리명사 the fact만 남겨 놓고, b에서 우측으로 이동했는데, 이를 수형도로 나타내면 다음 b와 같다.

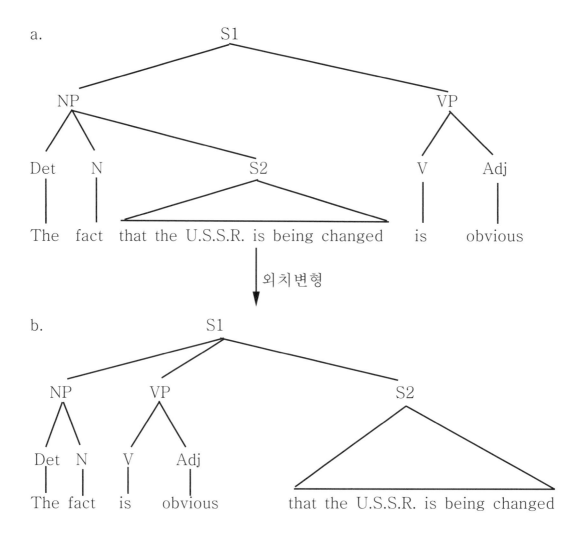

a.

```
                          S1
            ┌──────────────┴──────────────┐
           NP                             VP
      ┌─────┼──────────┐              ┌────┴────┐
     Det    N          S2            V        Adj
      │     │    ┌──────┴──────┐     │         │
     The   fact  that the U.S.S.R. is being changed  is      obvious
```

외치변형

b.

```
                     S1
         ┌────────────┼──────────────────┐
        NP           VP                  S2
     ┌───┼──┐     ┌───┴───┐      ┌────────┴────────┐
    Det  N  V    Adj
     │   │  │     │
    The fact is  obvious      that the U.S.S.R. is being changed
```

그런데 이와 같이 머리명사가 있는 내포문도, 앞 형용사 구조 (AP 1A) 의 심층구조인 "(It) For someone to deceive John is easy."가 앞 A와 같이, 그 내포문 맨 앞의 심층에 항상 (It)가 숨어있다고 가정했다. 그 이유는 다음 E의 a와 같은 머리명사가 없고, 접속사 that로 유도되는 내포문이 외치 변형되면, "머리명사 (head noun) 자리에" it가 나타나기 때문이다. 즉, 머리명 사 The fact의 위치와 앞 A, B, C의 가주어 It의 위치가 같다는 것이다. 그러 므로 The fact가 나타나면, (it)는 삭제되고, it가 나타나면 "머리명사" The fact는 나타날 수 없다.

아래 E의 a에서 외치변형된 b와 머리명사가 나타난 c가 외치변형된 d를 비교해 보자. b의 It와 d의 The fact가 동일하게 주어의 역할을 하고 있다는 점이 동일하고, 두 문장에서 동사는 모두 bothers이다. 나머지 구조는 동일하 다. 따라서 It가 나타나면 The fact는 나타날 수 없고, The fact가 나타나면, It는 나타나지 않는다. 다음 예문을 a, b, c, d를 비교해 보자. 특히 b와 d를 비교해 보면, It와 The fact는 동일한 위치에 나타남을 확인 할 수 있다.

E. a. <u>That Mary plays the piano</u> bothers me.
        (Mary가 피아노를 치는 것이 나를 귀찮게 한다)
    b. <u>It</u> **bothers** me <u>that Mary plays the piano</u>.

    c. <u>The fact</u> <u>that the Mary plays the piano</u> bothers me.
    d. <u>The fact</u> **bothers** me <u>that Mary plays the piano</u>.

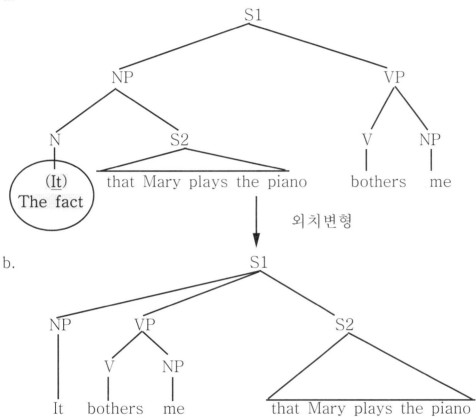

a.

b.

외치변형

그런데, 주어명사절 뿐만 아니라, 목적어 명사의 내포절에서도, 동일한 현상이 나타나고 있기 때문에, 외치변형이 적용되는 주어/목적어 명사절의 내포문의 심층에는 항상 "it가" 존재한다는 이론을 설정하게 된다. 다음 F의 a부터 보기로 하자.

F. a. I doubt (it) that he is innocent.
          (나는 그가 무죄라는 것이 의심스럽다)
    b. I doubt <u>it</u> that he is innocent..
    c. I doubt <u>it</u> <u>very much</u> that he is innocent
          (나는 그가 무죄라는 것이 대단히 의심스럽다)

위 F의 a에서 (it)가 없다고 가정하면, that-절이 직접목적어가 된다. 이 말은 외치변형을 하지 않을 경우에는 가목적어 it가 나타나지 않는다는 것이다. 따라서 it는 다음 a의 수형도에서처럼 자동적으로 삭제된다.

그러나 b, c와 같이 외치변형을 한다면, it가 that 앞에 나타나서 가목적어가 되고, 진목적어는 that-절이 된다. 이 가목적어 현상은 앞 동사유형 Onions 4-9와 5-25를 참조하라. 그런데 외치변형을 적용한 것인지, 안한 것인지 무엇을 보고 알 수 있을 것일까? 그것은 위 F의 c를 보면 알 수 있다. F의 c에서는 very much와 같은 부사구가 나타나서 가목적어와 진목적어를 분명하게 분리시켜 놓고 있다. 따라서 외치변형을 하는 명사절의 기저구조 앞에는, 항상 it가 앞 A, B의 수형도에서처럼, 또 위 E의 a, b의 수형도에처럼, F의 b, c의 수형도처럼, 기저에 놓여 있다고 가정하게 되었다. 그러나 앞에서 Hornby는 it를 유도부사 there처럼 갑자기 설정해서 가주어로 앞에 제시한다는 이론보다, 훨씬 설득력이 있는 이론이라고 본다.

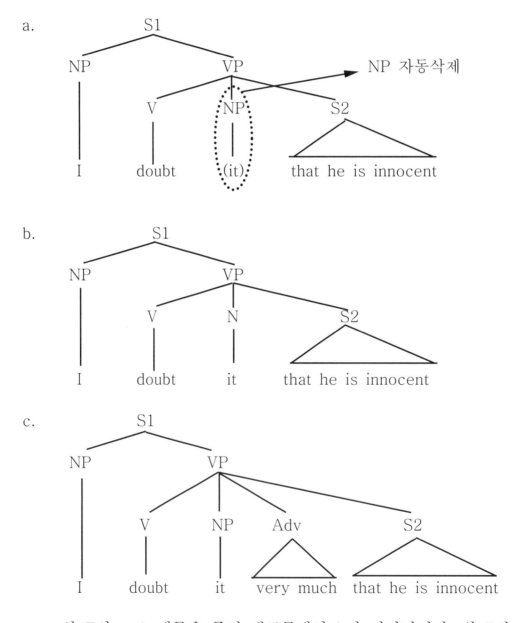

앞 E의 a, b 예문은 주절 내포문에서 it가 나타났지만, 위 F의 b, c 예문인 목적어 내포문에서도 it가 나타났다. 따라서 외치변형이 머리명사가 없

는 문의 구조에서도, 동일하게 it가 심층에 숨어있음을 확인할 수 있다.

이제 머리명사가 나타나는 앞 D의 a, b 문장의 구조와 함께, "명사구의 내부구조"를 재구성해 보자. 초기 변형생성 문법에서는 외치변형을 적용할 때, 명사구의 구조를 다음 G와 같이 설정할 수 있었다. 아래 G에서 1, 3번은 선택적인/수의적인 것이고, 머리명사는 필수적인 요소이다. 그런데, 아래 G에서 2번의 머리명사는, 앞 D의 a, b에서는 fact가 되고, 머리명사가 없는 E의 a, b에서나, F의 b, c에서는 심층에서, it가 머리명사를 대신하고, 그 자리에 숨어 있다고 가정했다. 그래서 주절 내포문이나, 목적어 내포문이 외치 변형되면, it가 표면에 나타난다고 보았다.

4. 3 명사구의 내부 구조와 분석의 결과

G. NP: [(Det) – N – (S)]
    The   fact |
     | | |
     | (it) |
     1   2   3

이와 같은 설명은 필자의 영어통사론 (서울. 경진문화사. 2000), 7. 2 절의 외치변형 (154-159)을 참조하라.

그 다음 마지막으로, 앞 변형과정에서 나타난 it의 성격을 요약하고자 한다.

이 문제에 대한 Chomsky의 분석을 요약하면 다음과 같다:

①. 앞 (AP 1A)에 제시된 형용사 구조의 심층에는, "It---to-부정사 구조"가 심층에 숨어있고,

②. 위 F의 b, c와 같은 가목적어 구조에는 "it---that 구조"가 숨어있다고 본다.

전자에는 앞 A, B와 같은 변형이 적용되고, 후자에는 위 F의 b, c와 같은 변형이 적용된다. 그러면, 전자에서는 it가 앞 A, B에서 "가주어 it"로 나타나고, 후자에서는 it가 위 F의 b, c에서처럼 "가목적어 it"로 나타난다. 두 가지 분석에서, it는 모두 "가주어"가 아니면, "가목적어"로 문장의 심층에 숨어 있다가 외치변형이 적용되면, 비로소 표면에 나타난다.

다시 말하면, 이 it는, 유도 부사 there와 같이 외부에서 문장에 삽입되는 것이 아니라, 문장 내부의 심층구조에 존재하다가, 외치변형이 적용되면, 외부로 나타나는 요소라는 것이다.

위 Chomsky의 분석 중에서, ①번의 "가주어 it"만이 (AP 1A)와 관련이

있고, ②번의 "가목적어 it"는 (AP 1A)와는 전혀 관련이 없다. 따라서 ②번은 더 이상 논의하지 않기로 한다. 이제 Chomsky의 분석의 결과에 따라, 앞에서 제시된 (AP 1A)의 "3 가지 예문이 구조적으로 서로 어떤 관련이 있는 지 살펴보기로 하자." 다음 예를 보자:

Ⓐ. John is easy <u>to deceive</u>.
Ⓑ. It is easy <u>to deceive John</u>.
Ⓒ. <u>To deceive John</u> is easy.

위 Ⓐ의 John은 Ⓑ에서 deceive 동사의 목적어가 가주어 it의 자리로 이동한 결과로 나타났다. 그런데 Ⓑ문의 구조는 "It----to---의 구조"를 갖고 있다. to-부정사 이하가 진주어이고, 앞의 It는 가주어이다. 그래서 Ⓒ는 to 이하의 진주어가 가주어 it의 자리로 이동한 결과이다. **동사의 목적어 뿐만 아니라, 전치사의 목적어도 가주어 it의 자리로 이동된다**. 다음 예를 보자.

1. It was painful to listen <u>to</u> **the story of her sufferings**.
2. **The story of her sufferings** was painful <u>to listen to</u>.

이제 (AP 1A)의 형용사 easy, difficult, safe, dangerous 등이 나타나면 위 Ⓐ, Ⓑ, Ⓒ 세 가지 문장이 서로 갖는 구조적인 관련성을 통해서 다양한 문장을 설명할 수 있게 된다. 앞 (AP 1A)를 참조하자.

이 (AP 1A)의 다양한 구조에 대한 설명은 이미 앞에서 충분히 제시되었기 때문에, 여기서는 예문의 제시를 생략한다.

80 개의 동사유형의 요약

Onions 1형식 문형

Onions 1-1: Subject + vi (adverbs)

Onions 1-2: There + vi + Subject (유도부사 there 삽입)

Onions 1-3: It + vi + Subject (clause or to-infinitive)
            It-------- when
            It-------- whether
            It-------- to-infinitive
            It------- for + noun + to-infinitive

Onions 1-4: It + vi + Subject (clause)
            It + vi + that-clause

Onions 2형식 문형

> Onions의 2형식 문형은 모두 <u>보어를 갖는 유형이다</u>:
>   보어에는 명사, 형용사, <u>부사로</u> 구분된다.
>
>   2-1에서부터 2-13까지는 be 동사의 보어가 나타나고,
>   2-4, 2-6, 2-14, 2-15, 2-21은 부사보어로 나타나고,
>   2-22, 2-23, 2-24, 2-25, 2-26, 2-27은 부사수식어로 보는 것이 다르다.
>   2-12와 2-31은 be 동사 다음에 to-부정사가 "명사보어"로 나타난다.

Onions 2-1: Subject + be + noun/pronoun (명사 보어)

Onions 2-2: Subject + be + adjective (형용사 보어)

Obions 2-3: Subject + be + prepositional group (형용사 보어)
                      = adjective equivalent

Onions 2-4: Subject + be + adverbial adjunct (부사보어)

Onions 2-5: There is (are) + Subject
      2-5는 there is/there are의 구조로 "....이 존재 한다"의 의미로 사용

Onions 2-6: There + be + Subject + adverbial adjunct (부사보어)

Onions 2-7: It + be + adjective/noun + to-infinitive (prase)
      (가주어)   (형용사/명사 보어) (진주어)

Onions 2-8: How/What + adjective/ noun (it is) + to-infinitive
(phrase)
감탄술부 (형용사/명사 보어) (가주어) (진주어)

Onions 2-9: It + be + adjective/noun + Subject (gerund)
(가주어) (형용사/명사 보어) (진주어)

Onions 2-10: Subject + be + clause (명사 보어)

Onions 2-11: It + be + noun/adjective + clause (형용사/명사 보어)

Onions 2-12: Subject + be + to-infinitive (phrase)
(명사 보어)

Onions 2-13: It + be + adjective/noun for+noun/pronoun + to-infinitive
(가주어) (phrase)
(형용사/명사 보어) (의미상의 주어) (진주어)

Onions 2-14: Subject + vi + (for) + adverbial adjunct (부사보어)

Onions 2-15: Subject + vi + adverbial adjunct (부사보어)

Onions 2-16: Subject + vi + adjective (형용사 보어)

Onions 2-17: Subject + vi + adjective (형용사 보어)
(감각동사: smell, taste, feel)

Onions 2-18: Subject + vi + adjective (형용사 보어)
↓
marry/keep/stand/sit/look/appear/feel/remain

Onions 2-19: Subject + vi + adjective past participle (형용사 보어)
↓
look/become/sound/appear

Onions 2-20: Subject + vi + noun/reflexive pronoun (명사 보어)
↓
inchoative verbs: fall, come, turn

Onions 2-21: Subject + vi + present participle (phrase)
(predicative adjunct) (서술적 부사보어)

Onions 2-22: Subject + vi + (preposition + noun/pronoun/gerund)
(앞 자동사 수식: 부사수식어)

Onions 2-23: Subject + vi + (preposition + to-infintive)
(앞 자동사 수식: 부사수식어)

Onions 2-24: Subject + vi + [(presition + it) + clause]
(앞 자동사 수식; 부사수식어)

Onions 2-25: Subject + vi + to-infinitive (앞 자동사 수식: 부사보어)

Onions 2-26: Subject + to-infinitive (자동사의 부사수식어)

Onions 2-27: Subject + vi + to-infinitive (자동사의 부사수식어)

Onions 2-28: Subject + seem, + (to be) + adjective/noun
appear, (형용사/명사보어)
happen
prove

Onions 2-29: Subject + seem + adjective/noun + to-infinitive
appear 형용사/명사 보어 (phrase)/gerund/
clause

Onions 2-30: Subject + seem, + to-infinitive (phrase)
appear, (형용사 / 명사 보어)
happen,
chance

Onions 2-31: Subject + BE + to-infinitive (명사 보어)

Onions 2-32: Subject + anomalous finite + bare infinitive phrase)
(변칙정형동사)
부정어 not와 축약형

Onions 3형식 문형

Onions 3-1: Subject + vt + noun/pronoun
일반 타동사의
목적어

Onions 3-2: Subject + vt + noun/pronoun

have가 수동불가의 경우인
① 소유, 먹다, 마시다, 약을 먹다
② 재귀대명사, 동족목적어의 경우: (수동형 불가인 동사)

Onions 3-3: Subject + vt + gerund (phrase)
동명사만을 목적어로 하는 동사

Onions 3-4: Subject + vt + gerund (phrase)
동명사와 to-부정사를 목적어로 하는 동사

Onions 3-5: Subject + need/want/bear + gerund(phrase)
                                              (with passive meaning)

Onions 3-6: Subject + vt + (not) to-infinitive (phrase)
                          to-부정사를 목적어로 하는 동사

Onions 3-7: Subject + have/ought + (not) to-infinitive (phrase)
                          명사 목적어

Onions 3-8: Subject + vt + 관계대명사/관계부사 + to-부정사
                                              명사 목적어
Onions 3-9: Subject + vt + that-clause
                          절을 목적어로 하는 타동사: 명사 목적어

Onions 3-10: Subject + vt + dependent clause/question
                          종속 의문절을 갖는 타동사: 명사 목적어
                          I don't know who she is.

Onions 4형식 문형

Onions 4-1:   Subject + vt + noun/pronoun + that-clause
                                  (IO)

Onions 4-2: Subject + vt + noun/pronoun + noun/pronoun (phrase)
                                  (IO)   (DO)
                          (IO)/(DO) 교환시 전치사 to를 갖는 동사

Onions 4-3: Subject + vt + noun/pronoun + noun/pronoun (phrase)
                                  (IO)   (DO)
                          (IO)/(DO) 교환시 전치사 for를 갖는 동사

Onions 4-4: Subject + vt + noun/pronoun + noun/pronoun (phrase)
                          위 4-2, 4-3의 수여동사 이론으로 설명할 수
                          없는 간접목적와 직접목적어 유형

Onions 4-5: Subject + vt + noun/pronoun + to + noun/pronoun
                                  (DO)   (phrase)
                          위 4-2번 유형이
                          to-전치사구로 변형된 유형

Onions 4-6: Subject + vt + noun/pronoun + for + noun/pronoun
                                  (DO)   (phrase)
                          위 4-3번 유형이
                          for-전치사구로 변형된 유형

Onions 4-7: Subject　+　vt　+　noun/pronoun　+　preposition + noun/pronoun
　　　　　　　　　　　　　　　　(DO)　　　　　　　　　　　　　　　(phrase)
　　　　　　　　　　위 4-5, 4-6은
　　　　　　　　　　수여동사 이론으로 설명하지만
　　　　　　　　　　4-7은 수여동사 이론으로
　　　　　　　　　　설명되지 않은 여러 가지 전치사구

Onions 4-8: Subject　+　vt　+　preposition　　　　+ noun phrase/clause
　　　　　　　　　　　　　　　　+ noun/pronoun　　　　(DO)
　　　　　　　　　　전치사구가　　　　　　직접목적어가 길 때
　　　　　　　　　　직접목적어 앞에　　　또는 절일 때
　　　　　　　　　　나타남

Onions 4-9: Subject　+　vt　+　it　+　preposition　+　to-infinitive
　　　　　　　　　　　　　　　　　+noun/ pronoun　　　phrase /
　　　　　　　　　　　　　　　　　　　　　　　　　　　that-clause

　　　　　　　　　가목적어 it　　　　　　　　　　직접목적어는
　　　　　　　　　　　　　　　　　　　　　　　　to-부정사구
　　　　　　　　　　　　　　　　　　　　　　　　또는 that-절

Onions 5형식 문형

Onions 5-1: Subject　+　vt　+　noun/pronoun　+　adverb (phrase)
　　　　　　　　　　　　　　　　(DO)　　　　　　　　부사 보어

Onions 5-2: Subject　+　vt　+noun/pronoun　+　adverbial particle
　　　　　　　　　　　　　　　(DO)　　　　　　　　부사 보어

Onions 5-3: Subject　+　adverbial　+　noun/pronoun
　　　　　　　　　　　　　particle　　　　　　(DO)
　　　　　　　　　　　　　부사 보어

Onions 5-4; Subject　+　vt　+　adverbial　+　noun/pronoun
　　　　　　　　　　　　　　　particle　　　　(DO)--> long
　　　　　　　　　　　　　　　부사 보어

Onions 5-5: Subject　+　vt　+　noun/pronoun　+　to-infinitive (phrase)
　　　　　　　　　　　　　　　(DO)　　　　　　　(modify vt)
　　　　　　　　　　　　　　　　　　　　　　　　부사 보어

Onions 5-6: Subject　+　vt　+　noun/pronoun　+　as (if)　+　noun
　　　　　　　　　　　　　　　(DO)　　　　　　　as though　　phrase/
　　　　　　　　　　　　　　　　　　　　　　　like　　　　　clause
　　　　　　　　　　　　　　　　　　　　　　　for

　　　　　　　　　　　　　　　　　　　　　　　부사 보어

Onions 5-7: Subject　+　vt　+　noun/pronoun　+　(not) to-infinitive (phrase)
　　　　　　　　　　　　　　　(DO)　　　　　　　명사 보어
　　　　　　　　　　　　(passive is allowed)

Onions 5-8: Subject + vt + noun/pronoun + (not) to-infinitive (phrase)
                                    (DO)   명사 보어
                      (no passive is allowed)

Onions 5-9: Subject + vt + noun/pronoun + bare infinitive (phrase)
                    (감각동사)   (DO)   명사 보어

Onions 5-10: Subject + vt + noun/pronoun + bare infinitive (phrase)
                      (make/let   (DO)   명사 보어
                      know)

Onions 5-11: Subject + have + noun/pronoun + bare infinitive (phrase)
                                      (DO)   명사 보어

Onione 5-12: Subject + vt + noun/pronoun + present participle (phrase)
                          | (DO)   명사 보어
                      감각/시각/
                      청각/촉각동사

Onions 5-13: Subject + vt + noun/pronoun + present participle (phrase)
                          | (DO)   명사 보어
                      find,/awake/leave
                      keep/set/catch/send

Onions 5-14: Subject + have + noun/pronoun + present participle
                                      (DO)   (phrase)
                                                        명사 보어
Onions 5-15: Subject + vt + noun/pronoun/ + ".... ing" form of
                                possessive   the verb
                                    (DO)   명사 보어

Onions 5-16: Subject + vt + noun/pronoun + interrogative +
                                    (DO)   to-infinitive (phrase)
                                                      명사 보어

Onions 5-17: Subject + vt + noun/pronoun + dependent clause/
                                    (DO)   question
                                                      명사 보어

Onions 5-18: Subject + vt + noun/pronoun + adjective
                                    (DO)   형용사 보어

Onions 5-19: Subject + vt + noun/pronoun + noun (phrase)
                                    (DO)   명사 보어

Onions 5-20: Subject + vt + noun/pronoun + noun (phrase)
                                    (DO)   주격명사 보어

Onions 5-21: Subject + vt + noun/pronoun + past participle (phrase)
                                    (DO)   형용사 보어

Onions 5-22: Subject + vt + noun/pronoun + past participle (phrase)
(DO)　　　　　형용사 보어

Onions 5-23: Subject + have/ + noun/pronoun + past partiple (phrase)
get　　　(DO)　　　　　형용사 보어

Onions 5-24: Subject + vt + noun/pronoun + (to be) adjective/noun
(DO)　　　　　형용사/명사 보어

Onions 5-25: Sbject + vt + it + adjective/noun + clause/phrase, etc
↓　　　　　형용사/명사　　　진목적어
가목적어　　　　보어

5형식에서는 Onions 5-1, Onions 5-2, Onions 5-3, Onions 5-4,
Onions5-5,　Onions 5-6은 부사보어를 갖는 유형이다.

7개 형용사 유형의 요약

다음 AP 1A에서 1E에 나타난 to-부정사(구)는 앞에 나타난 형용사를 수식한다.

1. AP 1A. John is <u>easy</u> <u>to deceive</u>.   (부사 수식어)
2. AP 1B. Jim is <u>eager</u> <u>to please everyone</u>.   (부사 수식어)
3. AP 1C. You are <u>silly</u> <u>to make such a mistake</u>. (부사 수식어)
4. AP 1D. The weather is <u>likely</u> <u>to be fine</u>.   (부사 수식어)
5. AP 1E. Jim was <u>(the) first</u> <u>to arrive</u>.   (부사 수식어)

위 AP 1E에서 "the first"가 형용사인 이유는 (AP 1E)의 해설을 보라.)

6. AP 2. 고정된 관용구 및 각종 전치사와 함께 사용

   a. 고정된 관용구

       <u>Are</u> you <u>afraid of</u> the dog?
       He <u>was aware of</u> having done wrong.

   b. 여러 가지 전치사와 함께 사용

       She was <u>angry with</u> him <u>for</u> having broken his promise.
       What's he <u>worried about</u>?

7. AP 3. 절 (clause)을 유도하는 형용사

   a. She was not aware (of) how much her husband earned.
       She was not aware that her husband earned $ dollars a week.

   b. afraid와 sorry 뒤에서는 that-절의 that이 생략된다.

       They were anxious that you should return.
       I'm afraid I shall have to leave now.
       I'm sorry you can't come.

   c. 형용사가 that-절 이외의 종속절을 유도하는 경우

       I'm not quite sure <u>how</u> to do it.
       I'm not sure <u>why</u> he wants it.
       We were worried about <u>where</u> you had to go.

찾아보기

어휘색인 Index of Words

impossible to work with: AP 1A

intend: 3–4 (T40); 3–9 (T45); 5–7 (T62)

keep: 3–3 (T39 n); 5–13 (T68); 5–18 (T73);

know: 3–8 (T44); 3–9 (T45); 3–10 (T46); 5–10 (T65 n); 5–15 (T70)

leave: 4–3 (T49); 4–6 (T52); 5–7 (T62); 5–13 (T68); 5–18–5–19 (T73, 74)

let: 5–10 (T65 n)

like (v): 3–4 (T40 n); 3–6 (T42); 5–8 (T63 n); 5–18 (T73)

listen: 5–9 (T64); 5–12 (T67 n)

look: 5–9 (T64); 5–12 (T67 n)

love: 3–4 (T40); 3–6 (T42); 5–8 (T63)

lucky to get: AP 1B

make: 4–3 (T49); 4–6 (T52); 5–10 (T65); 5–18 (T73); 5–19 (T74); 5–21 (T76)

mind (v): 3–3 (T39)

need: 3–5 (T41); 3–6 (T42)

offer: 3–6 (T42); 4–2 (T48); 4–5 (T51)

order: 4–3 (T49); 4–6 (T52); 5–7 (T62)

ought: 3–7 (T43)

painful to listen: AP 1A

pleasant to work: AP 1A

prefer: 3–4 (T40); 3–6 (T42); 5–8 (T63)

promise: 3–6 (T42); 4–1 (T47); 4–2 (T48); 4–5 (51); 5–7 (T62)

refuse: 3–6 (T42); 4–2 (T48)

remember: 3–3 (T39); 3–6 (T42 n); 3–8 (T44); 5–15 (T70)

see: 5–9 (T64); 5–12 (T67)

seem: 2–27– 2–28 (T32–34)

send: 4–2 (T48); 4–5 (T51); 5–13 (T68)

show: 3–9 – 3–10 (T45, 46); 4–2 (T48); 4–5 (T51); 5–16 (T71); 5–24 (T79)

silly to make a mistake: AP 1C

smell: 2–16 (T21); 5–12 (T67)

sorry to hear: AP 1B

sorry you can't come: AP 3

start: 3–4 (T40); 3–6 (T42); 5–13 (T68)

suggest: 3–3 (T39); 3–9– 3–10 (T45, 46)

suppose 3–9 (T45 n); 5–24 (T79);

sure to need help: AP 1D

taste: 2–16 (T21)

teach: 4–1 (T47); 4–2 (T48); 4–5 (T51); 5–5 (T60); 5–16– 5–17 (T71, 72)

tell: 2–21 (T26); 3–8 (T44); 4–1 (T47); 4–2 (T48); 4–5 (T51); 5–7(62); 5–16 / 5–17 (T71, 72)

(the) first to arrive: AP 1E

(the) last to leave: AP 1E

(the) next to do: AP 1E

there: 1–5 (T5); 2–5 (T10); 5–8 (T63 n)

think: 3–6 (T42 n); 3–8–3–9 (T44, 45); 5–24–5–26 (T79, 80)

turn: 2–19 (T34)

(un)likely to be: AP 1D

want: 3–1 (T37); 3–5 (T41); 3–6 (T42); 5–8 (T63); 5–21 (T76)

wish: 5–8 (T63)

참고문헌

C. T. Onions.(1971), *Modern English Syntax*. edited by B.D.H. Miller., Routledge. London.

Michael Swan.(2005), *Practical English Usage*. Oxford. London.

Noam Chomsky.(1957), *Syntactic Structure*. Mouton. The Hague.

Quirk., Greembaum., Leech., Svartvik.(1972), *A Grammar of Contemporary English*. Seminar Press. New York and London.

EBS 기특한 편집부, 『기본과 특별한 고등 영문법 즐겨찾기』, EBS한국교육방송공사, 2011.

김대영 외, Nexus Edu, 2008.

김진만 역, 『혼비 영문법』, 범문사, 1980.

성문 출판사 편집부, 성문출판사, 2007.

송성문, 성문출판사, 2009.

이찬승, 『Grammar Zone(G Zone)』, 능률출판사, 2010.

정옥희 외, 『Fan Club 1316』, 능률출판사, 2010.

윤만근, 『영어통사론』, 경진문화사, 2000.

저자소개

저자학력

경북대학교 사범대학 영어교육과
Victoria University TESL. Diploma.
East-West Center TESL.
연세대학교 교육대학원 석사
Ball State University 대학원 석사.
서울 대학교 대학원 박사.

저자경력

청주대학교 교무처장
청주대학교 국제협력실장
Fulbright 교환교수로 Central Connecticut State University에서 1년 간 한국학(문화, 역사,
    한국어) 강의
청주대학교에서 정년퇴임.

저서

1. 『최소이론의 변천』, 경진문화사, 2006년 5월 23일.
2. 『최소이론의 변천(개정판)』, 한빛문화사, 2005년 3월 31일.
3. 『알기 쉽게 요약된 최소이론의 변천』, 한빛문화사, 2003년 3월 20일.
4. 『Chomsky 생성문법의 변천』, 경진문화사, 2001년 6월 8일.
5. 『최소이론의 변천』, 경진문화사, 2001년 5월 15일.
6. 『지배결속 이론』, 경진문화사, 2001년 2월 24일.
7. 『영어통사론』, 경진문화사, 2000년 8월 18일.
8. 『최소이론의 변천』, 경진문화사, 1999년 12월 10일.
9. 『생성문법론』, 한국문화사, 1997년 12월 15일.
10. 『생성통사론 입문』, 한국문화사, 1996년 3월 10일.
11. 『생성통사론』, 한국문화사, 1996년 3월 2일.
12. 『영어통사론』, 형설출판사, 1991년 2월 25일.
13. Richards and Rogers, *Approaches and Methods.* 2nd Edition.; 윤만근 외 3인. 『영어교
    수법(번역서)』, 캠브리지, 2001년.